国家社会科学基金"十三五"规划 2019 年度教育学青年课题"跨学科教育中的协同概念转变研究"（CCA190260）

从概念转变到协同建构

协作学习中的社会认知互动研究

From Conceptual Change to
Collaborative Construction
A Study of Sociocognitive Interactions
in Collaborative Learning

王靖 崔鑫 著

中国社会科学出版社

图书在版编目（CIP）数据

从概念转变到协同建构：协作学习中的社会认知互动研究 / 王靖，崔鑫著. -- 北京：中国社会科学出版社，2024.11. -- ISBN 978-7-5227-4312-7

Ⅰ. G43

中国国家版本馆 CIP 数据核字第 2024Q04B12 号

出 版 人	赵剑英	
责任编辑	刘晓红	
责任校对	周晓东	
责任印制	戴　宽	
出　　版	中国社会科学出版社	
社　　址	北京鼓楼西大街甲 158 号	
邮　　编	100720	
网　　址	http://www.csspw.cn	
发 行 部	010-84083685	
门 市 部	010-84029450	
经　　销	新华书店及其他书店	
印　　刷	北京君升印刷有限公司	
装　　订	廊坊市广阳区广增装订厂	
版　　次	2024 年 11 月第 1 版	
印　　次	2024 年 11 月第 1 次印刷	
开　　本	710×1000　1/16	
印　　张	15.75	
字　　数	253 千字	
定　　价	89.00 元	

凡购买中国社会科学出版社图书，如有质量问题请与本社营销中心联系调换
电话：010-84083683
版权所有　侵权必究

序

收到江南大学王靖教授发来的书稿，甚感欣喜。

王靖博士毕业于东北师范大学信息技术教育研究所学习技术实验室，算起来是我们实验室学习技术方向的第一位博士毕业生。王靖博士在学期间，就"基于CTCL信息技术学科学习心理研究"主题开展了卓有成效的开创性研究，毕业前后发表了多篇系列高质量论文。毕业后基于博士学位论文，整理成专著《高中信息技术概念转变：诊断、机制与策略》，2017年由中国社会科学出版社出版。毕业后任教江南大学后，在完成繁重的教学任务和大量的事务性工作的同时，她继续深耕学习技术研究领域，并率先从个性化学习研究转向了社会化学习研究，使学习技术研究进入新的研究阶段。她的诸多研究成果成为我们团队成员开展学习技术研究的基石性工作。

关于这本论著，有如下三点印象深刻。

首先，本书并没有将协作学习视为一种区别于个体学习的独立样态，而是将人类的学习解析为对外互动与对内自省的循环过程，并将这种具有社会和认知双重属性的"社会认知互动"过程视为协作学习的基础。这是本书在解析"学习"机理方面的一大创新。

其次，本书特别提出了在我国教育场景中，受到文化等要素的影响，"协作学习"所呈现出的独特性：学生在互动过程中，针对认知冲突，大多数不会互动到"相争不下"的程度，而是会以"和而不同"为最终解决方式。中国学生在面对认知冲突、重新建立认知平衡的过程中，"内省"是非常重要而独特的过程。在这些认识的基础上，本书提出了协作学习的核心认知过程。这一点，可以认为是对国际前沿协作学习理论的中国本土化与创新性发展。

最后，在智能技术高速发展的今天，计算机支持的协作学习会迎来什么样的新形态？本书从学习分析、人机协同等角度解答了这一问题：更为细颗粒度的协作学习分析与评价，技术要素更为丰富的协作学习环境，更为多元和多维的协作……

团队的学习技术研究从 2010 年算起，已经走过了十多年的艰辛而充满激情的历程。当下技术创新的惊心动魄、社会转型的波澜壮阔与教育改革的高歌猛进，在我们面前呈现的似乎是一幅扑朔迷离、虚实难辨的图景。作为教育研究者，如何深刻理解学生、重新认识学习、真正善用技术？或许王靖教授的这本论著给出了我们一些启示。

期待更多的以改善教育实践，特别是本土的教育实践为核心价值追求的研究成果持续涌现。

2024 年 2 月

前　言

一　本书尝试探讨的三个基本问题

学习是如何发生的？学习的本质到底是什么？千百年来，人类对于"学习"的探索从未停止。从研究动物学习到在真实境脉中研究人类自身的学习，再到大数据、学习分析、人工智能等技术的发展不断为人类研究"学习"提供更广泛的空间，学习科学与技术这样一个领域越来越成熟，也越来越受到研究者的重视。本书在学习科学与技术研究的范畴和话语体系下，重点关注"学习"的一种经典而常见的形式：协作学习，并用人类学习的"社会化"这一视角理解协作学习的价值和内涵。

具体来说，本书试图探索三个基本问题：协作学习的本质是什么？协作学习过程遵循什么样的核心机制和规律？在遵循协作学习基本规律的基础上，如何促进协作学习更有效地发生？

对于第一个问题"协作学习的本质是什么"，本书尝试阐述的观点为：协作学习是一种在社会认知互动的基础上发生的知识建构过程，它彰显了人类学习的特性——建立在社会属性基础上的认知活动。

对于第二个问题"协作学习过程遵循什么样的核心机制和规律"，本书尝试阐述的观点为：在协作学习过程中，学习者一方面通过与同伴的互动产生社会认知冲突，这种社会认知冲突的本质是外在互动引发了学习者自身的认知不平衡，从而促使其不断内省，反向促进自身的认知加工和完善，实现对学习内容的迭代性概念转变；另一方面，每位学习者自身的认知加工又不断地推进其与同伴在后续互动中产生更多的认知冲突，并围绕这些认知冲突展开更有深度的、有意义的协商，最终促进协作群体的知识建构。因此，协作学习的核心在于一种具有社会和认知双重属性的互动，而推动这种互动的内生动力在于社会认知冲突——这种互动与冲突是相互促进、互为动力的关系。

对于第三个问题"在遵循协作学习基本规律的基础上，如何促进协作学习更有效地发生"，本书尝试阐述的观点为：以社会认知互动为抓手，以促进认知冲突的有效激发和消解为目标，充分利用学习技术，细颗粒度地分析互动过程和机制，设计促进协同建构的有效课堂教学干预，搭建有利于协作学习的技术工具与环境，并在真实课堂情境中进行充分实证与迭代。

本书的题目尝试表达的是协作学习的过程与价值：学习者在社会认知互动中，经历个体的概念转变与群体的协同知识建构之间的循环认知过程，并在此过程中逐渐实现有意义的协作学习与发展。同时，社会认知互动也蕴含了协作学习背后独特的教学价值——人际互动与知识创生，对此，国内学者马志强的著作《社会认知互动的多维刻画——协作学习投入理论构建与实践探索》[①] 对本书的形成有充分的启示和引领价值。

本书的学术价值在于：揭示了学习中的社会互动与认知发展相互作用机理，从而挖掘了协作学习的深层认知价值和意义，并在我国"和合"文化视角下阐释协作学习中的认知冲突，为学习科学领域研究学习过程机理提供本土化新视角。

二 本书的核心概念及其界定

本书主要涉及四个核心概念：社会认知互动、社会认知冲突、概念转变、协同建构。在本书中，四个核心概念在协作学习语境下的界定如下。

社会认知互动是指（在本书部分地方简称为"互动"）：发生在学习者个体之间或者群体之间的、旨在促进群体知识建构、个体认知发展、学习者之间相互依存关系的沟通行为。在协作学习中，学习者的社会认知互动表现为：通过与同伴"对话"等行为，来桥接学习者个体内在认知加工和其所在群体的知识建构的过程。

社会认知冲突（在本书部分地方简称为"认知冲突"）体现在本

[①] 马志强：《社会认知互动的多维刻画——协作学习投入理论构建与实践探索》，中国社会科学出版社2021年版，第3—9页。

书提及的协作学习情境中时,是指在协作学习中,学习者通过互动而发现的观点不一致现象。

概念转变是指学习者的认知内容(如观点、概念等)或认知结构经过认知加工而不断发展与变化的过程。

协同建构,源自知识建构(Knowledge Building)的概念,后者是指社区中观点生成与持续性改进的过程。[①] 本书中的"协同建构"是指学习者与学习社区中的同伴通过"协同工作"来开展知识建构,与学界常用的"协作知识建构"同含义,因此在本书部分地方,会延续学者可能更为习惯的"协作知识建构"的说法。此外,在本书部分地方,为了和"个体"认知加工过程区分,笔者也会将"协同建构"描述为"群体知识建构"。

三 本书的框架结构及主要内容

本书共分为三篇、八章内容。其中第一篇为基础篇,重点论述社会认知互动的理论基础和分析方法;第二篇为机理篇,重点论述协作学习中社会认知互动的内生动力:认知冲突。以上两篇内容回答了本书尝试探索的前两个问题。第三篇为应用篇,重点论述以社会认知互动为核心的协作学习设计相关研究,其内容也回答了本书尝试探索的第三个问题。

四 本书的项目资助及参编情况

本书是在国家社会科学基金教育学青年课题"跨学科教育中的协同概念转变研究"(课题编号:CCA190260)的资助下完成的,也是笔者及所在研究团队对协作学习多年的研究思考、梳理与总结。本书的完成得到了国内外诸多学者的支持和帮助,在本书完成过程中,除封面作者外,还有一些人员参与了文献整理与校稿工作,他们是:第二章(江南大学卢子星、周佳怡、巴安妮)、第三章(江南大学李会、严亚玲、张鑫)、第五章(无锡市洛社高级中学邓雯心、江南大学陈小汾)、第六章(江南大学王琦、姜迎迎)、第八章(江南大学汪静、沈硕文)。在此,对本书的所有贡献者表示感谢。

[①] McGilly, K., *Classroom Lessons: Integrating Cognitive Theory and Classroom Practice*, Cambridge: The MIT Press, 1994, pp. 201-228.

目　录

第一篇
基础篇　协作学习中的社会认知互动及其分析方法

第一章　协作学习中的社会认知互动内涵及过程……………… 3

　　第一节　有关"学习"的隐喻之一：概念转变 ……………… 3
　　第二节　有关"学习"的隐喻之二：协同建构 ……………… 7
　　第三节　从概念转变到协同建构
　　　　　　——协作学习中的社会认知互动内涵及过程 ……… 9

第二章　社会化视角下的协作学习理论基础 ……………………… 13

　　第一节　社会学习理论 ……………………………………… 13
　　第二节　知识建构理论 ……………………………………… 21
　　第三节　知识整合理论 ……………………………………… 33
　　第四节　社会文化理论 ……………………………………… 39

第三章　协作学习中的社会认知互动分析方法 ………………… 49

　　第一节　互动结构
　　　　　　——社会网络分析方法 ………………………… 49
　　第二节　互动内容
　　　　　　——认知网络分析方法 ………………………… 63

第三节 互动行为
——滞后序列分析方法 ………………………………… 72

第二篇
机理篇 协作学习中社会认知互动的内生动力及其促进策略

第四章 社会认知互动的内生动力
——社会认知冲突 ………………………………………… 97
第一节 协作学习中的社会认知冲突类型 ……………………… 98
第二节 社会认知冲突的激发与消解过程 ……………………… 102
第三节 社会认知冲突与互动的相互影响 ……………………… 104

第五章 协作学习中促进社会认知互动的冲突处理策略 …… 106
第一节 技术支持的可视化调节支架设计 ……………………… 106
第二节 可视化调节支架的实施效果 …………………………… 118
第三节 技术支持的群体感知信息设计 ………………………… 124
第四节 群体感知信息的干预效果 ……………………………… 133

第三篇
应用篇 以社会认知互动为核心的协作学习研究与实践

第六章 协作知识建构教学模式设计与实施 ………………… 141
第一节 协作知识建构教学模式设计 …………………………… 141
第二节 协作知识建构教学实施 ………………………………… 143
第三节 协作知识建构教学模式的其他应用 …………………… 147

第七章 协作知识建构课堂中的认知冲突研究 ……………… 151
第一节 协作知识建构课堂面临的现实问题 …………………… 151
第二节 协作知识建构课堂中的认知冲突研究情境与方法 …… 155

第三节　协作知识建构课堂中认知冲突消解支架的
　　　　　分类设计……………………………………………… 160
　　第四节　协作知识建构课堂中认知冲突消解的效果评价……… 167
　　第五节　协作知识建构课堂中需要继续探究的认知
　　　　　冲突问题………………………………………………… 175

第八章　跨学科学习中的协同概念转变探索……………………… 177
　　第一节　跨学科学习面临的现实困境………………………… 177
　　第二节　跨学科学习中的协同概念转变活动框架构建……… 180
　　第三节　跨学科学习中的协同概念转变活动应用方法……… 191
　　第四节　跨学科学习中的协同概念转变活动实施与改进…… 192
　　第五节　跨学科学习中的协同概念转变需要继续
　　　　　探究的问题……………………………………………… 216

结　语…………………………………………………………………… 220

参考文献………………………………………………………………… 222

第一篇

基础篇　协作学习中的社会认知互动及其分析方法

第一章

协作学习中的社会认知互动内涵及过程

"学习"研究者提出了诸多关于学习的隐喻,并用简洁的术语表达了对学习本质的理解。这些隐喻提出的背景、情境各有不同,因此并无优劣之分。在本章内容中,笔者结合协作学习情境,重点解读其中的两个隐喻:概念转变、协同建构。并在协作学习视角下重构两个隐喻之间的关系,由此引出本书对协作学习本质过程——社会认知互动的相关观点。

第一节 有关"学习"的隐喻之一:概念转变

脱胎于认知科学的学习科学延续了对"概念转变"这一经典认知科学研究主题的关注与研究。[①] 概念转变甚至成为一些学者对"学习的本质到底是什么"的可选答案,于是,"学习是概念的转变"成为一种学习隐喻。

概念转变研究最初源于科学教育领域。20世纪80年代,随着建构主义思潮的兴起,心理与教育领域掀起了对儿童"如何理解科学现象"的研究热潮,研究者发现儿童对科学现象的理解往往受到其直观或者过往经验的影响,从而与科学概念存在偏差。研究者将儿童的这种偏差称为"迷思概念"或者"相异概念"。这里的"概念"比我们通常理解的"概念"要宽泛一些,它指的是"观点""观念"。在儿童迷思概念

---

① 高文等编著:《学习科学的关键词》,华东师范大学出版社2009年版,第173页。

的状况相对清晰后，研究者开始关注儿童迷思概念如何向科学概念转变，概念转变研究即起源于这一热潮。概念转变研究旨在揭示儿童迷思概念及其转变的规律，既是科学学习中的核心问题，也是国际科学教育研究的热点。[1]

一 概念转变的发生

概念转变受到了诸多研究者的关注，这些研究者从不同角度探讨概念转变的发生机制，从而形成了不同流派。对这些流派核心观点的梳理，有利于本书进一步理解概念转变的本质，进而为后文阐述协作学习的认知过程做铺垫。

流派一：基于"认识论"的概念转变理论。1982年，Posner等在Piaget的认知建构主义理论基础上，参照Kuhn对知识范式更替的观点，提出了著名的概念转变认识论模型，成为基于"认识论"解释概念转变的代表性理论。该模型提出了概念转变发生需要满足的四个条件[2][3][4]：一是学习者对当前的概念产生不满。学习者只有感到自己的某个原有概念失去了作用，他才可能改变原概念。哪怕这种"不满"并不严重，学习者只是看到了自身原有概念的不足，他们也会尽力做小的调整。当学习者遇到无法用原有概念解释的事实或反例时，认知冲突会随之产生，从而激发对原有概念的不满。二是新概念的可理解性。学习者需懂得新概念的真正含义，而不仅仅是字面的理解。因此，他们需要把各认知片段联系起来，建立整体一致的表征。三是新概念的合理性。学习者需要看到新概念是合理的，这就要求新概念与学习者目前能够接受的其他概念、信念相一致，而不是相互冲突，新旧概念可以一起被学习者重新整合。[5] 这里的"一致"包括与自己的认识论信念的一致、与自己其他理论知识或知识的一致、与自己的经验一致、与自己的直觉一

---

[1] 张建伟：《概念转变模型及其发展》，《心理学动态》1998年第3期。
[2] Posner, G. J., et al., "Accommodation of a Scientific Conception: Toward a Theory of Conceptual Change", *Science Education*, Vol. 66, No. 2, 1982, pp. 211-227.
[3] 吴娴等：《概念转变理论及其发展述评》，《心理科学进展》2008年第6期。
[4] 王靖：《高中学生信息技术概念转变：诊断、机制与策略》，中国社会科学出版社2017年版，第6页。
[5] 刘京慧：《中学化学教学中学生前概念的发现和重塑》，《课程教育研究》2012年第27期。

致等。当学习者接纳了新概念的合理性，意味着他们相信新概念是真实的。四是新概念的有效性。学习者应看到新概念对自己的价值，它能解决通过其他途径不能解决的问题，并且能向学习者展示出新的可能和方向，具有启发意义。有效性意味着学习者把新概念看作是解决某些问题的更好途径。Vosniadou 从认知心理学角度提出了概念转变的心理模型建构论。该理论认为，心理模型是学习者理解、推论和预测的基础。所以，学习和理解科学概念的过程其实就是心理模型建构的过程，概念转变也就是从朴素的心理模型向目标心理模型转变的过程。只有支撑迷思概念的心理模型发生转变，迷思概念才会发生根本的转变，并有良好的长期效果。[①] 有些迷思概念难以改变，主要原因在于这些迷思概念是在学习者原有的朴素心理模型框架内形成的，如果不改变原有的朴素心理模型，这种迷思概念就很难改变。[②③] 与上述理论相应，研究者提出了概念转变发生的步骤：第一，激活朴素心理模型中的迷思概念；第二，对模型中的迷思概念或者相关元素产生不满；第三，创建新的模型；第四，使用新的模型。[④]

流派二：基于"本体论"的概念转变理论。1991 年，Chi 等研究者提出了物理实体（Physical Entities）的分类理论；1994 年，他们再次修改了这一理论。该理论认为，世界上存在的所有物理实体，从其本体角度可以分为三类：物质（matter）、过程（processes）、心智状态（mental states）。[⑤] 在此基础上，Chi 解释了概念转变的两种机制：本体论内的概念转变和本体论间的概念转变。这两种机制也隐含了 Chi 对概念转变本质的理解：物理实体的本体类型决定了其属性。因此在学习者的概念体系中，把一种物理实体归于什么样的类型，就会赋予它什么样

[①] 余翔：《促进科学概念转变的类比教学策略探析》，《教学与管理》2011 年第 36 期。

[②] 袁维新：《概念转变理论及其对当代科学教育的启示》，《外国教育研究》2009 年第 11 期。

[③] Vosniadou, S., "Capturing and Modeling the Process of Conceptual Change", *Learning And Instruction*, Vol. 4, No. 1, 1994, pp. 45–69.

[④] 杜伟宇、吴庆麟：《概念改变的教学策略研究》，《课程．教材．教法》2005 年第 2 期。

[⑤] Chi, M. T. H., et al., "From Things to Processes: A Theory of Conceptual Change for Learning Science Concepts", *Learning and Instruction*, Vol. 4, No. 1, 1994, pp. 27–43.

的属性，这种归类偏差是导致学生产生迷思概念的根源，因为它会导致学习者赋予物理实体"不该被赋予的属性"。同时，Chi 等也指出，大部分学习者在概念转变过程中，不会轻易改变归类，而是同时将一种物理实体归到几个类型中，扩大其属性范畴，从而使迷思概念"说得通"。由此，概念转变又可以分成两种：根本的概念转变和部分概念转变。和 Chi 持有相似观点的，还有 Thagard，他提出了树间转换和分支跳跃两种概念转变类型。[①]

流派三：情境化的概念转变。Pintrich 等在 1993 年提出，以往的概念转变的研究过于"冷"，忽视了活生生的课堂教学中的其他情境因素。他们的研究指出，构成动机的四种因素：目标、价值、自我效能、控制信念，以及课堂教学中的任务结构、权威结构、评价结构、课堂管理、教师的示范、教师的支架作用等都会影响概念转变的发生。[②] 在 Pintrich 研究的影响下，一些研究者纷纷提出了自己的"暖"概念转变模型。这些模型的提出一方面反映了概念转变研究的发展，另一方面也隐含着研究者越来越将"概念转变"放到真实的境脉中去理解的趋势。

二 概念转变的本质

无论研究者对概念转变的理解呈现出多少趋势，但有几点共性的内容是在学界普遍被认可的，这些观点也揭示了概念转变最本质的内容。

第一，概念转变是一种认知加工过程。无论是在科学教育领域还是在其他学习领域，无论是认识论中的"辞旧迎新"还是本体类型的重新归类，学习者都要经历充分的、复杂的认知加工过程，这种过程导致的结果是学习者的观点不断地迭代和更新。

第二，这种认知加工过程不仅仅发生在科学教育领域中。首先需要强调的是，这句话的前提是："概念转变"强调学习者"对学习内容的观点"的不断发展与变化，而不仅仅是对"科学内容"，更不是对狭义的"概念"的理解。在此基础上，概念转变在学习中是经常发生的现象，学习者在学习过程中不断更迭自己的认知内容与结构，由此产生了

[①] Thagard, P., *Conceptual Revolutions*, NJ: Princeton University Press, 1993, pp. 6-8.
[②] Pintrich, P. R., et al., "Beyond Cold Conceptual Change: The Role of Motivational Beliefs and Classroom Contextual Factors in the Process of Conceptual Change", *Review of Educational Research*, Vol. 63, No. 2, 1993, pp. 167-199.

"学习是概念转变"这一隐喻。同时,这一隐喻也将概念转变视为一种复杂的、长久的过程,允许中间状态的出现,而不是短期内就可以实现一种根本的概念转变。

第三,这种认知加工过程的核心动力在于认知冲突。无论是"冷"概念转变研究得出的引发概念转变的条件,还是"热"概念转变研究强调的动机诱因,都与认知冲突有密切的关系。认知冲突一旦产生,学习者原有观点无法适用于或者无法解释新情境,便会触发其开展认知加工的动机要素,从而做出对观点的调适。

在得到这三点结论后,本书希望此处和读者共同思考的问题为:认知冲突来自哪里?后续内容将为解开这一问题的答案做充分的陈述。

第二节 有关"学习"的隐喻之二:协同建构

"学习是协同建构"这种关于学习的隐喻首先建立在对学习的"社会性"的认同基础上。本书借鉴钟启泉老师在其文章中指出的观点:人类学习的特质就在于"社会性"。"学习"是一种"社会认知行为"。"学习"原本是社会的过程,离开了社会就不会有成长与变化。也就是说,"学习"即人的成长与变化,这种成长与变化是在同他人共同作业的条件下出现的,这就是"学习的社会性"——在同他人的共同作业中自己获得了变化。① 其次,这种隐喻将学习理解为以知识建构为认知目标、以社会协商为基本手段的社会认知过程。

一 协同建构的发生

知识建构的提出者 Scardamalia 和 Bereiter 在 1994 年给出了知识建构的定义:知识建构是对社区有价值的观点和思想的产生和不断改进的过程。②③ 国内最早引入知识建构概念的是张建伟老师,他于 1999 年对知识建构的发生机制进行了解释:知识建构是学习者通过新、旧知识经

---

① 钟启泉:《从学习科学看"有效学习"的本质与课题——透视课程理论发展的百年轨迹》,《全球教育展望》2019 年第 1 期。
② McGilly, K., *Classroom Lessons: Integrating Cognitive Theory and Classroom Practice*, Cambridge: The MIT Press, 1994, pp.201-228.
③ 彭绍东:《混合式协作学习中知识建构的三循环模型研究》,《中国电化教育》2015 年第 9 期。

验之间的相互作用而完成的。在此过程中，学习者的广泛而丰富的知识背景会参与到这种相互作用中来，影响到知识的建构[1][2]。同样具有特色的界定还包括知识建构是个体在某特定社区中互相协作、共同参与某种有目的的活动（如学习任务、问题解决等），最终形成某种观念、理论或假设等智慧产品，个体在该公共知识形成过程中获得相关知识。[3][4] 关于知识建构理论的详细内容，本书后文有详细阐述。

尽管上文呈现的均为知识建构的界定，但这些界定较为清晰地凸显了学习的认知过程本质：知识建构，这里的"知识"并不一定是原创的，而是参与到一个社区中的学习共同体及每个学习个体在自己原有知识结构的基础上去发展属于这个共同体的新知识。

但学习社区里的知识建构很少由个人来独立完成，而是需要参与社区的共同体一起承担。承担的方式是学习者之间进行有效的意义协商。人类是社会性动物，他们需要来自同伴的反馈以确定自己的身份和他们观点的合理性。[5] 学习者之间需要不断地对话、交流，完成将个人观点整合凝练成群体观点，并进一步形成群体知识的迭代改进过程。所以知识建构是具有社会属性、协同属性的，而这种自带协同属性的知识建构（在本书中被称为"协同建构"）的过程以社会协商为基本手段。

二 协同建构的本质

刘黄玲子等在其论文中，解释了 G. Stahl 提出的协作知识建构的过程："当个人理念用言语表达出来，即个人知识的外化时，便形成了社会情境下的公众陈述。来自不同个体的公众陈述经过讨论会变得更为精练或更为宽泛，这样的讨论将产生不同的观点及其论证，通过进一步阐明各论点、论据之间的异同，个体相互之间会逐渐形成共享的理解。如果不同的观点通过协商达成了一致，那么一致的结果便是协同建

---

[1] 张建伟：《知识的建构》，《教育理论与实践》1999 年第 7 期。
[2] 王艳玲：《从"客观主义"到"建构主义"：教学认识论的变革与超越》，《全球教育展望》2006 年第 9 期。
[3] 赵建华：《CSCL 的基础理论模型》，《电化教育研究》2005 年第 10 期。
[4] 李彤彤、马秀峰：《教师虚拟学习社区中的知识建构实证分析》，《电化教育研究》2011 年第 9 期。
[5] 高文等编著：《学习科学的关键词》，华东师范大学出版社 2009 年版，第 11 页。

构的知识。"①② 由这样一种经典的论证，可以看出协同建构的本质有二：一是协同建构是一种社会认知过程；二是协同建构是一种知识创生过程。

在协作学习情境下，学习者不再仅仅是一个与学习内容及其载体不断互动的独立认知主体，而是若干认知主体中的一个要素。这些认知主体形成了一个虚拟的社会网络关系，但不同于其他情境下的社会网络，该网络以有意义的协商、知识的创生为理想过程和目标。每个学习者成为该网络中的一个认知要素，在与其他认知要素的互动中产生对"知识"的意义建构。如果将该过程视为一个学习者的认知过程的话，该认知过程不同于学习的信息加工模型中提到的对"环境刺激"的信息流式加工处理，而是一种"基于社会互动"的过程，即本书所强调的"社会认知"过程。

随着智能时代的到来，知识的生产和消费周期开始缩短，知识的生产不再遵循以往自顶向下的逻辑，且不再仅仅是领域专家和精英的工作，而是基于问题的广泛社会参与。③ 知识建构是建立在社会参与基础上的观点互动与知识创生，它从很大程度上打破了以往知识生产过程中的确定性与权威性，使知识生产变得更加多元化。在教育领域，知识建构往往作为一种教学模式作用在课堂教学中，本书对该教学模式的价值理解为：打破知识权威、教材权威、教师权威的传统课堂理念，让"学生的声音"在诸多教学要素中，以意义协商、认知互动的方式凸显出来，虽然最终形成的群体知识未必是权威的、精准的，但其过程价值，远大于学生在一个充满确定性的环境中被动地响应外界权威刺激。

第三节 从概念转变到协同建构
——协作学习中的社会认知
互动内涵及过程

如第一节、第二节所述，概念转变和协同建构是两种不同的学习隐

---

① 刘黄玲子、黄荣怀：《CSCL 中的交互研究》，《电化教育研究》2005 年第 5 期。

② 刘黄玲子等：《基于交互分析的协同知识建构的研究》，《开放教育研究》2005 年第 2 期。

③ 顾小清、郝祥军：《从人工智能重塑的知识观看未来教育》，《教育研究》2022 年第 9 期。

喻。从学术概念上来说，它们之间是并列关系。本节开始探讨关于协作学习过程的话题，在该话题中，笔者将同时引入这两种隐喻解释协作学习中的认知过程。

一　协作学习的认知过程

本书尝试提出这样一种对协作学习的认知过程的理解：如图1-1所示，不同的学习者，因为某种原因（他们可能是被老师分在了同一个学习小组，面临同一个任务或者问题情境，亦可能是同一个项目组的组员等）进入一个共同的学习场域。在这个学习场域中，他们共同作业、不断互动——对于成人学习者来说，这种互动的形式大多是"对话"。

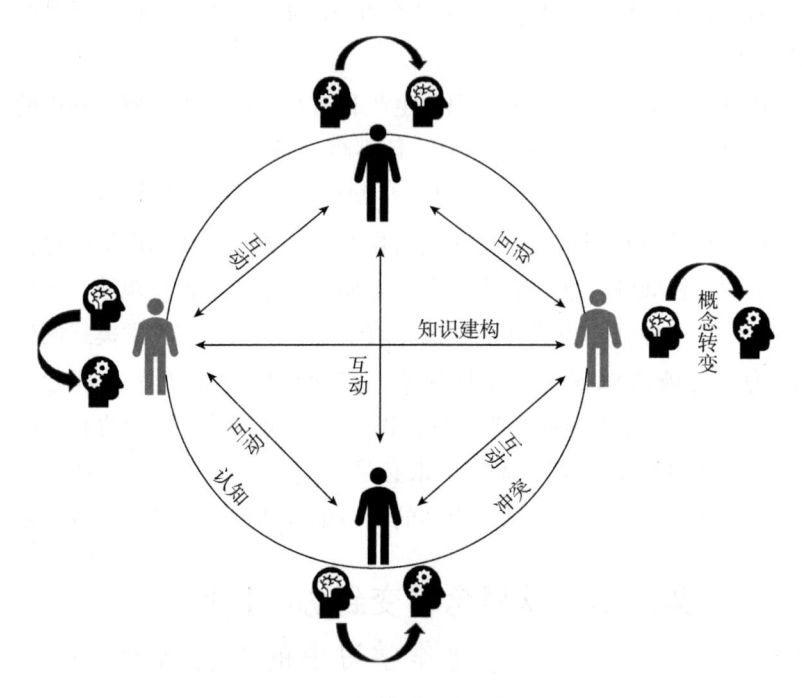

图1-1　协作学习的认知过程

在互动过程中，学习者完成两种认知加工：第一种指向学习者自身，外在的互动经常会让他们意识到与同伴之间观点的差异，这种差异的本质为社会认知冲突，极有可能打破学习者原有的认知平衡，引发其不同层次的认知加工，这种"内省"过程从学习结果上看，是推动了学习者的观点不断发展与变化，从而实现了对学习内容的迭代性概念转变。第二种指向该场域下的学习共同体。共同体中学习者自身的认知加工不断推进其与同伴在后续互动中产生更多的社会认知冲突，并围绕这些社会认知冲突展开更有深度的、有意义的协商，最终促进协作群体的知识建构。也就是说，学习者在该场域中通过互动，已经形成了足够稳定的社会联系，这种社会联系涵盖了协作学习的两大核心：群体互赖充分和个体责任分明。在此基础上，学习者之间围绕任务、问题或其他内容的互动会逐渐形成和发展属于这个共同体的群体知识，这些知识同时推进下一轮群体知识的更迭和每个学习者个体的内省。这一过程从结果上看，是推动了该学习场域中群体知识的建构与持续性改进。

如果上述两种认知加工用学习隐喻去指代的话，我们会发现，第一种可以理解为概念转变——学习者的观点经过认知加工而不断发展与变化的过程。第二种可以理解为协同建构——学习者与同伴通过协作推进群体知识生成与持续性改进的过程。而对于概念转变和协同建构，尽管在本书书名中用了"从……到……"的表达方式，但本书认为，在协作学习中，它们是同时发生、互为前提的两种认知过程。

二 社会认知互动在这一过程中的核心作用

在协作学习的过程中，互动是激发和产生共同知识的基本活动单元，交流会话是协作产生的基础。[①] 在上文描述的协作学习认知过程中，互动的共同属性有三个：一是基于稳定社会联系，大家已经默认了学习共同体的存在；二是以对话为主要中介，尤其是成人学习者，这一点表现得更为突出；三是起到促进群体知识建构、个体认知发展、学习者之间相互依存关系的作用。如果我们用一个术语来表征在协作学习过程中具备上述三个属性的互动，本书称其为"社会认知互动"。

笔者在前文曾经提出一个问题供各位读者思考：（激发概念转变的）认知冲突来自哪里？我们在协作学习情境下，针对这个问题给出如下分析。

在协作学习中，学习者的认知冲突源于外界环境的某种信息与内部认知结构的不平衡，这种认知冲突被深度加工时，可以有效地促进学习

---

① 蔡建东等：《国外CSCL理论的演进与前沿热点问题——基于Citespace的可视化分析》，《现代教育技术》2012年第5期。

者的概念转变，亦能推进高效协同建构。而这种"外界环境的信息"多通过学习者之间的社会认知互动来提供。同样，其消解也需要学习者之间进行充分的意义协商，其本质还是互动。这就解答了本书前面所留下的问题：认知冲突来自哪里？——其实不仅仅在个体概念转变中，即便是在整个协作学习中，这种认知冲突大部分来源于社会认知互动。在成人学习中，一个非常有趣的现象在于：推动其开展社会认知互动的内生动力往往在于认知冲突——人们总是习惯于说服对方或者自己。由此可见，社会认知互动与社会认知冲突，是相互促进、互为动力的关系。

除此之外，社会认知互动还能维系协作学习中的稳定的社会联系。协作学习者的社会联系有两大核心——群体互赖充分和个体责任分明，这两点均需要协作学习者之间通过充分的社会认知互动来维系。更进一步说，课堂中的社会认知互动也存在深浅之分。如果用较为通俗的语言而非已有研究者建立的成熟的、衡量互动程度的分析框架来看待这种深浅的话，我们可以将学习者之间的社会认知互动分为走"近"彼此和走"进"彼此两个层级。前者是学习者的学习行为，而后者则触及学习者的深层认知。如果互动未触及学习者彼此的原有认知，未引发其深层次的认知加工，那么学习者局限于表面的接触，也很难维系持久而充分的互赖关系和清晰而明确的个体责任。

综上所述，本书认为，协作学习的认知过程是融合了个体概念转变和群体协同建构的双向循环过程，该过程的核心在于社会认知互动。这种互动在协作的认知层面，起到激发与消解学习中的社会认知冲突的作用，而这种认知冲突则为学习者的自我观点革新（个体概念转变）和群体知识建构（协同建构）提供持久的动力，从而引发更为深度的社会认知互动；这种互动在协作的群体关系即学习共同体的社会化层面，起到维系稳定的社会联系的作用。

至此，本书就初步解释了在绪论中提到的前两个问题以及这两个问题的答案：协作学习的本质是什么？协作学习过程遵循什么样的核心机制和规律？后续章节将为绪论和本章提供的答案进行进一步的论证，从而为本书的观点提供充足的论据。

第二章

社会化视角下的协作学习理论基础

如前所述,本书认为,协作学习是一种在社会认知互动的基础上发生的学习,它彰显了人类学习的特性——建立在社会属性基础上的认知活动。这种对协作学习的理解和观点是建立在前人对协作学习的充分探索的成果和智慧之上提出的。在本章中,本书将对其中一些理论进行梳理和分析,以期为上述理解和观点奠定理论基础。

第一节 社会学习理论

一 起源与发展

（一）社会学习理论的提出

在社会学习理论提出之前,学术界主要运用行为主义理论、驱力减弱理论及操作强化理论来解释学习行为。然而在1963年,有学者研究了奖惩措施对儿童行为的影响。该学者设立了对照实验,受测儿童在看到他人对玩具的攻击行为后会获得奖励、惩罚和无措施三种结果,受到三种反馈的受测儿童都能精准还原他人的攻击行为,但是其行为的攻击性程度会因受到的奖惩反馈而强化或减弱。

针对该实验结果,行为主义理论认为,学习行为是主体受到外界刺激后的直观反映,而忽略主体意识的调节过程,无法解释儿童攻击行为会因奖惩结果不同而有所区别。驱力减弱理论和操作强化理论虽然试图克服否认意识作用的极端化倾向,但仍认为只有当主体完成某一行为并感知其结果后才产生学习行为,这与实验中儿童仅通过观察他人行为结果产生不同学习行为相悖。在行为的因果决定模式上,Albert Bandura

之前的学习理论都坚持一元单向决定论（One-sided Unidirectional Determinism），即行为要么被认为是外界环境因素所决定和控制，要么被认为是个人内在倾向性（Personal Dispositions）所决定和控制的。① 前者如古典行为主义，它否定了意识心理学中的意识概念，同时也否定了意识的本体，无视人的主体因素对心理活动的作用及行为的影响；后者如精神分析主义，他们认为，行为是由个体内在倾向性（包括需求、冲动、潜意识动机等）所引起的，但没有解释需求、冲动及动机的本质是什么，即认为主体行为要么是由个人认知所决定，要么是由外部环境所控制，无法准确解释前述"儿童玩具实验"的结果。为此，Bandura将人的主体因素，引入行为的因果决定模式中，提出了三元交互决定论，② 认为环境因素、行为及个人主体因素三者，是相互独立，同时又相互作用，从而相互决定的理论实体，这成为建构社会性学习理论的基础。③ 为此，他在《社会学习理论》一书中正式提出了社会学习理论，他将行为习得划分为通过主体直接经验和通过观察模仿他人两个过程，而社会学习理论则强调后者，社会学习理论从而被正式提出。

（二）概念的增加

根据上述实验结果，Bandura 不仅提出了观察学习、三元交互和自我调节概念，还认为前述实验的儿童行为既会学习他人攻击行为，也会根据其感知到的行为结果调节自身行为强弱，从而形成了自我效能理论。社会学习理论解释了学习行为形成的过程和影响因素，旨在说明主体在环境中产生不同认知而采取的行为，强调了环境的影响力而忽视了特定情景下主体动机。为完善该理论，Bandura 提出主体行为不仅受到行为结果的影响，还受到主体对自我行为能力与行为结果的期望的影响，也就是自我效能感。通过区别效能期望和结果期望，Bandura 于 1977 年补充了"自我效能"的概念，将自我效能定义为主体关于自身是否有能力控制影响其生活的环境事件的信念，其中效能期望是主体对自己能否实施

---

① 吴刚、黄健：《社会性学习理论渊源及发展的研究综述》，《远程教育杂志》2018 年第 5 期。

② 李晶晶：《班杜拉社会学习理论述评》，《沙洋师范高等专科学校学报》2009 年第 3 期。

③ 李沁雨等：《社会学习理论及其在信息系统研究领域的应用与展望》，《现代情报》2022 年第 9 期。

某行为能力的主观判断，结果期望是主体对自身行为导致的后果的推测。自我效能的形成主要由成败经验、替代性经验、言语劝说和情绪及生理状态等因素所影响，① 主体对效能期望越高，为之付出努力的倾向越大。

（三）核心变量的完善

先前社会学习理论的核心变量强调价值观念、行为榜样的重要性，认为主体行为结果可通过环境塑造或通过模仿他人完成。Akers 将社会生态理论和 Bandura 的社会学习理论的要素整合起来，提出了差异强化理论。Akers 等提出，主体行为会因行为榜样的影响力而强化或规避，这个过程称为差异强化。② Akers 等的社会学习理论增加了理论的核心变量，强调重要的人对目标行为的信念（差异交往）以及预期的惩罚或奖励（差异强化）。不仅使主体暴露在不同的价值观中，也为主体提供模仿对象，为其提供规避或遵从行为差异强化。例如，如果你因为助人为乐而受到奖励（积极强化），那么这就会鼓励我们继续帮助他人。反之，如果欺凌行为没有受到惩罚，那么对于实施欺凌行为的人来说是一种逃避惩罚（消极强化），这样对其从事该行为可能是一种反向的鼓励。

（四）个体行为影响因素的拓展

核心变量完善后的社会学习理论内容更加丰富，但其行为影响因素并未完善，这仍然是社会学习理论发展的限制，为解决这一问题，Krumboltz 等在其基础上拓展了主体行为影响因素，Krumboltz 汲取 Bandura 的社会学习精华，兼顾心理与社会的影响作用，将理论原先的遗传因素和环境因素保留，将教育因素拓展为学习经验，包括工具式学习经验和联结式学习经验，强调主体在行为过程中，价值理念、取向技能都可通过学习获得。同时，Krumboltz 等提出了技能因素，即个体内在的遗传因素和特殊能力，外在社会上各种影响因素以及不同的学习经验等，会以一种交互影响的方式使个人形成特有的技能取向，如解决问题的能力、行为习性、情绪认知等。在以上四个因素不断交互作用下，主

---

① 张倩：《从班杜拉社会学习理论视角简析大学生学习动力不足的原因及对策》，《吉林省教育学院学报（中旬）》2013 年第 9 期。

② 刘玉梅、廖紫薇：《差异强化理论及其对校园欺凌防治的启示》，《当代青年研究》2018 年第 6 期。

体在已有的学习经验上产生推论和行为结果。

（五）应用条件的补充

随着社会学习理论研究的逐渐深入，社会学习理论也被应用到各个领域和场景，但其应用条件却未跟上深入的步伐。尽管先前的社会学习理论强调认知、行为和环境三者的交互作用，却未明确其具体影响力大小。Banerjee A. 等从理论上分析了不确定性条件下社会学习的结果和效率，研究发现，主体观测到的信息可能会改变主体的决策。社会学习使群体不断更新对不确定因素的判断，当学习过程满足一定条件时，群体的判断占据主导地位，主体的决策和行为完全取决于群体的判断而与私人信息无关。

二 核心观点

Bandura 提出的社会学习理论主要包括以下几个观点：一是观察学习。观察学习又可称为替代学习，包括注意、保持、运动再现和动机四个相互联系的过程，它是通过观察他人（或榜样）的行为获得示范性作用，并引导学习者做出与之相对应行为的过程。二是三元交互理论。Bandura 将决定主体行为的因素概括为包含遗传机制、社会预兆性线索等的先行因素和包括替代性强化和自我强化的结果因素，强调了学习行为受到生理因素和后天环境因素的共同影响，他批判了个人决定论和环境决定论，强调在学习过程中认知、行为和环境三者的交互作用。三是自我调节理论。自我调节由自我观察、自我判断和自我反应三个过程组成，它是主体通过外在和内在因素影响下调节自身行为以达到目标的过程。① 四是自我效能理论。自我效能主要强调个人的心态和自信程度及其可以在一些因素的影响下呈动态的变化发展。以下是这四个理论的详细阐释。

（一）观察学习理论

Bandura 认为，观察学习是在观察者接触示范事件的过程之中，通过认知加工而发生的学习现象，本质上是一个信息加工的认知过程。② 在观察学习过程中，提供榜样示范的主体称为示范者，观察示范

---

① 耿静：《班杜拉的社会学习理论对教育工作的几点启示》，《出国与就业》（就业版）2010 年第 2 期。

② 杨嵩：《观察学习理论下学徒制默会知识传递路径的质性研究》，《高教探索》2021 年第 8 期。

者行为的个体称为观察者。这一理论认为靠直接经验获得的任何行为都可以通过观察榜样形成，在榜样的作用下，人们可以形成某种行为，也可以消除或抑制已形成的行为。学习者只要在一定条件下观察到他人行为，不必直接进行反应，也可以不亲自体验直接的强化，即通过榜样替代反应和替代强化（榜样替代学习者进行反应和接受强化）就能学会这种行为。① 观察学习是一个连续的心理活动过程，它包括四个下位过程，即注意过程、保持过程、动作再现过程和动机作用过程。图 2-1 是 Bandura 观察学习四个子过程。

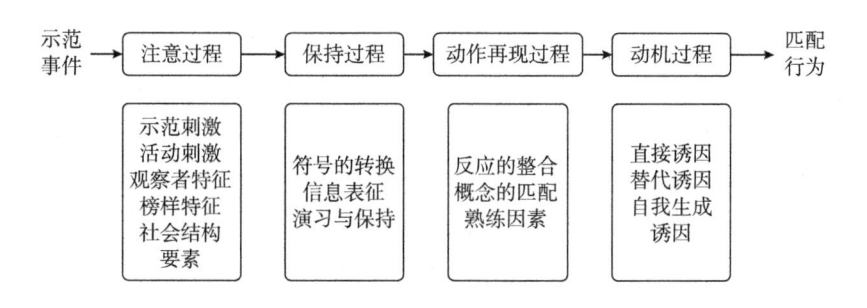

```
示范      注意过程  →  保持过程  →  动作再现过程 →  动机过程      匹配
事件  →                                                    →  行为

示范刺激     符号的转换    反应的整合    直接诱因
活动刺激     信息表征      概念的匹配    替代诱因
观察者特征   演习与保持    熟练因素      自我生成
榜样特征                                 诱因
社会结构
要素
```

图 2-1　Bandura 观察学习四个子过程

第一，观察者要在自觉或唤醒的注意状态下，才能够接收到示范事件的刺激，从而开始观察学习。例如，在教学开始阶段教师进行有趣的课程导入，从而吸引学生的注意力。第二，进入保持过程。这种保持过程是一个符号转换的过程，以符号为媒介，可以将榜样行为转换成言语符号保持在长时记忆中。② 第三，进入动作再现阶段，将长时记忆中存储的经验提取出来，进行行为的再现，并通过反复的演练和与示范者的行为进行对比和匹配最终呈现与示范者最为相似的行为。例如，在大多数英语课堂中，教师在教授某一知识点之后，会通过示范来帮助学生做与这个知识点相似的练习，学生需要自我练习和自我纠正，经过多次反

---

① 刘电芝：《论班都拉观察学习理论的现实意义》，《西南师范大学学报》（哲学社会科学版）1996 年第 4 期。

② 李丽：《论班杜拉观察学习理论及其对儿童教育研究的启示》，《青春岁月》2010 年第 24 期。

复练习，最后逐渐熟练掌握知识点。① 第四，动机过程，动机是推动个人行动的内部动力并由它引起和维持参与者的观察学习活动，它强调学习者的自我强化，是通过信息反馈来进行自我评价和调节，并通过奖励来加强自己行为的过程。通常教师对学生的评价和及时反馈能够加强学生自我强化。

（二）三元交互理论

20世纪60年代，心理学家Bandura在勒温模型研究的基础上，提出人的行为是人、环境、行为三元交互而形成的理论，并认为环境、人与其行为之间互为因果相互决定，从而形成一个系统，被学界称为"三元交互决定论"。② 所谓"交互"是指行为、认知、环境间具有互动和决定作用。该理论模型如图2-2所示。个体周围环境中的要素不断影响着个体，从而促使人做出特定的行为反应，这种影响可以是直接影响，如在人处于比较寒冷的环境下，人会产生抵御寒冷的动机，因此会做出穿衣服的行为。也可以是间接影响，个体可以通过观察别人的行为结果来调节自己的行为，如当学生看见同伴得到赞赏时，会产生羡慕的心理，从而模仿同伴同样的行为以得到赞赏。此外，Bandura还提出人既不是完全受环境控制的被动反应者，也不是可以为所欲为的完全自由的实体。他认为个体与环境不断交互决定人的行为，促进人不断调节自我以适应环境。反过来，当人的行为足以改变环境时，被激活的环境因素也能反过来调节人的行为强度，而行为又受个体本身的知识经验、需求动机、价值观等各种因素的影响。总之，三个因素相互作用、相互制约，从而影响处于社会环境下学习者的学习。该三元交互决定论强调个体的内在因素、行为和环节的交互作用，重视个体的内在因素行为和环境的决定作用，强调环境对个体和行为的塑造作用，也能够反映行为对个体和环境的改进影响。该理论聚焦于人的内在因素、行为和环境之间的相互影响，是对个体行为解释力较强的理论，尤其是对成因复杂、行为多样性强的问题能够进行有力的解释。

---

① 赵阳：《小学英语课堂游戏教学法案例分析——基于班杜拉的观察学习理论的视角》，《教学研究》2018年第5期。

② 吴遐等：《以评促学：基于三元交互决定论的同伴互评研究》，《中国远程教育》（综合版）2020年第4期。

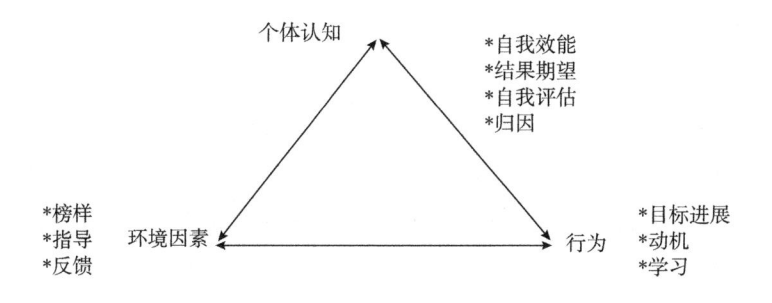

```
              个体认知
               /\
              /  \           *自我效能
             /    \          *结果期望
            /      \         *自我评估
           /        \        *归因
          /          \
*榜样    /            \      *目标进展
*指导  环境因素 ——→  行为    *动机
*反馈                         *学习
```

图 2-2 "三元交互决定论"模型

（三）自我调节理论

20世纪70年代，美国心理学家 Bandura 首次提出 Self-regulated Learning 这一概念。Self-regulated Learning 即自我调节学习，指学习者为了顺利完成学习任务，获得满意的学习效果，主动调控自身认知、动机、行为的过程。[1][2] 自我调节包括自我观察、自我判断和自我反应三个基本过程。自我观察指人们根据不同的活动中存在的不同衡量标准，对行为表现进行观察的过程。Bandura 认为，自我观察至少有两个重要功能：一是提供必要的信息以确定符合现实的行为标准和评价正在进行变化的行为。二是通过对一个人的思维模式和行为的加倍注意，促进自我指导的发展。自我观察不是简单的机械记录过程，它时常受自我判断和自我反应的影响。自我观察与自我调节的其他过程是不可分离的。自我判断指人们为自己的行为确立某个目标，以此来判断自己的行为与标准间差距并引起肯定的或否定的自我评价的过程。自我判断的核心是自我标准的建立。对大多数行为来讲，评价其适应性并没有绝对的标准。跑一英里所需要的时间，做某一课题所得到的分数，这些内容并不能传递有关自我评价的充分信息。Bandura 认为，自己要想评价由社会标准衡量的行为，至少需要相对地比较来自三个方面的信息：绝对的行为操作标准、个人标准和社会参照标准。社会学习训练不是让人们把自己与他人比较，而是让人们参考自己的能力和标准去判断自己。自我反

---

[1] 王祯等：《混合学习环境下自我调节学习的机制研究》，《教育研究与实验》2019年第6期。

[2] 单冬：《基于自我调节学习理论的深度学习实现路径》，《中国成人教育》2021年第8期。

应指个人评价自我行为后产生的自我满足、自豪、自怨和自我批评等内心体验。自我反应是个人满足兴趣和自尊发展的重要和持久的基础。完全符合行为标准的工作会形成个人有效感,增强对活动的兴趣并引起自我满足。没有活动标准和对活动不进行评价,人们会没有积极性,感到无聊和仅仅满足于一时的外部刺激。过于严格的自我评价也会成为个人不断烦恼的原因,引起一些精神病理症状,造成各种异常行为。

"自我效能"这一概念,最早是由美国心理学家 Bandura 于 1977 年发表的论文《自我效能:关于行为变化的综合理论》中提出。Bandura 认为,人类的行为不仅受行为结果的影响,而且受人的认知形成的结果的期望的影响。Bandura 的"期望"概念,不同于传统的"期望"概念。传统的"期望"概念指的只是结果期望。而 Bandura 认为除结果期望外,还有一种期望叫作效能期望。结果期望是指人对自己的某一行为会导致的结果推测,而效能期望是指人对自己是否能够完成目标所具有的实际能力的推测和判断。[①] 例如,学生知道自己如果认真独立地完成作业就能够巩固当堂课所学习的知识。其中,"巩固知识"是"认真完成作业"的结果期望,而学生不仅知道"认真独立地完成作业"能够"巩固知识",而且确定自己有"认真独立地完成作业"的能力就属于效能期望。

Bandura 认为,不仅结果期望对人的行为发生起着重要作用,而且强调效能期望在调节人的行为上起着更为重要的作用。通常人们能够意识到自己的行为将会带来怎样的结果,但受到自我效能感的调节,并不一定会去从事某些活动或者做出某些行为。例如,同学都知道阅读大量的英文文献和书籍能够提升自己的英文水平,但是由于自身的英文水平较弱,阅读困难,所以也很难会采取这样的方式去提高自己的英文水平。所谓自我效能感,即个体在执行某一行为操作之前,对自己能够在什么水平上完成该行为活动所具有的信念、判断或主体自我把握与感受。

[①] 李广乾:《班杜拉的自我效能理论及其对职业教育的启示》,《中国职业技术教育》2004 年第 35 期。

影响自我效能感形成和变化的主要因素有：一是自知行为成败的经验，指人已有的成功与失败的经历，成功的经历会提高人的自我效能感，而失败的经历则反之。二是替代性经验，即与自己水平相当的人的成功与失败，会影响自身的自我效能感。看到与自己水平相当的人取得成功，就会替代性地认为自己也能完成相同的任务，从而提高自我效能感；反之，则会降低自我效能感。三是言语劝说。即凭借他人说服性的建议、劝说等来改变自我效能感。例如，老师在学生遇到困难、信心不足时给予鼓励和引导，便能够提升学生的自我效能感。四是心理状态，指当时所处的情绪状态、动机状态等。例如，当一个人过度焦虑时，便会容易低估自己的能力，而正处于积极情绪中时，便会提升自我效能感。五是环境的信息，当人进入陌生、易引起个体焦虑的环境，会妨碍自我效能感的建立。

第二节　知识建构理论

一　起源与发展

早在17世纪的科学界，知识建构就以另一种形式蓬勃发展。但在那一时期，知识建构（Knowledge Building）术语还未出现，17世纪的知识建构更像是一种类似于侦探解密的科学研究方法。直至"发明时代"[①] 的到来，才出现知识是由人类构造的观念，其中人类构造是指各种人类创造品，如理论、算法、计划等。[②] 之后，知识建构经历了知识转化、有意学习、知识建构三代概念的发展，内涵愈加丰富。

（一）知识建构发展的第一阶段——知识转化

1977—1983年，知识转化（Knowledge-Transforming）这一概念兴起。在传统的知识告知（Knowledge-Telling）型教学方式中，学习者无须设定学习目标、无须学习如何分解问题[③]，教学者将常见的知识关联

[①] Whitehead, A. N., *Science and the Modern World*, British: The MacMillan Company, 1925.

[②] Scardamalia, M., Bereiter, C., "A Brief History of Knowledge Building", *Canadian Journal of Learning and Technology*, Vol. 36, No. 1, 2010.

[③] Flower, L., Hayes, J. R., "The Cognition of Discovery: Defining a Rhetorical Problem", *College Composition and Communication*, Vol. 31, No. 1, 1980, pp. 21-32.

呈现给学生,学生对知识做关键词标记,并进行记忆,因此整个结构在最初记忆阶段已经稳定,并存储于学习者大脑中。当题目中出现关键词时,学习者便从记忆中抽取该结构中的知识并进行描述,这一过程表明知识告知只涉及对已学内容的再次调用,而不涉及创造、对已有知识改进的过程。知识转化是指学习者创建了主题空间(或者目标空间)和内容空间,其中主题空间指导着内容空间中问题的确定及解决。当学习者接触到新的问题时,首先,会建立主题空间,以确定主要目标和关键问题;其次,通过建立内容空间寻找解决问题的方法。二者不同的是,传统的知识告知型学习者在面对新的挑战时,并不会主动构建主题空间,而是从记忆中搜索已有主题,进而找到对应的论据,缺乏在新挑战中形成个性化目标的过程以及对知识的适应性应用,并且难以形成创新性解决方案或论据。其中知识告知结构模型、知识转化结构模型如图2-3和图2-4所示。[①]

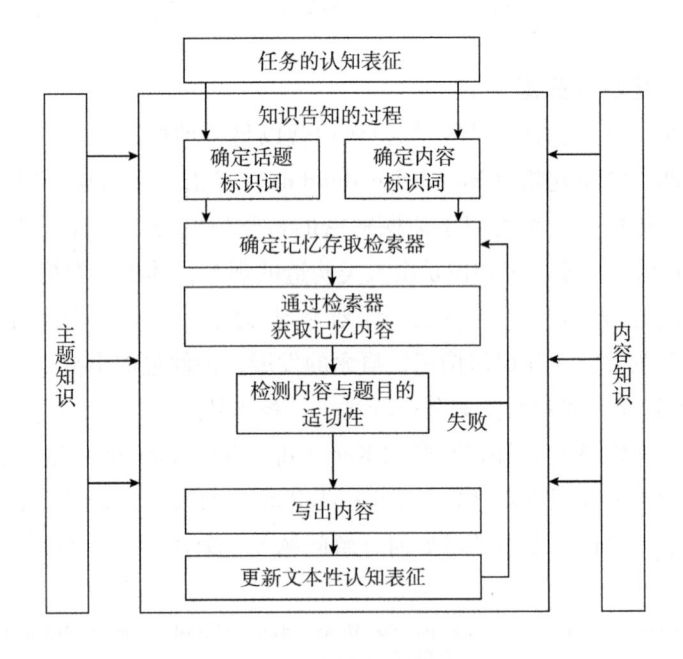

图 2-3 知识告知结构模型

[①] Bereiter, C., et al., "Cognitive Operations in Constructing Main Points in Written Composition", *Journal of Memory and Language*, Vol.27, No.3, 1988, pp.261-278.

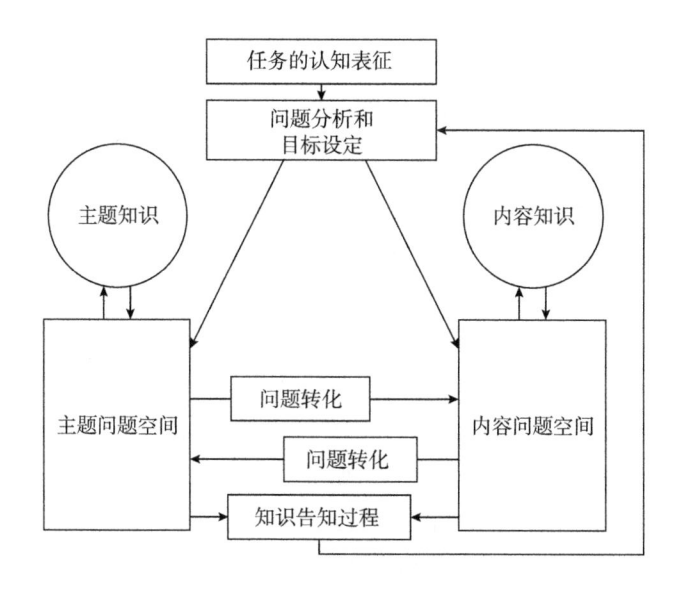

图 2-4 知识转化结构模型

关于知识转化和知识告知两种方式，Scardamalia 等学者进行了相关实验研究。通过对比儿童和成熟作家的知识应用方式，他们发现，虽然儿童能够通过知识告知的方式快速习得新知识并加以应用，但成熟作家能够采用知识转化的方式进行写作，他们有着更强的迁移能力和知识应用能力[1]，儿童或新手作家只是一种简单的模仿，不存在复杂的认知过程。至此，该领域的学者从关注学习结果，转向对知识转化过程的深入研究，重点探究如何激发学生在学习中的主动性，实现将知识转化为思想结构的一部分，而不再是一个个孤立的知识点。

（二）知识建构发展的第二阶段——有意学习

有意学习的出现是由于两大传统学习研究领域存在的目标差距及已有缺陷，一种传统研究重点关注学习情境是否为学生提供了实现自身目标的机会，主要通过观察学习行为实现；另一种传统研究重点关注学生的学习技能是否能够提升学习水平。[2] 前者的检测方式只顾及表面现

---

[1] Whiteman, M. F., *Writing: The Nature, Development and Teaching of Written Communication*, NY: Routledge, 1983, pp. 81-103.

[2] Resnick, L. B., *Knowing, Learning and Instruction: Essays in Honor of Robert Glaser*, NY: Routledge, 2018, pp. 361-392.

象，学习者内在的心理活动、思考动态无从记录，而后者则关注学习水平的提升，学习目标设定范围狭小，对终身性学习人才的培养无益。因此，1983年出现了有意学习（Intentional Learning），其界定解决了两项传统研究存在的目标差距及缺陷。Sinatra认为有意学习是一种以目标为导向的学习过程，强调制定目标的重要性、学习是内在导向的、由学习者自主控制学习进程。[1] Scardamalia则将有意学习做了细致划分，包括五个阶段，即目标设定、在理解的前提下识别并解决问题、构建新旧知识的连接、形成推断并检验、监控评估学习。[2] 由此可见，有意学习从学生主体出发，融合两类传统研究有关学习情境和学习目标的研究，并指向整个学习过程，学生的个性化和主动性更强。相比之下，前期的知识转化更倾向于学习过程中的子阶段。

需要注意的是，这种主观能动性并不是完全放任学习者并将确定目标内容的所有主动权交由学习者，学习者在制定和完成目标的过程中，需要将教师指定的目标和自己特定的长远目标进行结合，形成个性化学习目标[3]，因此有意学习的目标设定与传统教学目标并不冲突。

有意学习的长远发展，离不开计算机、互联网技术。Scardamalia开展了CSILE项目，该项目利用计算机软件促进有意学习的发生。据此，Scardamalia等提出了适用于各种教育软件的11项设计原则：一是可视化并公开知识建构活动，教育软件应该可视化学习者的思维活动，让学习者关注自身进行的学习活动，如目标设定、识别理解问题等，以更有针对性地开展有意学习活动。二是持续关注认知目标，学习者应该制定认知目标并为完成认知目标做好相应的时间、精神、活动准备，而教育软件应该为其提供这样的环境和机会。其中，认知目标与任务目标不同，认知目标的最终目的是长远性地学习、发展，而任务目标则关注的

---

[1] Sinatra, G. M., "From Passive to Active to Intentional: Changing Conceptions of the Learner", paper delivered to What does It Mean to Be an Intentional Learner, American Educational Research Association, New Orleans, Aprial 2000.

[2] Scardamalia, M., et al., "Computer-Supported Intentional Learning Environments", *Journal of Educational Computing Research*, Vol. 5, No. 1, 1989, pp. 51-68.

[3] Scardamalia, M., Bereiter, C., "Higher Levels of Agency for Children in Knowledge Building: A Challenge for the Design of New Knowledge Media", *The Journal of the Learning Sciences*, Vol. 1, No. 1, 1991, pp. 37-68.

是某个任务需要达到的成绩等短期目标。三是积极面对知识缺陷，教育软件应该为学生提供识别自身知识缺陷的方法，帮助学习者意识到自身存在的知识漏洞，在元认知上产生管理意识，同时这种元认知的出现将促进学习者有意学习的发生。四是提供过程性反馈，过程性反馈能够捕捉学习者在学习过程中的多方面变化，在传统教学中由于人力、物力的阻碍，教师无法收集过程性数据，而教育软件的出现为收集烦琐、动态性的数据提供了契机。另外，教育软件绝不应止步于为学生提供重复性的训练等无意义工作，而应该为学生认知目标的实现提供帮助。五是鼓励学习者使用学习策略，Brown 等认为在学习上能够获得成功的人，往往采用多种方式理解学习内容，而其他人则倾向于背诵记忆等方式。[1] 理解有助于学习者对新旧知识的重新整合与迁移应用。六是鼓励多重解决方案。初学者往往在得到一种解决方案后，不再继续深究。实际上，关于某个问题的解决方案有多种，需要将多种信息整合，形成多路径的解决方案，这将有利于学习者对信息的整合与多场景应用，但学习者由于对过往信息提取的能力不足和惰性，导致其仅仅满足于已有的一种解决方案。教育软件则需要为学生提供相关信息，激发学生整合多种信息，逐步培养生成多种解决方案的能力。七是为学习者提供多种组织知识的方式，由于学习者的学习风格等不同，学习者组织知识的方式也有差异。为促进学习者个性化地学习，教育软件应该为学习者提供多种组织知识的方法，如列表、概念图、鱼骨图等。八是鼓励对已有知识的最大化利用，教育软件所包含的知识范围有限，并且对于开放式的任务评估存在缺陷，因此教育软件应该为开放式任务提供环境，可以采用人机结合等方式，最大化地利用已有知识资源，为学习活动提供支持。九是为个性化和反思性学习提供更多机会，传统课堂的统一化教学，并没有考虑学习者的学习风格等个性化特征，而教育软件作为一种自动化软件，应该为学生提供自定步调的机会，促进学生的个性化、反思性学习。十是促进多情境下的知识转化，教育软件应该考虑多学科知识的融合，提供接近真实的、丰富的环境，让学习者在跨学科的知识学习中，

---

[1] Brown, A. L., "Learning, Remembering, and Understanding", *Technical Report*, No. 244, 1982, pp. 77-166.

掌握知识的迁移应用，这类似于大概念。十一是促进学习者在协作学习中的责任感，除上述所说的自我意识外，教育软件可以提供加强同伴之间互相监督的机制，为协作小组整体的知识进步提供多重保障。可以看出，这十一项原则，除以有意学习的本质作指导，还表现出知识建构的倾向，如协作学习中集体责任感的强调。

（三）知识建构发展的成型阶段

有意学习强调学习者从自定目标到成果评估的整个学习过程，强调的是学习者个体，而群体内的同伴协作能够激发创生新观念，实现"1+1>2"的效果，促进群体性的知识进步。由于对有意学习和同伴协作的强调，"知识建构文化"开始突出，即学习者拥有强烈的社区责任感，每个学习者都为社区知识的形成努力做出自己的贡献[1]，在此过程中通过协作创生新知识，形成新方案。直至1994年，Scardamalia等对知识建构做了明确的阐释，他们认为知识建构的目的是发展社区公共知识，并对个人知识和社区知识做了区分。前者是为了促进学习者个体在思维、知识、能力等上的改变，而后者则赋予学生强烈的社区责任感，为社区的公共知识建设做贡献。

后人对知识建构进行了理论拓展与实证探究。Stahl提出了经典的用于表征个人和社会协作知识建构的重要阶段[2]，Stahl将该模型的本质定义为一种社会过程，该过程是由个体知识建构和群体知识建构过程循环构成的。Duvall等则基于知识建构理论提出了指导在线异步讨论社区设计的理论框架。[3] Silverman等从提升社区内交互质量的角度出发，设计了基于任务的循环模型[4]，如图2-5所示，社区成员通过逐个完成任务，最终实现一个真实问题的解决。该模型包括四个阶段，即个人工

---

[1] 张义兵等：《从浅层建构走向深层建构——知识建构理论的发展及其在中国的应用分析》，《电化教育研究》2012年第9期。

[2] Stahl, G., "A Model of Collaborative Knowledge-Building", in International Conference of the Learning Sciences, Massachusetts: MIT Press, 2000, pp.201-212.

[3] Duvall, M., et al., "Designing for and Facilitating Knowledge-Building Discourse in Online Courses", Information and Learning Sciences, Vol.121, No.7/8, 2020, pp.487-501.

[4] Silverman, J., Clay, E.L., "Online Asynchronous Collaboration in Mathematics Teacher Education and the Development of Mathematical Knowledge for Teaching", The Teacher Educator, Vol.45, No.1, 2009, pp.54-73.

作—同伴评价与反馈—反思并讨论—改进。Ouyang 等从交互模式出发，探究了基于学习者共性表现的重组协作效果。[1]

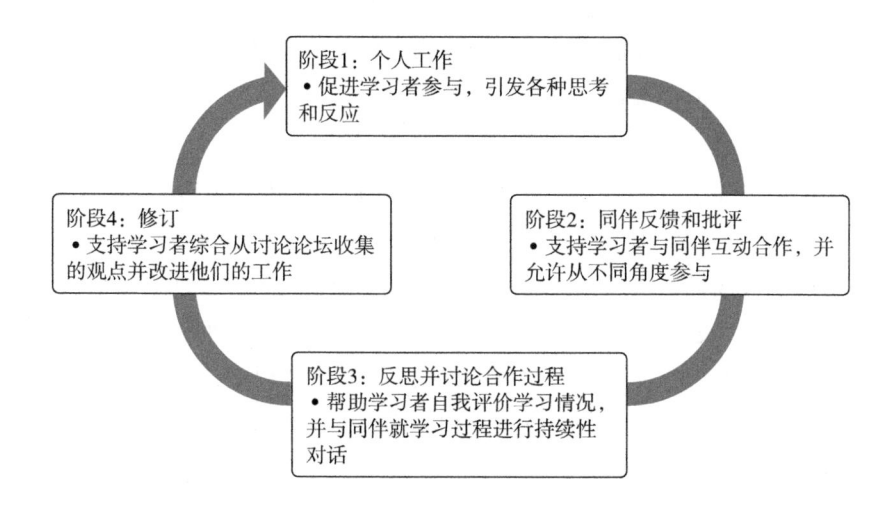

阶段1：个人工作
• 促进学习者参与，引发各种思考和反应

阶段2：同伴反馈和批评
• 支持学习者与同伴互动合作，并允许从不同角度参与

阶段3：反思并讨论合作过程
• 帮助学习者自我评价学习情况，并与同伴就学习过程进行持续性对话

阶段4：修订
• 支持学习者综合从讨论论坛收集的观点并改进他们的工作

图 2-5　在线异步讨论社区设计理论框架

二　核心观点

知识建构（Knowledge Building）是指社区中观点生成与持续性改进的过程。[2] 正如 Carey 所言，科学的本质是生成和不断解释真实世界的过程[3]，因此观点自生成起，就需要不断地阐释以明确观点的内涵、边界，在此过程中会产生评价、修正和应用等一系列循环迭代的过程。从另一个角度而言，学习者的学习就是在生成观点、创造知识，而这种观点、知识是可以持续完善的，没有最权威的观点、知识之说。而知识建构环境（Knowledge Building Environments）则是指，能够为学习者提

---

[1] Ouyang, F., Scharber, C., "The Influences of an Experienced Instructor's Discussion Design and Facilitation on an Online Learning Community Development: A Social Network Analysis Study", *The Internet and Higher Education*, Vol. 35, 2017, pp. 34-47.

[2] McGilly, K., *Classroom Lessons: Integrating Cognitive Theory and Classroom Practice*, Cambridge: The MIT Press, 1994, pp. 201-228.

[3] Carey, S., et al., "An Experiment is When You Try It and See If It Works: A Study of Grade 7 Students' Understanding of the Construction of Scientific Knowledge", *International Journal of Science Education*, Vol. 11, No. 5, 1989, pp. 514-529.

供不断创造和改进观点的一切环境，包括虚拟以及其他形式的环境。[1]

关于知识建构的内涵阐释，Scardamalia 提出了知识建构教学和技术支持的基本原则[2]，张义兵等在总体上将其分为观点、社区、手段三个方面。运用这十二项原则构建知识建构社区，以促进学习者从学习探究者转向成为知识建构社区中一员。[3]

（一）观点

1. 保证观点与问题的真实性（Real Ideas，Authentic Problems）

学习者在尝试理解真实世界或追求真理时，会产生疑惑，这种疑惑是当前世界或早期科学家面对的真实问题。与传统班级授课制中的教学不同，这种问题不再由课本枯燥的文字进行抽象描述，而是由学习者在实际生活中发现并提炼出问题。[4] 在解决问题的过程中，学习者生成新观点，在这些观点的生成与改进互相作用中，学习者逐步找到答案，得出解决方案，实现知识建构。

技术实例：知识论坛（Knowledge Forum）提供了一种促进创造性工作的环境。这种环境为学习者提供了有关真实世界的问题，它能够赋予学习者解决真实世界问题的责任感，鼓励着他们生成创新性解决方案。因此，社区的笔记能够直接反映其核心工作及学习者的观点。

2. 观点持续改进（Improvable Ideas）

由于真实世界问题的开放性、不确定性，社区工作中形成的观点是能够持续改进的，包括观点质量、观点之间的连贯性以及观点实用性等，但这种改进的过程需要学习者坚持不懈地努力，包括精神和心理上的努力。因此指导者需要诱导社区形成一种批判、促进知识进步的群体观念，因为当社区多数人都认同某一种观点或社区已形成相对成熟的观点时，社区中的反对者大多都是孤立无援的。而这种批判性氛围将会减

---

[1] DiStefano, A., et al., *Encyclopedia of Distributed Learning*, CA: Sage Publications, 2003, pp. 269-272.

[2] Barry, S., Bereiter, C., *Liberal Education in a Knowledge Society*, Open Court, 2002, pp. 67-98.

[3] Sawyer, K., *Cambridge Handbook of the Learning Sciences*, NY: Cambridge University Press, 2006, pp. 97-118.

[4] 张丽洁：《中学化学教学中问题情境的创设研究》，硕士学位论文，山东师范大学，2003 年。

弱甚至消除学习者对群体的畏惧感，为学习者提供心理上的安全，保证他们能够畅所欲言，而这也将鼓励他们进行智力上的挖掘探索。[①]

技术实例：知识论坛提供了一种全方位的迭代机制，即观点改进是永无止境的，社区成员随时都能添加新的观点，群体共同改进社区解决方案。这种迭代机制鼓励着社区成员的不断参与，也提升着社区成员的责任感。

3. 观点多样性（Idea Diversity）

在生物生态系统中，生物的多样性形成了复杂的生物链，生物链对每个物种进行着优胜劣汰，达到物种进化的目的，进而实现整个生态系统的进化。由此可见，生物的多样性维持着生态系统的平衡与进化。在社区工作系统中，观点充当着物种的角色。当社区中出现不同甚至完全相反的观点时，学习者通过对观点的辨析，能够从多视角看待问题，了解彼此对问题的理解差异。在这种辨析中，每个观点都可以得到提升与改进，甚至迸发出新的观点。因此，社区中观点的多样性、成熟性、可论证性会变得更强。

技术实例：相比于其他论坛只提供观点展示的功能，知识论坛提供了多种观点表达和关联方式，为观点之间的结合、比较等提供了渠道。这提升了观点的可塑性，为社区成员之间进行互动提供了机会，而社区成员分析已有想法、贡献新想法的使命感则更强。

4. 观点概括升华（Rise Above）

对于创造性的知识建构，观点的多样性是其基础，但多样性不能保证社区观点的质量和层次。将多样性、复杂性、混合性极强的各类观点进行总结升华，形成具有高综合性、高层次的知识，如高层次的原则、抽象的公式及理论等。通过对多样化观点的辨析剔除、融合凝练，社区观点的质量和观点结构的紧密性都将得到提升，这对社区解决真实问题，形成高质量解决方案有着决定性作用。

技术实例：在专家知识构建团队中，如知识论坛，某社区成员通过观点改进不断提升社区观点的质量标准，这也对社区其他成员产生了影

[①] Joshi, D. D., "Role of Security-Insecurity Feeling in Academic Achievement", *Perspectives in Psychological Researches*, Vol. 8, No. 1, 1985, pp. 63-64.

响。受他人激励和社区责任感的作用，学习者将不断产生新观点或改进社区已有观点，从而产生更高质量的观点，以满足社区中新的观点质量标准。知识论坛所支持的这种迭代循环，为社区观点的持续升华和质量的提升提供了路径。

（二）社区

1. 认知的主观能动性（Epistemic Agency）

社区中的学习者具有认知上的主观能动性，即学习者有意识地、主动地参与到社区观点改进的过程中。在这个过程中，学习者能够主动陈述自己的想法，并对个人想法和他人想法进行对比分析，通过观点的相似与差异分析，促进社区知识水平的提升。在整个过程中，拥有认知主观能动性的社区成员能够不依赖于教师、学校管理人员、计算机等外在帮助，他们可以开展自行设定社区和个体的目标、规划学习路线、评估社区工作等管理性工作，实现在认知和元认知层面的主观能动性。[1]

技术实例：知识论坛能够为社区成员参与理论构建和完善过程提供机会，如社区学习者通过知识论坛能够查阅社区内各个成员的观点，实现观点的分享与充分交流。论坛中的部分功能性术语也充分体现了学习者在社区知识进步过程中的能动性参与，如猜想、假设等。

2. 社区知识、集体责任感（Community Knowledge, Collective Responsibility）

檀传宝指出，传统教育主要通过对比学习者成绩水平、外在行为等对个体进行奖惩[2]，加里·D. 鲍里奇也指出惩罚能够在一定程度上减少某些行为或强化某些行为的发生。[3] 但传统的奖惩大多针对学生个体，学生缺乏一种集体责任感。相比之下，在知识建构情境中，如果学习者对社区目标、对他人做出贡献，社区也会给予奖励，但知识建构情境对学习者贡献、互助行为的奖励，将激励社区成员的积极参与，自觉提升集体责任感，比传统的奖惩更能促进社区知识进步和学习者责任意

---

[1] Damşa, C. I., et al., "Shared Epistemic Agency: An Empirical Study of an Emergent Construct", *The Journal of the Learning Sciences*, Vol. 19, No. 2, 2010, pp. 143–186.

[2] 檀传宝：《论惩罚的教育意义及其实现》，《中国教育学刊》2004年第2期。

[3] ［美］加里·D. 鲍里奇：《有效教学方法》（第四版），易东平译，吴康宁审校，江苏教育出版社2002年版。

识的培养。在集体责任感的驱动下，社区成员的目标是一致的，即改进观点质量，促进社区知识进步。因此在对多方的观点辨析时，学习者也仅仅是出于对集体的考虑开展观点辨析，无关个人成就的得失。

技术实例：知识论坛是一个开放性、协作性论坛，该论坛能够存储并展示社区成员的各种制品，如观点、论述等，都属于社区成员贡献的概念性工件。其中有关社区成员的定位，范围较广，如为社区提供有价值的观点或资料、阅览他人观点并提出修改或批判意见、构建观点关系的学习者。总的来说，一个社区的存在价值是由所有参与者主动承担社区知识进步工作的责任感来决定的。

3. 民主化的知识建构（Democratizing Knowledge）

在当前的传统教学中，存在资源不平等、参与不平等等问题[1]，如不加以改进，将加剧学生质量的两极化问题。知识建构社区通过赋予学习者集体责任感解决了这一问题。在社区中，所有学习者没有权威之分，都有平等的机会参与到社区知识进步的过程中来。其中要保证观点分歧、多样性不能导致成员之间、子群体之间关系的恶化（这与学习者的集体责任感有一定关联），也要促进社区观点在保留多样性的同时，最终走向融合，而非观点各异的分裂。因此，社区知识进步是所有成员的共同努力，这也是社区成员集体责任感的体现。

技术实例：技术工具应该为每位社区成员提供参与社区核心知识空间的途径，包括观点提出和观点评价。在这种平等性的参与中，对成员社区观点的多指标评价，就代表了各成员社区知识进步中的责任感和贡献度。

4. 对等的知识进步（Symmetric Knowledge Advancement）

专业知识在社区中呈现分布式的状态，社区中每个个体拥有的知识都是不对等的，存在认知、社会背景等差异[2]，因此社区中的交流会带来知识交换。在学习者在介绍、辨析观点的过程中，其他学习者可能会产生怀疑，观点提出者能够在质疑解释中更加理解自己观点所依据的理论基础、适用范围等，观点质疑者可以在对方的解释中得到更多、更专业的知识。在这场知识交换环节，双方的知识、论证协作技能都有所提

---

[1] 史亚娟、华国栋：《论差异教学与教育公平》，《教育研究》2007年第1期。
[2] 楼朝辉：《面向不同差异学生的差异教学支持策略探究》，《教育科学研究》2018年第7期。

升。因此,知识给予即知识获得。

技术实例:知识论坛支持虚拟访问和跨团队的协作知识建构,这种跨团队包括社区内和社区间,因此社区具有极强的开放性、包容性,社区人员的知识背景具有多元化的特征。社区成员背景的不同加强了知识的不平等性,进而促进了社区内外知识的交换。这一点充分体现在社区日益丰富的知识结构图谱等制品中。

5. 普遍的知识建构（Pervasive Knowledge Building）

相较于传统教育局限于课堂教学,知识建构发生的场所是不固定的,是广泛存在的。除学校教育外,知识建构也可能发生在家庭、社会当中,此时学习者面临的是来自现实生活中的真实问题,更能促进完成知识建构。因此,课堂教学应该提供更贴近于学习者生活的真问题。

技术实例:知识论坛强调知识建构是社区的核心,而非附属内容。该论坛鼓励社区成员将知识建构作为社区活动的中心和指导力量,引导社区各方面工作的开展。

（三）手段

1. 权威资料的建设性使用（Constructive of Authoritative Sources）

权威资料在传统教育中有着不可动摇的地位,但学科领域知识日新月异,陈旧的权威学说已经落后,因此学习者对待权威知识应持批判性态度。[①] 在知识建构社区中,每位学习者都有着促进社区知识进步的责任,这就要求学习者以促进社区知识进步为目的,充分了解权威资料的来源、内容质量等,对权威性资料采取客观、批判的态度,审慎选择整合、修改补充,以对社区知识进行完善。

技术实例:在知识论坛中,社区成员被鼓励选取多种信息来源作为观点改进、知识建构的材料,其中包括权威性资料。因此,学习者的资料来源并不限于具有权威性的教师等,而是多样化的、多视角的。由此可见,知识论坛鼓励社区成员采用多种渠道的资料,是鼓励学习者进行批判性思考,筛选有效信息,进而建立本社区新的、更为权威的资料来源。

---

① Bok, D., *Our Underachieving Colleges: A Candid Look at How Much Students Learn and Why They Should Be Learning More*, NJ: Princeton University Press, 2008.

2. 知识建构对话（Knowledge Building Discourse）

社区中的对话并不拘泥于口头交流这一种形式，还可以是语音、结构图、文本等多种形式。① 社区中的对话有着多重作用，在社区中开展高质量的对话，不仅能够实现学习者之间的知识互换，对话更是作为一种知识载体，随着交流次数的增加，从量变引起质变，实现群体性知识建构。

技术实例：知识论坛支持文本和结构图两种方式开展对话，并且能够为学习者提供即时性对话空间。通过这种对话，学习者之间能够对观点进行修订、引用、注释等工作。这种双向互动，将促使学习者发现自己或他人存在的问题以及双方理解上的差异，实现"1+1>2"的效果。

3. 嵌入式形成性评估（Embedded and Transformative Assessment）

评估是获取有关评价对象的知识，利用这些知识进行问责、决策、改进和管理。② 评估能够对社区工作质量进行检测，对于后期观点改进、知识进步有着极其重要的作用。评估可以嵌入日常工作中，收集社区工作的过程性数据，同时结合社区形成性成果，进行多维度评估。这种过程性和结果性相结合的评估，能够识别社区工作中的问题，促进成员反思并改进观点，是实现社区知识进步的关键一环。相较于外部评估，社区内部评估更加精准，因为内部成员更加了解社区情况，分析更加准确，思维也更具有批判性。

技术实例：知识论坛为社区成员提供了讨论评估标准的机会，并提供了多种分析工具。

第三节 知识整合理论

一 起源与发展

知识整合理论的前身：知识整合框架（Knowledge Integration Framework）是在20世纪80年代被提出的。其主要提出者：美国加州大学伯克利分校的马西娅·C·林及其团队当时在研究学生如何学习计算机科

---

① 钟启泉：《对话与文本：教学规范的转型》，《教育研究》2001年第3期。
② 周作宇：《论教育评价的治理功能及其自反性立场》，《华东师范大学学报》（教育科学版）2021年第8期。

学，同时也在研究学生如何学习热动力学（Thermodynamics）领域的科学概念。通过比较和对比这两种情境中的成功教学方案，他们发现了一些共性的东西，这直接促使了知识整合框架的诞生。在这两个领域的学习中，他们都发现当鼓励学生尊重他们自己的已有想法并将新旧想法进行比较时，学生会比主要聚焦于新想法时取得更大的成功（Songer and Linn，1991）。此外，在努力加工（Grapple with）那些与已有想法相关联的新想法时，学生的学习效果要远远好于加工那些抽象的想法，即使这些抽象想法更为精确和完整。[①]

知识整合理论的提出借鉴并融入了两个强有力的学习理论。

第一，建构主义学习理论。学术界对建构主义的总结为："建构主义的核心命题是：每一个个体的先前概念引导他们的理解；关于外部世界的知识是人类的建构。建构主义的核心主张并不在于否认外在于个体的真实，而是强调我们关于真实的全部认识只是我们暂时的建构。相应的，不能把学习视作知识的传递，而是在学习者基于其原有知识主动建构或创造新知识的过程。"[②] 知识整合理论则正是强调了学生先前概念的重要性，通过先前概念与新概念的对比反思，建构出自身理解的正确标准，发展出对科学概念的一致性理解。

第二，知识整合理论还汲取了部分认知主义理论的内容，以实用主义来辨析研究中的观点，提高学生自主判断能力，实现有价值的研究。比如学者Schofield研究发现，教师对学生问题的正确回应而不是让学生辨分观念的做法，有时会造成学生对老师的过分依赖，进而导致学生在遇到问题时，在潜意识中是在等待教师的正确回答而不是搜索观念库以解决问题，或者认为自己的答案虽然可以被接受但仍不如教师的好。这种教学策略虽然能使学生少犯错误，但学生的观念库却不能有效析出。知识整合理论中整合了"有价值的困境"这一研究成果，强调了学生析出、辨分观念的重要性，并通过一些错误观念的加入，为学生创

[①] 赵国庆等：《知识整合教学理论解读：将碎片化知识转化为连贯性想法——访学习科学国际著名专家马西娅·C·林教授》，《现代远程教育研究》2018年第1期。

[②] 裴新宁：《建构主义与科学教育的再探讨》，《全球教育展望》2006年第5期。

造出辨分概念的机会，以获得更好的学习效果。①

总体来说，知识整合理论发展到今天经历了四个主要阶段。

（一）支架式的知识整合框架

知识整合理论源于支架式的知识整合框架，该框架在学习中以支架形式落地，具体发挥的作用包括：①确定新的学习目标；②使思维清晰可见；③鼓励自主学习；④提供社会支持。该框架反映了这样的观点，即学生对复杂科学现象拥有一个模型库，而且会将模型库中的模型进行整合和联系起来，教学就是支持学习者思考新的模型，并将其与已有的观点进行整合。

（二）知识整合框架进一步完善

受皮亚杰发生认识论的影响，Linn 提出，学生的概念学习的动力来自内在整合观念，达成一致的诉求。最初，她将学生逐步整合知识的过程划分为"行为知识"（Action Knowledge）、"直觉概念"和"科学概念"这三个连续阶段。学生科学概念的学习起始于日常行动和观察，在此基础上，他们通过有意或无意的反省抽象过程将日常经验融入自己的"直觉概念"之中。如此，学生的"直觉概念"就可以解释观察到的科学现象。但是，学生的"直觉概念"通常与课本上的科学概念并不兼容。学生在没有脚手架的情况下也很难自发地在两者间建立联系。将"直觉概念"发展为"科学观念"。针对这一问题，Linn 提出，可以从学生的"直觉概念"出发设计课程单元，围绕单元中呈现的不同情境中的相同科学现象设计活动，促使学生识别出现象间的联系，整合头脑中的观念，从而形成"科学观念"。同时，采用设计研究，在实践中不断精制单元与背后的理论框架，从而保证能够及时应用最新的学习研究发现支持学生的科学概念学习。②

（三）知识整合的四条基本原则

在该阶段中，Linn 等正式提出了知识整合的四条基本原则：让科学触手可及、让思维看得见、帮助学生向他人学习和促进学习自治，本

---

① Songer, N. B., Linn, M. C., "How do Students' Views of Science Influence Knowledge Integration", *Journal of Research in Science Teaching*, Vol. 28, No. 9, 1991, pp. 761-784.

② Martin, A. F., Oscar, F., *Readings in Computer Vision*, CA: Morgan Kaufmann, 1987, pp. 741-752.

书后文有对于四条基本原则的详细阐述。尽管知识整合的原则和特征在课程设计上的作用已经得到了实证研究的支持，但是这些原则还不能够具体地指导教学者设计出有利于学生一致性理解的教学。于是Linn教授设计了知识整合模式用来促进学生知识整合。

（四）知识整合模式

经过了前三个阶段的铺垫，知识整合最终发展为一个解释学习过程尤其是探究性学习过程的完整模式。它包括四个相互关联的过程，一是析出观点（知识），即让学生充分呈现他们的已有想法（知识），将学生思维可视化。二是添加观点（知识），即增加规范的科学概念（知识），且新增知识能够与学生已有想法或相关经验建立联系，促进学生形成对某科学概念的连贯理解。三是辨分观点（知识），即辨别区分不同的观点（知识）。四是反思和整理观点（知识），即鼓励学生通过反思对想法（知识）进行整理。知识整合的本质特征是利用学生的已有想法帮助学生形成连贯的科学理解，清晰而明确地指明了相应的教学设计结构和方法。相关的各项研究证实，知识整合模式不论是对于学生的科学学习还是教师的科学教学都具有重要的指导价值。

知识整合理论经过三十余年的发展，已经变得越来越完善和体系化。其未来的发展趋势可能会呈现出以下几点：

第一，在教学层面，融入新的技术来强化知识整合，聚焦于利用技术性教学设计促进知识整合。

第二，在学习层面，社会化知识整合。当前研究者非常注重利用教学设计促进知识整合过程中的协作学习。基于知识整合的在线探究平台WISE，可以在学习过程中开发相应的协作活动，促进学生的社会化学习与互动。

第三，在课程层面，利用文化和学科多样性来支持知识整合的创新。其中学科多样性主要体现为STEM（Science, Technology, Engineering, and Mathematics）教育。STEM教育是各国目前大力推崇与开展的一种综合多门学科的教育，其对培养新世纪综合型人才具有举足轻重的作用。因此，从STEM教育的角度出发，可以丰富知识整合的内涵，从而促进知识整合的创新。

第四，在非正式学习层面，知识整合理论在企业知识创生等方面也有继续研究的潜力和价值。

二 核心观点

（一）知识整合的基本原则

如前所述，马西娅·C·林团队提出了知识整合的四条基本原则。它们分别为：让科学触手可及、让思维看得见、帮助学生向他人学习和促进学习自治。随后，他们又通过对这些原则的描述，阐明了在依据知识整合原则设计教学材料时，应该达到的具体目标[1]，如表2-1所示。

表2-1　　知识整合设计原则及据此设计教学材料时的目标

原则	让科学触手可及	让思维看得见	帮助学生向他人学习	促进学习自治
设计目标	鼓励学生建立自己的观点，发展有力的科学原则	将所考虑到的各种情况的发展过程建模	鼓励学生相互倾诉和学习	使学生对过程和想法进行反思
	鼓励学生研究与个人相关的问题	为学生搭建脚手架以帮助他们解释自己的想法	设计社会活动以促进富有成效和相互尊敬的讨论的开展	使学生成为批判者
	为科学活动搭建脚手架，以便学生理解探究过程	用各种各样的媒体进行多种视觉表征	为小组搭建脚手架以设计共享的准则与标准	使学生参与各种科学项目
			使用多元的社会活动结构	建立一个探究过程

"使科学可触及"原则，指的是通过设计使复杂的科学知识易于理解，倡导人人可以学科学；要求设计课程时充分利用学生的生活经验及观念，以使学习者可以用所学科学知识解决生活中的实际问题。

---

[1] ［美］马西娅·C·林、［以］巴特-舍瓦·艾伦：《学科学和教科学：利用技术促进知识整合》，裴新宁等译，华东师范大学出版社2016年版。

"使思维看得见"原则，指的是在课程中任何需要的地方促进思维可视化。这包括以下三点：第一，以可视化的形式向学生展现出无法用肉眼观察的科学现象，并鼓励学生清楚地表达自己的想法，使他们的想法对教师及同伴而言也是可见的。

第二，教师对学生问题回答的反馈是有针对性且可见的。

第三，利用可视化工具将抽象的科学现象展示出来。

"帮助学生向他人学习"原则指的是促进学生之间的合作和互动。给予学生相互表达观点、探讨合作的机会，发展合作解决问题的技能和达到相互促进的效果。当学生相互学习的时候，他们会碰撞出更多的观念，这有助于他们拓宽视野，分析并挑选可信的观点并为此建立标准。

"促进自治"原则，指的是促使学生参与整合、辨分和整理他们观点的活动，形成学生反思习惯和技能，识别观念间的联系，发展科学态度，从而成为终身的科学学习者。[①]

（二）知识整合的基本过程及实例

析出观点鼓励学生充分且清晰地表达出他们在多种常见情境中产生的观点，以及他们在更宽泛的情境中对于某个科学现象的想法，根据学生析出的各种观点，教师可以捕获到学生丰富的文化驱动的观点。学生在进入课堂时，通常带入大量有用的、多样的和受文化驱动的想法，如果教学不能够引出学生所持有的一定范围的观点，学习者通常会摒弃学校传授的观点而保留他们在日常情境中使用的想法。

添加观点指的是增加规范的且能够与学生已有观点相关联以促进观点整合的新观点。在常规教学模式中，学生更倾向于接受教学带给他们的新知识并在下次考试中运用它们，而不是探索不同观点的矛盾之处，或是判断哪些观点是相似的、哪些观点是不同的。尤其是在考试强调记忆结果的情况下，问题会变得更加严重。因此，所添加的新观点是否与学生原有观点相联系显得尤为重要。

辨分观点指的是利用科学证据进行多样观点的辨分。析出观点与添

---

① 吴开天、金莺莲：《用技术增进科学学习 基于WISE平台的科学教学理论概要》，《上海教育》2016年第27期。

加观点帮助学生对自己观点库中的知识进行整合，对新旧观点进行整合。当进行科学探究的时候，学生需要依据科学证据对已有观点进行评估，并且发展辨分观念库中的观点。对于不同的科学现象，存在不同的研究技术与方法，学生需要对它们进行识别和理解，同时也需要鉴别它们的可靠性。更重要的是，学生在辨分观点的过程中需要领会到科学本身，并认识到开展科学探究的方法不是一成不变的，学生更需要的是培养通过科学证据进行观点辨分的能力而不是记住"死"的科学知识以及科学探究方法。

反思和整理观点指的是鼓励学生开展对自己学习进程的监控以及对自己的观点进行整理的活动。设计良好的反思活动可以帮助学生发展出对科学统一且一致的理解。能通过反思来比较自己观点的学生，在指导自己持续更新自己的见解方面会更有成效。上文中提到过，学生不仅需要对科学知识进行辨分的能力，还需要培养对科学结论、证据、方法的辨分能力。反思活动包含着学习如何把有限的心智分配给最核心的问题并监控问题解决过程，可以帮助学生认识到自己观点库中重叠以及缺失的部分，找到各观点之间的联系，以及解决自相矛盾的问题。[1]

第四节　社会文化理论

一　起源与发展

社会文化理论起源于 20 世纪 20—30 年代，由苏联心理学家 Lev Vygotsky、Leont'ev 等提出[2]，它是在儿童认知发展理论——文化历史心理学（Cultural-Historical Psychology）的基础上发展起来的[3]，因此也被称为社会文化历史理论或文化历史发展理论。

从人的认知与思维发展角度来看，在大约 2 岁之后，促进人类发展

---

[1] 詹勇飞：《知识有机整合的过程与绩效研究——新产品开发的实证》，博士学位论文，天津大学，2009 年。

[2] John-Steiner, V., Mahn, H., "Sociocultural Approaches to Learning and Development: A Vygotskian Framework", *Educational Psychologist*, Vol. 31, No. 3/4, 1996, pp. 191-206.

[3] 牛瑞英：《〈社会文化理论和第二语言发展的起源〉述介》，《外语教学与研究》2007 年第 4 期。

的主要力量是文化①，Vygotsky 及其同事率先将学习和发展的社会文化方法系统化并加以应用，他们得出结论：人类将语言和其他符号系统作为中介，通过参与文化、语言和历史形成的环境，开展社会性活动，包括家庭活动、和同龄人的活动、学校教育、体育活动等，从而得到发展。该理论从辩证的角度将认知发展与社会文化相联系，强调人、社区和文化历史之间的关系。社会实践、个人意识和物质文化都是人类思维发展的一部分，如果不考虑个人发展所处的社会和文化背景，就无法理解和解释发展问题。② 换句话说，个体的高级心理过程起源于社会过程，社会活动与个体思维之间的关系是人类认知的一个重要、独有的特征，也是认知发展的基础。

从人类学习的角度来看，社会文化理论认为"人类学习是儿童在特定的社会情境下，成长为类似于他们周围的智慧生命的过程"。③ 它强调学习的本质是社会性的，学生通过使用社会语境中的语言而发展某种意义。学习不一定是发展，但学习的本质特征是创造了"最近发展区"。也就是说，学习唤醒了各种各样的内在发展过程，这些过程只有在儿童与环境中的人互动及与同龄人开展协作时才能产生，在经历内化后，它们成为儿童独立发展成就的一部分。因此，学习是发展文化，特别是人类心理功能过程中一个必要和普遍的方面，这也暗示着社会文化理论下儿童学习符合高级心理功能的一般发展规律。Wertsch 等阐明了学习和发展过程中个人和社会过程之间相互依赖的性质，他们认为个人的发展必须有其社会根源④，这同样体现在 Vygotsky 的"发展的遗传规律"中："儿童文化发展出现在两个层面上，首先是社会层面，然后是

---

① Langford, P. E., *Vygotsky's Developmental and Educational Psychology*, London: Psychology Press, 2004.

② Vygotsky, L. S., *Mind in Society: The Development of Higher Psychological Processes*, Cambridge: Harvard University Press, 1978.

③ Mercer, N., Howe, C., "Explaining the Dialogic Processes of Teaching and Learning: The Value and Potential of Sociocultural Theory", *Learning Culture and Social Interaction*, Vol. 1, No. 1, 2012, pp. 12-21.

④ Wertsch, J. V., Bivens, J. A., "The Social Origins of Individual Mental Functioning: Alternatives and Perspectives", in Cocking, R. R., et al., eds., *The Development and Meaning of Psychological Distance*, London: Psychology Press, 2013, pp. 203-218.

心理层面，首先是人与人之间的内部范畴，然后是儿童内部范畴"。① 总之，学习是一个外部过程，发展是一个内部过程，当学习者参与广泛的社会活动并将活动的效果内化（协作的知识）后，他们获得了新的文化知识。

Vygotsky 等的观点在心理学领域具有重大的前景，随后很多学者在此基础上做了新的延伸。Lave 和 Wenger 在情境学习理论中提出，社会角度下的学习应该被视为一个社会参与的过程，而不是知识和认知技能的获取与习得过程。② 学习发生在"实践社区"之中，当开始一项活动时，学习者类似于"学徒"，他们依赖、模仿更有经验的人。随着时间的推移，他们对自己的学习和参与的共同活动承担了越来越多的责任，逐渐由"学徒"成为"师父"，这种身份的变化同时可能进一步激发学习。同样地，Cole 和 Engeström 认为学习是一种社会活动③，他们关注同一社会群体成员的心理活动，而不再是个体认知。

Ratner 将社会文化理论定义为"研究社会构建和共享的、植根于其他心理现象的内容、操作模式和相互关系的领域"，人类心理过程由活动（教育、工作等）、人工制品（物理工具、语言等）和概念（对个人、物质、社会等的理解）三个基本的文化因素组织。④ 例如，学生为了发展在某一方面的知识，他们参与教育活动之中，在这个过程中可能使用计算机、书本、语言等物质和心理工具。总的来说，这三者通常作为一个有机整体发挥作用。

Piotr Galperin 以社会文化理论为出发点，发展出一套新的概念体系和方法，他特别关注于外部活动如何逐步影响人的心理活动的形成，认为学习是一个从社会共同分享知识到其中个体内化知识的过程。⑤ 与

---

① 郑发祥、史湘琳：《论俄罗斯主体心理学的心理发展观》，《心理学探新》2005 年第 4 期。

② Lave, J., Wenger, E., *Situated Learning: Legitimate Peripheral Participation*, Cambridge: Cambridge University Press, 1991, pp. 109-155.

③ Cole, M., et al., *Mind, Culture, and Activity: Seminal Papers from the Laboratory of Comparative Human Cognition*, Cambridge: Cambridge University Press, 1997.

④ Ratner, C., *Cultural Psychology: Theory and Methods*, NY: Kluwer Academic/Plenum Publishers, 2002.

⑤ Arievitch, I. M., Haenen, J. P. P., "Connecting Sociocultural Theory and Educational Practice: Galperin's Approach", *Educational Psychologist*, Vol. 40, No. 3, 2005, pp. 155-165.

Vygotsky 相比，Galperin 不只是采取观察的方法，而是在教学实验中主动促进内化过程，通过设计教学程序和语境来引导学习者的认知发展并系统地评估其路径，在一定程度上解决了社会文化理论如何与实践联系起来的问题。

Vygotsky 对学习与发展之间关系的研究涉及 21 世纪普通教育，特别是特殊儿童教育所面临的问题。时至今日，社会文化理论受到了越来越多的关注，研究者由社会文化理论衍生多重解释，在幼儿教育、知识建构、第二语言学习等多领域展开应用，总的来说，对于人类社会文化形成和发展的研究是一个很广泛的范围。

二 核心观点阐释

该部分将介绍符号和工具中介、最近发展区、活动理论这三个社会文化的核心观点，重点关注社会文化和人类心理功能的相互影响与转化，学生能力水平、学习、发展和评估之间的关系，以及学习活动的系统构成和作用。

（一）符号和工具中介

社会文化和人类的心理活动被一种相互依赖的、象征性的中介关系连接在一起，这是社会文化理论的基本原则。"中介"（mediation）经常被用来描述一个实体在另两个实体之间的关系中扮演连接和调节的因果角色的情况。[1] 社会文化理论下的"中介"提供了一种研究社会过程的方法。Vygotsky 认为，中介机制（包括心理工具）影响社会和个人的功能，连接外部和内部[2]，中介能够被划分为元认知中介和认知中介，元认知中介包含影响儿童内部自我调节过程的符号工具，认知中介指向帮助儿童发展认知的过程。

Vygotsky 还强调人的中介作用。他认为每一种心理功能在发展过程中都会出现两次，一次发生在人与人的心理层面，表现为实际互动的形式，另一次则是在个体内部的心理层面，内化这种互动的影响。从某种

---

[1] Khaghaninejad, M. S., Teymoori, E., "The Effect of Employing Lexical Modification Techniques on Incidental Vocabulary Learning in Iranian EFL Context", *Modern Journal of Language Teaching Methods*, Vol. 5, No. 1, 2015, p. 179.

[2] Wertsch, J. V., *Culture, Communication, and Cognition: Vygotskian Perspectives*, Cambridge: Cambridge University Press, 1985, pp. 162–179.

第二章 社会化视角下的协作学习理论基础

意义上说，儿童不可能脱离外界影响、自然而然地成长，因为从一开始，人类的社会文化便持续地调节儿童与环境的互动。换句话说，影响儿童发展过程除儿童自我因素之外，更多的是家庭、社区、学校和其他文化带来的系统性的、相互的作用。① 由此，社会文化理论研究的核心问题之一在于儿童如何经历这两次发展过程，将与他人的互动（社会文化层面）内化为他们自身的心理功能。

人类并非直接与社会和物质世界发生接触，在这个过程中需要通过间接的方式或工具来调节。Lantolf 使用一个例子来解释人类与物理世界由物质工具介导的过程：当人类想种一棵树，首先应当在地上挖出一个洞，此时，人类有两种选择，一种是效仿其他物种的行为，简单地用手进行挖掘；另一种是通过使用铲子来调节挖掘过程。② 前者是进行非中介活动，然而现代人往往采用后者的方式，因为使用铲子能够使挖洞种树的工作更加轻松、高效和精确。在这样一项活动中，铲子作为人类和物理世界之间的物质中介。物理工具是文化上构建的物品，它不仅可以使人类能够改变周围的社会和物质环境，而且同时受这种影响的相互作用，改变自己的思维和行为方式。

除简单的物质工具之外，更多地存在一些高层次的文化和符号工具，在人与环境、人与人甚至人与自己的联系之间起到缓冲作用，其中语言是一个强大的、普遍的中介工具。20 世纪八九十年代，社会文化理论逐渐得到语言研究者的关注，从那时起，社会文化理论直接或间接地影响了大量关于第二语言开发的研究。Frawley 和 Lantolf 在 80 年代中期开始探索社会文化理论与学生习得和使用第二语言这两者之间的潜在关联③，他们早期的研究聚焦于第二语言使用者如何使用他们的新语言进行自我调节。他们发现，人类使用语言调节心理功能的主要方式是通过私人言语，例如，孩子试图解决一个难题，并对自己说："现在，红色的"或"下一个？"他人很难知道孩子在这两种情况下指的是什么，

---

① Kozulin, A., "Sociocultural Theory and the Mediated Learning Experience", *School Psychology International*, Vol. 23, No. 1, 2002, pp. 7-35.

② Lantolf, James P., *Sociocultural Theory and Second Language Learning*, NY: Oxford University Press, 2000.

③ Frawley, W., Lantolf, J. P., "Second Language Discourse: A Vygotskyan Perspective", *Applied Linguistics*, Vol. 6, No. 1, 1985, pp. 19-44.

因为私人话语是他们对自己说的话，并不用于和人交谈。[①]

受语言研究的影响，手势这一中介形式的使用是一个有趣的新型研究话题。语言这一文化制品最初是儿童发展中"手势的传统替代"[②]，当儿童开始画画时，他们通常采用手势来表示他们所画的东西。McCafferty等总结手势的几种使用方式，一种是替代语言表示，具有独立意义的单一手势动作，如招手、拦车；另一种普遍理解包括哑剧形式，可以用手势配合肢体动作来表达某种含义；而他所关心的是第三种，伴随言语出现的手势，尤其是标志性手势、隐喻和节拍。标志性手势通常会涉及整个身体，将语言中部分信息形象地传递，如表示在坑坑洼洼的小路上骑自行车，此时除手部动作还需要身体表现出颠簸的含义。隐喻手势则更为抽象，如用两手表示同磁极相斥的含义，此时手微微颤动用于表现出力的作用。节拍作为与它同步的话语片段意义的标记，在转折、引入新话题时出现，具有符号学价值。言语和手势这两种截然不同的符号结构构成了一个思维单元，组合成了一个意义系统。[③]

总之，社会文化理论下，人类活动和心理功能是由文化工具、文化实践活动和人工制品作为中介，来连接和促进的，人类的行为是由工具和符号介导的。人类的生物和文化因素形成了一个辩证的心理系统，在这个系统中，生物提供了必要的功能，而文化使人类能够"从外部"有意地调节这些功能。

（二）最近发展区

儿童的认知发展受社会和人际活动的影响，成为个人内部心理功能发展的基础。为了进一步支持关于儿童学习和发展的观点，Vygotsky（1978）引入了最近发展区（Zone of Proximal Development，ZPD）的概念，作为解释学习应以某种方式与儿童发展水平相匹配的问题的一种全新方法。

[①] Lantolf, James P., *Sociocultural Theory and Second Language Learning*, NY: Oxford University Press, 2000.

[②] Vygotsky, L. S., *The Collected Works of LS Vygotsky: Problems of the Theory and History of Psychology*, Berlin: Springer, 1987.

[③] Lantolf, James P., *Sociocultural Theory and Second Language Learning*, NY: Oxford University Press, 2000, pp.199-218.

第二章 | 社会化视角下的协作学习理论基础

"最近发展区"是指"儿童独立解决问题所展现的实际水平，与他们在成人指导下或与更有能力的同龄人合作解决问题时，所表现的潜在发展水平之间的距离"。理解这一概念，首先应明确儿童的两个发展水平："实际水平"指的是孩子能够独立完成的成就，即他们已具备的能力、知识、技能等，"潜在水平"是儿童在有指导的学习下能达到的预期水准；其次需要理解教学与学生发展的关系。教育学家通常认为学生存在两种类型的发展：一是遵循自然规律的成长，二是在教学推动下取得的收益。Vygotsky将前者概念化为一种较低的心理功能，而后者是由正规学校教育带来的新的、被称为文化或更高级的心理功能。在这种观念下，有效的教学必须指向学生的文化发展（更高级的心理功能）之路。

最近发展区可以视作学生现阶段发展上限和下限之间的差距[①]，学生的上限是在更有能力的人帮助下可以达到的水平，下限即为独立解决问题时展现的实际能力，由此两者的差距体现了学生的发展潜力，这因人的智力水平和他人影响程度而异。例如，阅读、写作和算术的教学应该从特定的年龄阶段开始，如果希望发现发展过程与学习能力之间的实际关系，那么必须确定学生的两个发展水平：第一个层次可以称为实际的发展水平，它是在某个已经完成的发展周期的基础上形成的，这个层次代表了儿童当前能够独立完成的事情，以及他的实际智力发展程度；另一个层次，如果由成人提出引导性问题或提供问题解决的方案、说明等，然后孩子通过独立或协作的方式能够完成，这个解决方案就不能被认为是他智力发展的标志，而是代表他学习后能达到的能力水平。[②]

本节采用Vygotsky的一个例子来具体解释最近发展区：假设两个儿童的年龄都是10岁，他们的智力发展水平均处于8岁（他们能够独立处理难度达到8岁儿童标准的任务）。此时，因为他们的目前表现出的水平相当，人们会自然而然地认为他们随后的学习过程和心理、智力发

[①] Behroozizad, S., et al., "Sociocultural Theory as an Approach to Aid EFL Learners", *Reading*, Vol. 14, No. 2, 2014, pp. 217-226.

[②] Vygotsky, L. S., *Mind in Society: The Development of Higher Psychological Processes*, Cambridge: Harvard University Press, 1979.

展将是一样的。然而，在这种情况下，如果为两个儿童提供不同的帮助，如示范或者是引导性问题、提示，随后第一个儿童可以处理12岁以下的问题，第二个儿童可以处理9岁以下的问题。这里的（第一个儿童的）8—12岁，或者（第二个儿童的）8—9岁水平的差异，就是他们各自的最近发展区。

综上所述，学习应该在某种程度上与学生的发展水平相匹配，更应领先于学生的发展。因为"唯一好的学习是在发展之前的学习"，教育不能滞后于儿童的发展，从这个角度来说，最近发展区是一个动态的、相对的发展指标。

最近发展区的概念具有前瞻性，它对于教育的意义在于，提示学校建议教育评估的目标应该是确定儿童正在发展的能力，以及尝试预测他们未来能够独立地做什么，为此需要采取动态评估的方式，掌握学习者的发展潜力和变化过程。[①] 正如 Wertsch（1985）所说，最近发展区解决教育心理学中的两个实际问题：儿童智力评估和教学实践评估。[②] 总之，学习、发展和评估是密不可分的关系，它们在最近发展区中达到辩证的统一。

（三）活动理论

活动理论（Activity Theory）起源于德国古典哲学，受 Marx 和 Engels 的辩证唯物主义的影响，在20世纪二三十年代被 Vygotsky、Rubinshtein 等发展起来，形成文化历史活动理论，他们将社会、文化和历史维度纳入对人类心理功能的解释。活动是人类与客观世界的相互作用，受到这种互动影响，人类得以产生和发展思维。活动理论由一组基本原则组成，这些原则构成了一个普遍的概念体系，它包括面向对象、内化与外化的双重概念、以工具为中介、活动的层次结构以及持续发展。[③]

面向对象原则指出，人类生活在一个广义的客观现实中，它既含有

[①] Scott, S., Palincsar, A., "Sociocultural Theory", 2013, pp. 558-589.

[②] Wertsch, J. V., *Vygotsky and the Social Formation of Mind*, Cambridge: Harvard University Press, 1985.

[③] Kaptelinin, V., et al., "Activity Theory: Basic Concepts and Applications: A Summary of a Tutorial Given at the East West HCI95 Conference", paper delivered to International Conference on Human-Computer Interaction, Springer, Berlin, 1995.

自然科学代表的客观属性,同时还有社会文化的属性。活动理论存在内部活动和外部活动,外部活动转化为内部活动的过程被称为内化,它是一种将心理活动与外部现实社会进行潜在交互的方法,如推理、想象、模拟等;与之相对地,外化表现为将内部活动转化为外部活动,如行为、操作,两者是相互转化、共同依存的关系。"以工具为中介"的原则强调人类活动是由广义的工具介导的,随着历史文化的发展,人类在活动过程中不断地创造和改造工具,由此,工具是社会知识持续累积、优化和传播的成果。在活动理论中发展既是研究对象,也是一种研究方法。活动理论的基本研究方法是形成性实验,它持续监测参与者的发展变化过程。这些基本原则与整个活动的各个方面存在相互联系,需要系统地采纳使用。

任何活动都能组织成一个活动系统[①],它们都涉及活动的主体、对象和工具,活动的社区、规则和劳动分工,以及影响目标达成(结果)的行为操作。

活动的主体可以是个人或者团体,活动的对象是主体所寻求的物质或精神产品,对象激励主体参与活动,达成意图,它不是一成不变的,随着活动进行,活动对象随之改变。例如,一个团队期望设计开发教育游戏,此时活动主体为该团队成员,活动对象可以是制作出一款具体的教育游戏软件,随着活动进行,该对象可能变更为设计图、相关的教学设计,对象的变化往往意味着主体正在朝向活动目标前进。工具可以是转换过程中使用的任何物质或文化制品(如纸笔、计算机、模型、公式等),它们作为活动中介,既塑造了人们的行为和思维方式,又在活动中被不断更新。根据Jonassen等的观点,活动理论本身可以看作研究和发展的中介工具,他们使用活动理论作为框架,探究如何应用于建构主义学习环境的分析设计。[②] 此外,无论是活动主体还是对象,他们都受到社会环境的制约。换句话说,任何活动系统都被限制在一定的社区

---

① Engeström, Y., "Expansive Learning at Work: Toward an Activity Theoretical Reconceptualization", *Journal of Education and Work*, Vol. 14, No. 1, 2001, pp. 133-156.

② Jonassen, D. H., Rohrer-Murphy, L., "Activity Theory as a Framework for Designing Constructivist Learning Environments", *Educational Technology Research and Development*, Vol. 47, No. 1, 1999, pp. 61-79.

内进行。社区内存在特定的规则、习俗，以保障团队的正常运作，团队成员在规则的调解之下，根据能力、偏好等协商分工。

活动理论的研究单元是一个活动系统，然而实际上，很少存在单独的、有意义的活动。因为人类不会只进行一个活动，他们在同一时间也是具有不同对象、工具和社会关系的其他活动组的成员，存在于多个社区之中，扮演不同的角色分工，执行各自的社会职责，产生的影响也会扩散到其他环境。所有人类个体、团队的活动都可以置于一个巨大的、由整个社会构成的社区之中。①

总之，活动理论具有深刻的社会文化和历史背景，侧重于人类的活动和意识在特定社会背景下的相互作用。在教育教学中，它奠定了一个分析学习过程和结果的新视角：不关注于学生的知识状态变化，而是关注学生的社会关系（合作、协作情况）、进行的学习活动、活动的对象、目标、中介工具、所处的文化背景、学习活动的结果。

本章中所有理论的提出均为本书理解"学习"的社会属性提供了充分的基础，当我们从人类学习的社会属性出发去看待协作学习时，便会发现协作学习不仅是一种学习的形式或者课堂教学组织形式，而是一种能够很好地反映出社会属性的人类学习样态。

---

① Leont'ev, A. N., "The Problem of Activity in Psychology", *Soviet Psychology*, Vol. 13, No. 2, 1974, pp. 4-33.

第三章

协作学习中的社会认知互动分析方法

在第二章内容中,本书通过对与协作学习相关的部分理论进行梳理和分析,进一步佐证与解析了协作学习所具有的社会属性,以及社会认知互动对这种社会属性的体现和承载。在对协作学习进行研究时,研究者常常需要对社会认知互动过程进行更为科学的、细颗粒度的观察与分析。近年来,学习分析技术的发展为这种研究需求提供了可能性。我们在审视一段互动过程的时候,通常可以从结构、内容、行为等多个维度开展,因此本章将结合学习分析技术,向读者展示对协作学习中的社会认知互动进行分析的方法。

第一节 互动结构
——社会网络分析方法

一 概述

(一) 起源内涵

随着人类学、心理学、图论、概率论等学科的发展,许多网络结构的术语大量出现[1],同时 Burt、Granovetter、Knoke 等在研究中开展了很多网络分析的理论应用,后有《社会网络》《关系》两本学术杂志加

---

[1] 邵云飞等:《社会网络分析方法及其在创新研究中的运用》,《管理学报》2009年第9期。

入，社会网络分析的学术阵地因此得以巩固。[①] 传统的统计分析和数据分析方法只能对个体、个体组成的群体属性进行分析，忽略了个体之间的交互作用，而社会网络分析（Social Network Analysis，SNA）的加入，弥补了这一缺陷。

"社会网络"是指社会行动者（Social Actor）及其之间的关系的集合，而社会网络分析就是对这种集合的研究。[②] 形象地说，一个社会网络是由代表行动者的点和代表行动者之间关系的线组成的。[③] 在社会网络中，关系是多方面、多类型的，且是双向的交互作用，而非单向的"因果分析"，能够揭示群体的互动模式。Scott 将社会科学的数据划分为属性数据、关系数据、观念数据三种。[④] 社会网络分析主要就是对行动者之间的关系数据进行量化，采用图和矩阵的方式进行分析，而行动者自身的属性数据则是辅助信息。

社会网络具有多种模态结构。多数研究开展的是单模分析[⑤]，单模网络（1-模网络）是指行动者之间的关系集合，而 2-模网络则是指两个行动者集合，或一个行动者集合以及行动者参与的事件集合，后者也称作"隶属网络"（Affiliation Network）。2-模网络能够将本质不同的两类事物（主观和客观、微观和宏观）做关联分析，如某班级学生暑期参与各项活动，前者是行动者集合，后者是事件集合。

根据网络研究范围，社会网络主要包括个体网（Ego-Networks）、局域网（Partial Networks）、整体网（Whole Networks）。[⑥] 其中个体网主要围绕某一个体，研究其关联个体构成的网络（见图 3-1）；局域网是

---

① 张存刚等：《社会网络分析——一种重要的社会学研究方法》，《甘肃社会科学》2004 年第 2 期。
② Borgatti, S. P., et al., "Network Measures of Social Capital", *Connections*, Vol. 21, No. 2, 1998, pp. 27-36.
③ 魏顺平等：《教育技术研究领域研究者派系分析与可视化研究》，《开放教育研究》2008 年第 1 期。
④ 刘军编著：《整体网分析讲义：UCINET 软件实用指南》，格致出版社、上海人民出版社 2009 年版。
⑤ 刘三妍等：《网络环境下群体互动学习分析的应用研究——基于社会网络分析的视角》，《中国电化教育》2017 年第 2 期。
⑥ 邵瑞华等：《机构合作网络与机构学术影响力的关系研究——以图书情报学科为例》，《情报科学》2017 年第 3 期。

指个体网再加上某些数量与个体网络的成员有关联的其他点；整体网则包含了群体内的所有成员，通过点线呈现所有成员的位置关系。社会网络分析主要有两大研究领域：个体网研究和整体网研究。[①] 个体网是对个体各个方面关系的全面认识，研究其类型、规模等，而整体网是从更加宏观的层面来看，将网络中的人与关系视作一个整体，研究网络的各种结构特征，揭示其中的关系结构，计算其中的网络密度等。由于本章探究的是社会互动结构，因此专注于对整体网的介绍分析。

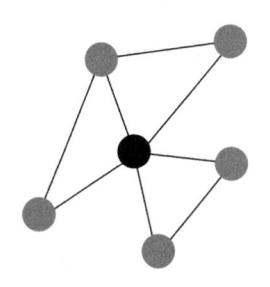

图 3-1　个体网

（二）表现形式

社会网络分析的外在表现形式主要有两种，即社群图和矩阵。

社群图表示关系模式，主要由点和线组成。其中点代表行动者，线代表两个行动者之间有交互、有关系。其中线的粗细表征着线两端行动者之间联系的强度，线的箭头方向代表流动方向，箭头的起点代表发出者，终点代表接收者。因此，如果两个行动者之间的线有方向表征，我们称为"有向图"，否则称为"无向图"；当两个行动者彼此输出程度不同，如在向对方输出的数量上有差异，则可以标注数字以区分，或者将数字可视化表征为线的粗细程度。示例如图 3-2 所示。

矩阵由行和列组成，如图 3-3 所示，能够表征更多的社会行动者，因此当用社群图表征群体的交互关系十分复杂时，可以采用矩阵的方式表征关系网络。矩阵有多种类型，包括邻接矩阵、发生矩阵、隶属关系矩阵、有向关系矩阵和多值关系矩阵，研究中最常用的是邻接矩阵

[①] 高小强、王静：《基于引文分析的会计学领域作者知识角色识别》，《情报探索》2014 年第 7 期。

(Adjacency Matrix)。① 图 3-3 展示的就是一个邻接矩阵示例，其中行和列来自同一行动者集合的"社会行动者"，其中列表征话语发出者，行表征话语接收者。除此之外，2-模网络也可以转化为 1-模矩阵，此时矩阵表征的是两个行动者集合中各个行动者之间的关系或行动者集合和事件集合之间的关系。与社群图相对应，邻接矩阵也分为四类，即二值无向、二值有向、多值无向、多值有向。

二值无向图　　　　　二值有向图

多值无向图　　　　　多值有向图

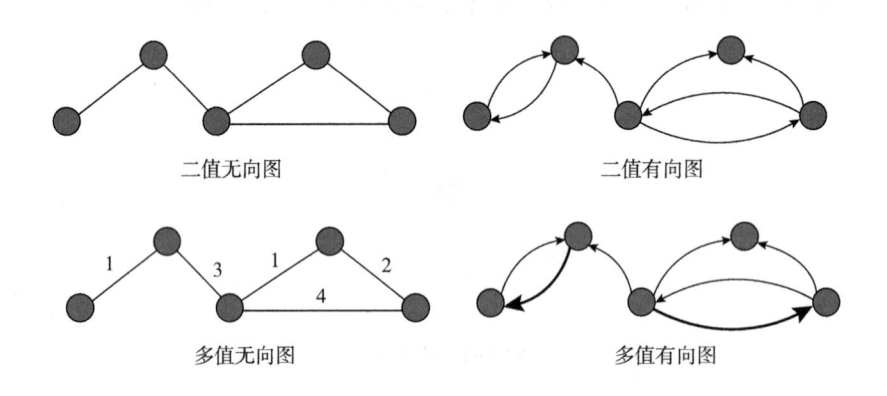

图 3-2　社群

	A	B	C	D	接收
A	0	45	60	55	
B	50	0	46	22	
C	84	20	0	43	
D	64	37	68	0	

发出

图 3-3　对话交互矩阵

与社群图不同的是，矩阵能够做运算，这也是研究社会行动者之间关系的重要一步。矩阵的重排能够将随意排序的社会行动者聚集在一

---

① 曹超、盛小平：《社会网络在竞争情报源挖掘中的应用研究》，《情报理论与实践》2009 年第 3 期。

起，进而发现其中的派系关系；矩阵的加减能够展示在一定规模下行动者之间的关系，如一段时间内的交互次数表征着行动者的交互关系、密切程度，还有幂次、积等高级矩阵运算。这些都可以采用 UCINET 等软件进行运算。[1]

（三）分析指标

在对群体进行社会网络分析时，主要对网络的密度、距离、中心性、结构洞、中间人、凝聚子群进行分析，以发现其中的特殊结构。

1. 密度

密度（density）是指网络中行动者之间关系的实际连线数与最大可能连线数之间的比率，是客观存在的联系数量。当实际连线数越大，越接近最大可能的连线数，密度越大，越接近于 1，团体的紧密程度越强。[2] 整体网的密度越大，对个体行动者的态度、行为影响越大。

2. 距离

距离（distance）是指网络中两个行动者之间能够传达信息的最短距离的长度，一般称为"一般化的距离"（generalized distance），但网络中的两个行动者可以存在多条可达途径。

3. 中心性[3][4]

中心性（centralization）是对网络中某个点（社会行动者）、整体网络的权力掌握程度的描述。中心性分为中心度和中心势，前者表征网络中某个点的重要程度，后者则在整体上评价整个网络的集中程度。有关中心性的研究主要从四个方面开展，即度数中心性、中间中心性、接近中心性、特征向量中心性，用以量化描述网络中点和整体网的权力。前三类定量描述点和图的权力的指标侧重不同，测量结果相近，但精确度上有所不同。

（1）度数中心性。度数中心性包括点的度数中心度和图的度数中心势。

---

[1] 刘军编著：《整体网分析讲义：UCINET 软件实用指南》，格致出版社、上海人民出版社 2009 年版。

[2] 陈向东等：《基于社会网络分析（SNA）的共享调节学习评价：概念框架与解释案例》，《远程教育杂志》2020 年第 2 期。

[3] 刘军：《整体网分析讲义：UCINET 软件实用指南》，格致出版社、上海人民出版社 2009 年版。

[4] 林聚任：《社会网络分析：理论、方法与应用》，北京师范大学出版社 2009 年版。

度数中心度（Point Centrality）是用来描述网络中某个点的交互能力。计算整体网中与每个点直接相连的点的数量，可以得出该点的绝对度数中心度，将这种绝对数量作比较，可以得出各个点在网络中的权力优势。当点与点之间的连接线是有方向的，此时每个点都具有点入度和点出度，前者描述其他点向该点的输入数量，后者描述该点向其他点的输出数量。度数中心度具有一定的局限性，特别是需要比较不同规模整体网中两个行动者在各自网络中的重要性时，这种绝对数量没有可比性，此时需要将度数中心度进行标准化操作，即将度数中心度（某点的绝对联系数量）除以点的最大可能度数（某点的所有可能联系数量），得出的是点的相对度数中心度，该指标可以对不同规模网络中的两点进行权力比较。

度数中心势是用来描述整个网络图的中心趋势，如星形网络图（见图3-4），中间的行动者连接了其他所有点，其度数中心度最大，其他行动者的度数中心度都为1，即该网络图中的点的度数中心度差异非常大，因此网络图的中心势非常大，即中心趋势非常明显。图的度数中心势的计算公式与该网络中点的度数中心度有关，此处不再赘述。

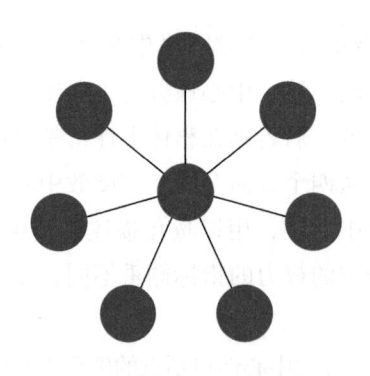

图3-4 星形网络

（2）中间中心性。中间中心性包括点的中间中心度和图的中间中心势。

中间中心度（Betweenness Centrality）是指描述网络中各个点对信息流动的控制能力，当网络中的多条最短路径（两个点之间的最短距离）都经过某一点（代表某个社会行动者）时，该点对信息流动的控制能力就非常强，因为如果该点一旦停止信息传递行为，多条信息路径都会被中断。因此该点具有较高的中间中心度。如果要计算点 B 相对于点 A、C 的中间中心度，其中 A、C 有多条最短路径，需要将经过 B 的最短路径条数除以总的最短路径条数，即表征 B 在多大程度上控制着 A、C 的交流互动，当 B 完全控制二者的交互时，其控制程度为 1。如果计算在整个网络中 B 点的控制程度，需要判断网络中任意两点的最短路径中是否包含 B，并将所有包含 B 的最短路径条数加在一起即可。

中间中心势是描述整个网络图对某些点的依赖程度，当比例越接近于 0，网络中所有点对信息的控制程度几乎是一致的，如环形网络的中间中心势指数为 0，此时网络对各个点的依赖程度是一致的。

（3）接近中心性。接近中心度（Closeness Centrality）用来描述一个点避免受到其他点控制的程度，即非依赖程度，事实上也是一种控制能力。因此一个点如果与其他点的距离都很短，则该点具有较高的接近中心度。[①] 一个点的接近中心度可以通过该点与其他点的最短距离之和来表征，因此如果点的接近中心度越大，其越处于网络的边缘位置，对网络的控制能力越弱。相对接近中心度（标准化后的接近中心度）则可以将来自不同图的点的非依赖程度做比较。

接近中心势（Closeness Centralization）用来描述整个网络图接近某一中心的趋势，星形网络图中的接近中心势接近于 1，而环形网络则趋近于 0。

（4）特征向量中心性，特征向量（eigenvector）需要识别网络中的核心行动者，将各维度的值整合成特征向量，将其作为网络的特征值。因此一个点的特征向量中心度是由其他点对它的权力贡献量组成的，是一种线性关系。因此当 B、C、D、E 等点具有较高的中心度，且它们都与 A 点相连，那么 A 也具有较高的中心度。

4. 凝聚子群[②]

凝聚子群是整体网络中的一个行动者子集合，在该集合中行动者之

[①] 李正元、胡德鑫：《我国高等教育管理研究态势探析——基于社会网络分析的视角》，《国家教育行政学院学报》2014 年第 10 期。

[②] 朱庆华、李亮：《社会网络分析法及其在情报学中的应用》，《情报理论与实践》2008 年第 2 期。

间的联系是比较直接、紧密、积极的。因此，可以依据网络中行动者关系的互惠性、接近性、点的度数、关系密度定义分类凝聚子群。

基于互惠性的凝聚子群，强调派系（cliques）的概念。在无向图中，派系是至少包含三个点的最大完备子图，强调派系中任意两点都直接连接；① 在有向图中，加入了一个更加苛刻的条件，即任意两点不仅需要直接相连，还需有双向交互关系。

基于接近性的凝聚子群，则放宽了两点连接的要求，要求任意两点可以通过多点连接即可，即可达。为了描述两点之间的距离，出现了 n-派系这一概念，其中 n 作为临界值。在无向关系图中，任意两点之间在总图中的距离（捷径距离）最大不能超过 n；在有向图中，由于两点之间最短路径路线、方向的多种可能性，形成了弱关联、单向关联、强关联、回返关联四种 n-派系。除此之外，n-宗派是指其中任何两点之间的捷径距离都不超过 n，因此 n-宗派都隶属于 n-派系。

相较于上述依赖于距离定义子群，基于点的度数定义出来的凝聚子群具有更强的稳健性。如星形网络图是典型的 2-派系凝聚子群，但整个网络的交互都高度依赖中心行动者，因此虽然该网络的两点距离很短，但稳健性不强。k-丛是描述网络稳健性的概念，在无向图中，如果在一个子群中有 n 个点，每个点都至少与除 k 个点之外的其他点直接相连（相邻），即每个点的度数都不小于 n-k 时，我们就称该子群为一个 k-丛。在图 3-5 中，图 3-5（a）是一个 3-派系，而图 3-5（b）是一个 3-丛，具有更强的凝聚力。

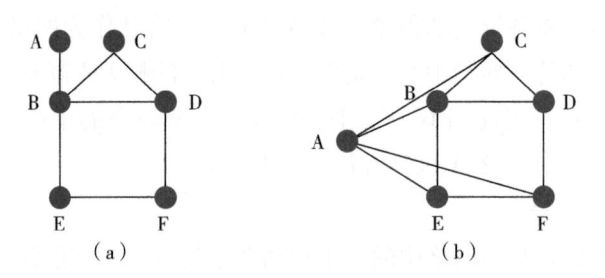

图 3-5 3-派系、3-丛示例

---

① 焦璨等：《基于社会网络分析的心理学科研人员合作网络研究》，《吉林大学社会科学学报》2014 年第 4 期。

上述定义凝聚子群的三个依据，都是有关子群内部距离进行定义的，还有一种依据是将子群内部成员的关系强度与内部成员与外部成员的关系强度进行比较，即核心—边缘维度。如"成分"是对整体网络图中具有弱联系的几个凝聚子群的称呼，图3-6展示了网络图中的三个成分。

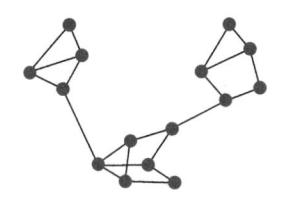

图 3-6　整体网三成分

5. 结构洞

结构洞是指由于中间存在关键控制节点，其他节点必须通过该节点才能进行信息交流的现象。例如，A 和 C 点之间没有直接相连，而是通过 B 点进行信息的互换、交互，此时 A 和 C 之间存在一个结构洞，而 B 是中间人。

6. 中间人

中间人掌握着多个群体的重要信息，是多个群体交流沟通的重要渠道，即中间人处于结构洞的中间位置。由于中间人本身所处群体的不同，因此有五种类型的中间人，即协调员、顾问、守门人、代理人、联络人。将 A、C 作为两个需要互相联系的人，B 作为二者的中间人，每个圈代表一个群体，五种情况展示如图 3-7 所示。

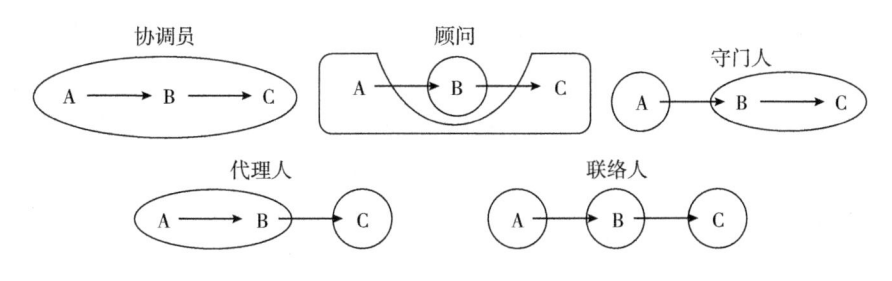

图 3-7　五种中间人

二 实证案例：《MOOCs学习空间中在线临场感的社会网络分析》[①]

（一）研究背景

MOOCs在全球范围内掀起了在线开放课程的建设浪潮，在线学习也新上一个高度。但在MOOCs学习空间中，学习者常常处于物理层面的准分离状态，彼此间缺少社会性支持，学习者常常产生孤独感，很难进行更有效的合作交流，学习也常常停留在低阶水平。Garrison等提出在线临场感理论框架，认为在线临场感可以减少学习者的孤独感，促进深度学习。以往研究大多采用Garrison等的理论框架进行验证性解释，主要采用问卷、观察、访谈等方法分析学习者交互特性，较少从关系视角进行在线临场感研究。

（二）研究问题

本研究从学习者互动关系入手，使用社会网络分析等研究方法，分析学习者在MOOCs学习空间中的过程性表现，探究在线临场感的形成过程。本研究要解决的三大研究问题如下。其中在线临场感由认知临场感、社会临场感、教学临场感三个部分组成。

研究问题1：网络学习空间中在线临场感网络结构如何变化？

研究问题2：临场感环境中学习者社会性学习能否自主实现？

研究问题3：网络学习空间中各类临场感表现是否具有差异性？

（三）数据收集方法

研究情境是一门在线MOOC《现代教育技术应用》，采用以在线课程为主的混合教学形式，教师以教学视频形式授课。课程参与者是大三38名本科生，习惯讲授式教学，对在线教学有一定经历，信息素养较高。研究持续18周，共三个阶段（每阶段持续6周），第一阶段是培育阶段，主要为学习者呈现合作学习的重要性及其对教学评价的影响；第二阶段是干预阶段，主要引导学习者进行合作学习，帮助学习者搭建话题框架，同时监控辅导；第三阶段是自主阶段，由学习者进行话题框架搭建等活动。研究收集了这三个阶段学习者在本课程中的讨论数据。

[①] 李文等：《MOOCs学习空间中在线临场感的社会网络分析》，《远程教育杂志》2018年第2期。

(四) 数据分析方法

在线临场感编码框架具有不同的等级，本研究确定的编码框架如表3-1所示。研究者将数据编码为1-模矩阵（学习者在不同阶段临场感的变化关系）、2-模矩阵（学习者与临场感事件之间的存在关系）。首先对培育、干预、自主三阶段矩阵数据进行配对样本T检验，检查得出不同阶段临场感数据之间存在显著差异性。

为回答研究问题1，该研究对不同阶段的交互网络密度进行计算，对比得出，密度逐渐提升；用社群图可视化群体交互，得出学习者之间具有不同程度的联系，即学习者对临场感的感知具有一定的差异性。

为回答研究问题2，该研究通过分析三个阶段的接近中心度，对比社群图得出核心学习者的数量逐渐增加；通过对学习者的出入度进行分析，发现核心参与者具有强吸附性、强临场感，容易产生交互行为，社会化学习效果显著。

为回答研究问题3，该研究对临场感中心度进行分析，发现各类临场感具有明显差异性，且高阶认知临场感位于学习者社群网络的中心。

表 3-1　　　　　　　　在线临场感实施编码框架

层级	类型	描述
低阶	教学临场感 TP	学习者与教育者的交流
中阶	社会临场感 SP	学习者之间的互动交流
中阶	情感临场感 EP	学习者之间的情感交流
中阶	学习临场感 LP	学习者对话语的即时回复
高阶	认知临场感 CP	学习者话语的高阶思维表现

(五) 研究结论

网络学习空间中在线临场感的网络密度随阶段发展逐渐提升，学习者对临场感的感知具有一定的差异性。本研究认为学习者的先行经验，对MOOCs学习空间中在线临场感的形成具有比较大的影响。

网络学习空间中，核心参与者数量逐步增加，他们具有强临场感，因此更能得到同伴认同，产生交互行为。即 MOOCs 学习空间中在线临场感能够促进学习者的社会化学习。

MOOCs 学习空间中，学习者能够通过合作学习获得高水平的认知临场感，这是在教学临场感、社会临场感、情感临场感、学习临场感共同作用下实现的。

三　操作步骤示例

（一）流程步骤

第一步，将行动者的交互对话频次编码成矩阵 csv 文件，矩阵中的次数代表交互行为频次。

第二步，将矩阵 csv 文件导入操作软件。

第三步，计算所需指标，形成社群图等。

（二）操作演示

有很多可以进行社会网络分析的软件，如 UCINET、NetMiner Ⅱ、Pajek[①]，此处选择容易上手的 Gephi 软件。接下来按照上述步骤进行分析。

1. 平台及数据准备

Gephi 软件可以从官方网站下载：https：//gephi.org/users/download/。

本书从 Git-hub 上下载了部分用于社会网络分析的数据：

https：//github.com/melaniewalsh/sample-social-network-datasets/tree/master/sample-datasets/game-of-thrones.

该数据统计了《权力的游戏》中人物名字同时出现的频次，此处用该数据做案例，进行社群图的绘制与密度等的分析。

该数据分为两个文件，一部分描述节点信息（nodes 文件），一部分描述边的信息（关系指向信息，edges 文件）。文件数据展示如下，其中 label 是用来在社群图中展示的内容，id 是数据的唯一标识，source 是指交互的发出者，target 是指交互的接收者，weight 表征权重（此处是指次数）。

[①] 王陆：《典型的社会网络分析软件工具及分析方法》，《中国电化教育》2009 年第 4 期。

Id	Label
Aemon	Aemon
Grenn	Grenn
Samwell	Samwell
Aerys	Aerys
Jaime	Jaime
Robert	Robert
Tyrion	Tyrion
Tywin	Tywin
Alliser	Alliser
Mance	Mance
Amory	Amory

Source	Target	Weight
Aemon	Grenn	5
Aemon	Samwell	31
Aerys	Jaime	18
Aerys	Robert	6
Aerys	Tyrion	5
Aerys	Tywin	8
Alliser	Mance	5
Amory	Oberyn	5
Arya	Anguy	11
Arya	Beric	23
Arya	Bran	9

图 3-8　两个文件数据

2. 数据导入及分析

（1）将两个文件数据导入到同一个工作区，形成初步社群图（见图 3-9）。经过软件左侧"外观"栏的调整，即根据点的出入度等信息对节点（大小、颜色）、边的外观进行调整，最终社群如图 3-10 所示。可以看出，图 3-10 已经根据点的度展示出了凝聚子群，Tyrion 所在的圆颜色最深、半径最大，因此度数最大。同时可以利用过滤器，得出该网络中的核心人物群（见图 3-11）。图 3-12 展示了整体网络中的边缘参与者，右下角圆圈中的参与者作为一个小群体，在整个网络中出现次数较少。

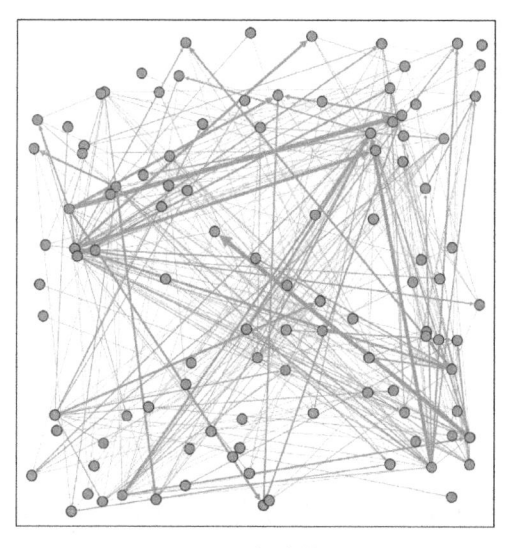

图 3-9　初步社群

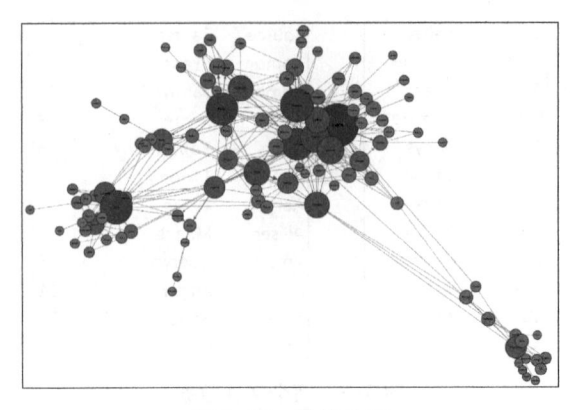

图 3-10　最终社群

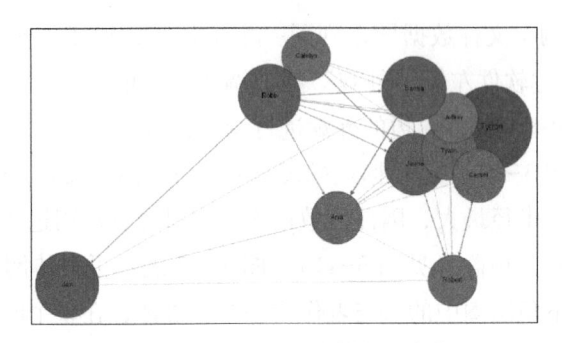

图 3-11　整体网络中的核心人物

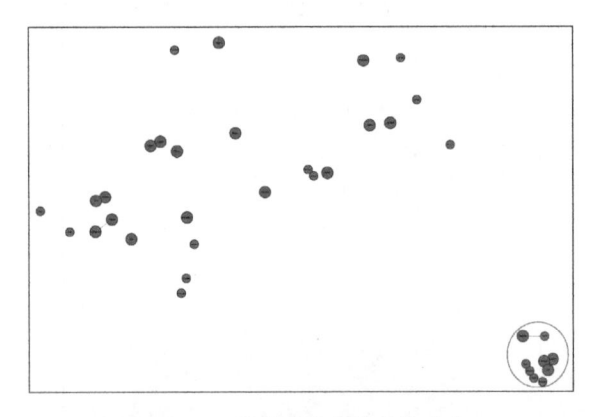

图 3-12　整体网络中的边缘人物

（2）计算该网络的密度、行动者的出入度等，使用软件右侧功能即可，还可以通过筛选数据，计算特定群体的相关指标。通过计算，该

62

整体网络的平均"度"为 3.290，还可以分析入度、出度的数量分布、整体网无向图的密度以及整体网有向图的特征向量中心度。

第二节　互动内容
——认知网络分析方法

一　概述

（一）来源

认知网络分析法（Epistemic Network Analysis，ENA）是在教育大数据与学习分析快速发展的大背景下产生的一种日益重要的表征学习者认知网络结构的研究方法。[①] 认知网络分析法的主要研究者、美国威斯康星大学教育研究中心的 Shaffer 将学习描述为认知框架的发展。基于此，Shaffer 提出了认知网络分析方法（Epistemic Network Analysis，ENA），来实现对个人或群体的复杂认知网络的可视化表征。

（二）理论框架

1. 基于证据的评价模式

"以证据为中心"的评价设计模式（Evidence-centered Design，ECD）是 1999 年美国梅斯雷弗（Mislevy）等提出的关于系统性地进行评价设计的模式。2005 年，他们进一步完善了 ECD 模式，并提出 ECD 是一个使评估论证的结构、元素、实例化过程以及它们之间的关系变得明确的框架。[②] ECD 的关键思想是为评估的证据论证规定结构和支持理由。通过使证据论证明确化，就更容易审查、分享和提炼。论据结构包括：一个人希望对一个学生提出的主张（推论），为这些主张提供支持的可观察（表现数据），从学生身上引出可观察的任务表现情况，以及将其联系在一起的理由。[③] ECD 特别适合于涉及复杂问题的评估和动态

[①] 王志军、杨阳：《认知网络分析法及其应用案例分析》，《电化教育研究》2019 年第 6 期。

[②] 吴忭等：《认知网络分析法：STEM 教育中的学习评价新思路》，《远程教育杂志》2018 年第 6 期。

[③] Shute, V. J., et al., "You Can't Fatten a Hog by Weighing It-or Can You? Evaluating an Assessment for Learning System Called ACED", *International Journal of Artificial Intelligence in Education*, Vol. 18, No. 4, 2008, pp. 289-316.

的、交互的环境，主要包括三个关键组成部分（见图 3-13）：领域分析、领域建模和概念评估。领域分析指的是关于特定领域的信念、能力以及专业知识的信息；领域建模指的是能够证明学生熟练程度的证据结构；概念评估指的是能够分析学生熟练程度的评估工具或评估模型。

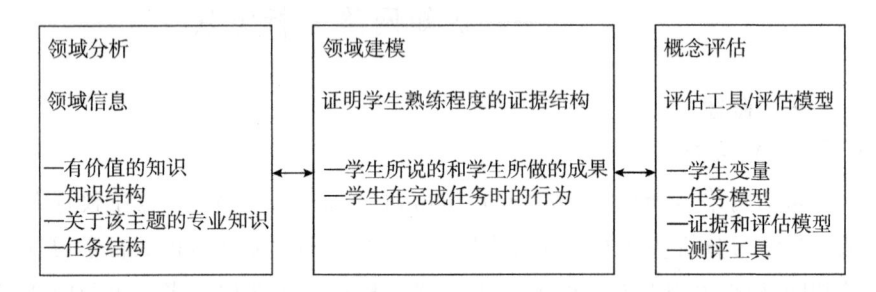

领域分析	领域建模	概念评估
领域信息	证明学生熟练程度的证据结构	评估工具/评估模型
—有价值的知识 —知识结构 —关于该主题的专业知识 —任务结构	—学生所说的和学生所做的成果 —学生在完成任务时的行为	—学生变量 —任务模型 —证据和评估模型 —测评工具

图 3-13 ECD 模式的关键组成部分

2. 认知框架理论

认知框架（Epistemic Frame）是指通过社会性学习的沟通合作，学习者逐步构建起个人的专业能力之网。新手成长为领域专家的过程，就是其认知框架不断发展完善的过程。认知框架理论用于表征实践社区中学习者思考、实践等行为方式。ENA 中常用的认知框架为 SKIVE 框架[1]（见表 3-2），包括技能（Skill）、知识（Knowledge）、身份（Identity）、价值（Value）以及认识论（Epistemology）五个维度，SKIVE 认知框架中的每个维度在微观层次上可以细分为多个子维度，在 ENA 中可以基于这五个维度对参与者产生的行为数据进行编码。通过这五个维度及其在文本中的共现关系来表征学习者的认知网络结构。

表 3-2　　　　　　　　　　SKIVE 框架的内涵

SKIVE	内涵	举例
技能 (Skill)	在认知活动中学习者做事情的能力	学习者通过口头或书面进行清晰沟通表达的能力；学习者能够收集、组织、分析信息；学习者有批判思考的能力

[1] Shute, V. J., et al., "You Can't Fatten a Hog by Weighing It-or Can You? Evaluating an Assessment for Learning System Called ACED", *International Journal of Artificial Intelligence in Education*, Vol. 18, No. 4, 2008, pp. 289-316.

续表

SKIVE	内涵	举例
知识 （Knowledge）	学习者在认知活动过程中分享的针对问题、任务等的理解与看法	包括对相关政策、机构等的了解；对活动社区具体运行规则的掌握；对当前认知活动过程中面临的困难的理解；对活动多样性的理解
身份 （Identity）	实践社区中成员对于自身的看法，即在进行认知活动的过程中，通过施展技能、实施决策等行为，学习者找到并在社区活动过程中展现出自身的身份定位	比如，课程组织者、促进者、学习者等
价值 （Value）	表示认知活动中参与成员所持有的信念，可用于指导、驱动学习者在实践社区中使用技能与知识	在意识上认可某种价值，跟学习者自己相信或者感兴趣的话题很接近，从而会很兴奋，更加乐于关注与分享
认识论 （Epistemology）	在活动社区中学习者能够清楚地认识相应行为或言论的特征及属性，并能提供相应证据来证明其合理性	社区学习中因为某些内容的触发，发现自己对于某个概念的理解失之偏颇，会有人写反思报告（或博客）来进行自我审视和反思

二 实证案例

当前，认知网络分析法在协作学习、实践社区以及学习评价中被广泛应用，并通过与其他方法的深度融合对学习者的认知网络进行深层次表征、分析和比较。以下是一个认知网络分析法在协作学习中的应用[①]的例子。

（一）研究背景

协作学习由于在团队和网络中解决当代生活、工作和社会的复杂问题越来越重要而备受关注，而技术的发展增加了协作学习的机会，引起了计算机支持的协作学习、在线学习等领域研究人员的关注。本案例中的研究者认识到协作的两个关键维度——社交和认知。现有文献提供了许多分析协作学习的方法，如内容分析法、社会网络分析法、认知网络分析法，但是这些方法并没有充分捕捉到社会联系和协作话语所产生的相互关联的认知和社会维度之间相互作用的复杂性。因此为了克服现有

---

① Dragan, et al., "SENS: Network Analytics to Combine Social and Cognitive Perspectives of Collaborative Learning", *Computers in Human Behavior*, Vol. 92, 2019, pp. 562-577.

方法的局限性，本书提出了一种理论上的、实用的、整体的协作学习分析方法——社会认知网络特征（SENS）来建立协作学习模型。

（二）研究问题

本研究的一个基本观点是，在考虑到网络关系类型的情况下，必须同时考虑在社会交往过程中所说的话的语义以及交流模式，即谁在社会网络中与谁交谈。要评估协作学习的质量，也必须兼顾这两者，那么SENS通过结合SNA和ENA技术，使用协作话语内容和社会联系来对协作学习进行评估，通过解决四个研究问题来说明SNA和ENA如何联合用于协作学习的评估。

研究问题1：对协作话语内容的ENA分析是否能预测社交网络关系的结构？（也就是说，学生谈论什么会影响他们的交谈对象吗？）

研究问题2：对学生个体话语的ENA分析是否能预测学生在社交网络中的中心地位？（也就是说，学生的谈话内容是否与他们在小组交流中的角色有关？）

研究问题3：SNA对学生高绩效和低绩效群体的分析是否预测了学生话语内容的差异？（也就是说，一群紧密联系的学生是否会根据他们在课堂上的表现不同而谈论不同的事情？）

研究问题4：SNA和ENA的联合模型是否比SNA或ENA单独模型更能预测学生的学习结果？（也就是说，SENS是模拟学生表现的有效方法吗？）

（三）数据收集方法

这项研究分析了在Coursera平台上发布的"全球挑战中的批判性思维"MOOC第三次迭代的论坛讨论。数据来源分为两部分：

（1）平台记录的1677个讨论线程中学生发布的6158个帖子。

（2）通过标准Coursera问卷中收集的用于支持SNA和ENA的人口统计数据。人口统计数据包括学生的年龄、性别、是否以英语为母语、就业领域、学术水平、意向（如获得证书、学习新事物、改善我的职业选择），以及最终课程成绩和成就水平（无——未获得证书；正常——获得证书）。

（四）数据分析方法

本研究使用的数据分析方法相对复杂，整体遵循这样的脉络：先进行社会网络分析（步骤：社会关系的提取—分组—检验学习者的角色—应用统计网络分析的方法来揭示社会过程框架）；然后利用潜在狄利克雷分布（LDA）对协作话语进行内容分析，使用 LDA 的过程确定了 10 个内容主题（能源、人口、疾病、水资源、批判性思维、社区社会团体、气候变化、人类挑战、全球挑战、食物肥胖）和 2 个过程主题（课程期望和与课程相关的兴趣），为 ENA 编码提供框架；接着进行 ENA 分析，描绘了样本中每个学生的个体认知网络的质心；再对 ENA 产生的 svd 值进行 k-means 聚类分析（最终得到 5 个簇），以更好地展示 ENA 分析的结果。

对于研究问题的回答，采用以下方法：

为了解决研究问题 1，使用 ERG 模型，对两种 ERG 模型（没有 ENA 属性和包含 ENA 属性）的适用性进行了对比，用 ERG 模型中 SNA 和 ENA 性质的估计来比较它们各自对社交关系形成的影响。

为了解决研究问题 2，使用表格和图表比较了三种 SNA 网络中心度度量的 ENA 集群分配。采用非参数检验，根据 SNA 中心度（加权度、贴近度和中间度）确定不同 ENA 簇之间是否存在显著差异。

为了解决研究问题 3，用 ENA 方法对这两个群体（包含表现最好的学生的三个社区和包含表现最差的学生的三个社区）的认知网络进行比较：用 t 检验分析两个群体在 svd1 和 svd2 维度的质心的统计差异，还对两组社区认知网络进行了减除。

为了解决研究问题 4，进行了多元线性回归分析，以确定 SNA 和 ENA 组合是否比 SNA 和 ENA 单独使用更有效。自变量可以是 SNA 和 ENA 共同的评估，因变量可以是学生成绩。

（五）研究结论

第一，ENA 分析能预测社交网络关系的结构，并且发现：学生会与适当的人就适当的内容进行互动，并且倾向于与有限的同龄人建立联系，他们将与这些同龄人进行深入的讨论，并给出几轮回答。

第二，在社交网络中，专注于几个高度相关的内容和过程主题的学生扮演着最重要的中间人角色（紧密性和中间性）。

第三，有着低水平表现的社区的学生倾向于关注与课程相关的话题以及与课程中其他问题的联系。然而，有着高水平表现的学生更倾向于关注与内容相关的主题,并将他们与课程期望联系起来。这可能表明,高水平的学生在课程标准方面对自己的学习有更强的元认知监控和一致性。

第四,结合协作学习的结构和内容特征(谁在与谁互动以及他们在互动什么)提供了协作环境下更丰富的学生学习模式。SNA 和 ENA 的联合模型比 SNA 或 ENA 单独模型更能预测学生的学习结果。

三 操作步骤示例

(一)平台介绍

目前认知网络分析的开展主要基于在线建模平台——ENA Webkit (http://www.epistemicnetwork.org),这个平台由威斯康星教育研究中心与麦迪逊分校联合开发,该平台具有处理编码数据与建立认知网络模型两大功能。平台的初始界面截图如图 3-14 所示。

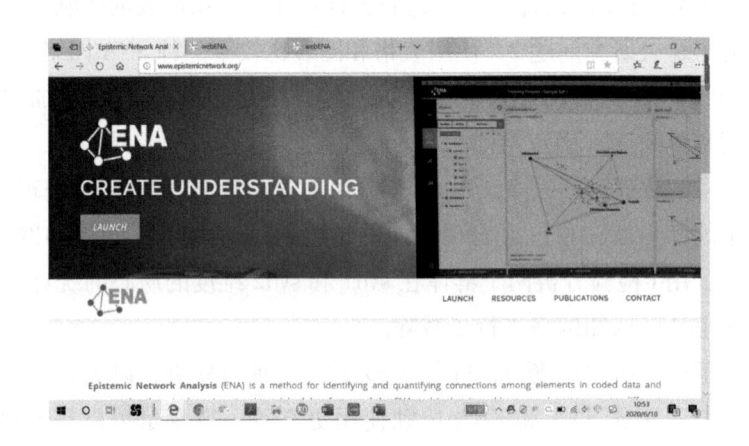

图 3-14 平台的初始界面

(二)主要操作步骤

应用 ENA Webkit 平台进行分析与建模的主要过程包括:

(1) 确定好编码框架,并对学习者的交互文本进行人工处理与编码;

(2) 按照平台要求的格式上传编码好的数据集;

(3) 确定节和分析单元,进行认知网络分析;

(4) 根据研究问题,选择对应节点(或者群组)进行进一步可视化表征。

（三）基于 ENA Webkit 平台进行认知网络分析案例

案例背景：在"在线工程设计模拟"活动中，学习者在一个模拟的工作环境中解决一个现实的工程设计问题，即学习者在一家虚拟的公司中，通过审阅公司内部的技术文件，研究相关背景，从而进行工程设计，并根据实验数据对研究成果进行检验。那么这里面的学习者有一半的学生在之前没有工程设计模拟的经验，另一半的学生则在之前有工程设计模拟的经验，因此这个研究的一个研究问题就是：先前的工程设计模拟经验是否会影响学生在第二次工程设计模拟中的认知连接结构？

第一步，研究者基于收集到的研究数据进行数据清洗、处理，并确定了编码框架，采用二进制的编码方式，对小组内的小组成员在参加两次游戏时的认知活动进行了编码。方式为：将符合框架维度的元素编码为"1"，将不符合的元素编码为"0"。图 3-15、图 3-16 展示了平台样本数据集 RS Data 中部分编码后的数据。

图 3-15　平台样本数据集 RS Data 中部分编码后的数据

图 3-16　平台样本数据集 RS Data 中部分编码后的数据

第二步，新建项目并命名为"Sample Project"（见图3-17），在新建项目中新建文件夹，命名为"Sample Folder"，再点击 New Set 将数据集上传到平台（New Project—New Folder—New Set，见图3-18），如果之前已经上传过数据集，它将出现在左侧的列表中。

图3-17　新建文件夹操作

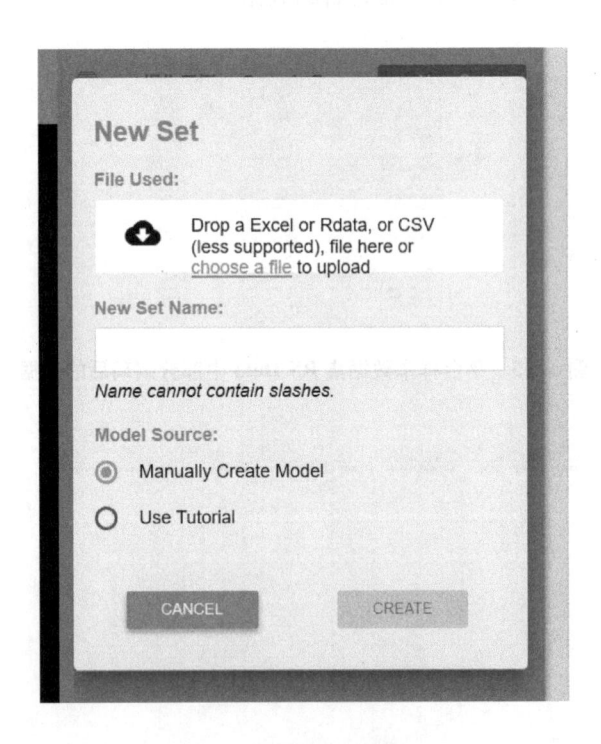

图3-18　新建数据集操作

第三步，根据研究问题，需要对团队的网络进行建模。为此，我们将选择"GroupName"作为分析单元。在这个数据集中，学生在模拟的前半部分与一个团队一起工作，在模拟的后半部分与另一个团队一起工作，因此我们在进行分析时需要记住这一点。使用"GameDay"作为节并选择所有工程认知框架代码（见图 3-19、图 3-20）得出表征图，如图 3-21 所示。

Unit Variable	GroupName
Stanza Variable	GameDay
Code Variables	E.data, S.data, E.design, S.design, S.professional, E.client, V.client, E.consultant, V.consultant, S.collaboration, 1.engineer, 1.intern, K.actuator, K.rom, K.materials, K.power, K.sensor, K.attribute, K.data, K.design

图 3-19　用作分析的具体变量（分析单元、节、编码）

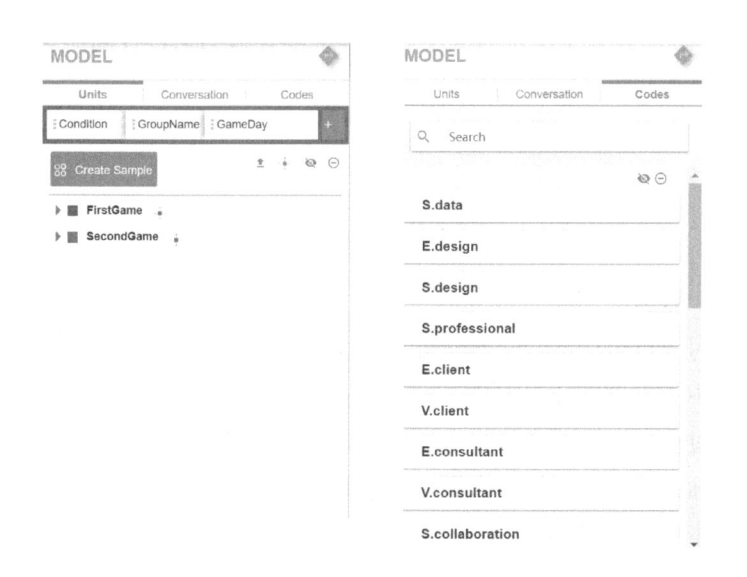

图 3-20　选择分析单元、节、所有工程认知框架代码

71

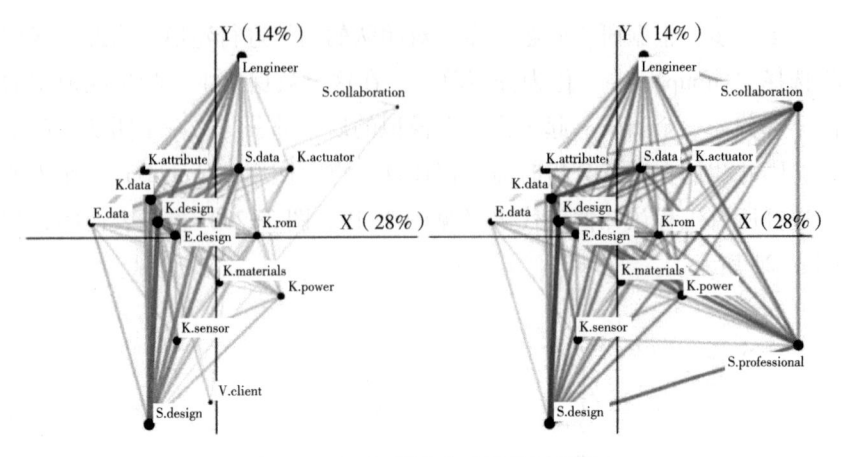

图 3-21 两组最终生成的认知网络

第四步，为了确定这两个条件之间是否存在显著差异，研究者利用两个维度上的置信区间计算出两组学习者（A 组和 B 组）在投影空间中的平均位置，并通过独立样本 t 检验，发现两组学习者在第一维度上有显著性差异（meanA=0.176，meanB=−0.176；t=5.882；p<0.001；Cohen's d=1.021）。发现有经验的群体的联系更多地与工程设计的高级方面，如客户的价值、数据的认识论和设计的认识论有着或多或少的联系。而经验不足的学生花费了大量时间来研究如何管理他们的设计团队，这也是协作和专业工具（如电子邮件）之间普遍存在联系的原因。

第三节 互动行为
——滞后序列分析方法

一 概述

学习分析包括情绪学习分析、多模态学习分析、行为分析等多个方面，其中作为学习分析中的一大热门研究领域——学习行为分析，旨在将学习过程中记录下来的行为数据进行有目的的分析，具体行为数据包括两方面：操作层面的行为日志以及能够反映认知行为的其他数据，如交互文本等。[①] 研究者针对被试者的行为展开分析，以挖掘隐藏在行为

---

① 杨现民等：《滞后序列分析法在学习行为分析中的应用》，《中国电化教育》2016 年第 2 期。

数据背后的信息，包括行为发生频率、行为与行为之间的交互关系等，进而促进人们对于学习过程、学习结果以及学习环境的理解和优化。[1] 近年来，滞后序列分析法（Lag Sequential Analysis，LSA）逐渐成为学习分析研究中的有效工具，一些研究者使用滞后序列分析法对学习者在线学习行为进行了可视化分析。[2]

滞后序列分析法最早由学者 Sackett 提出，主要用来分析一种行为之后另外一种行为出现的概率及其是否存在统计意义上的显著性，[3][4] 一开始主要应用于心理学和社会学中的行为模式研究，如对小团队成员之间的交互模式进行评估，后来领域得到扩展，在电子商务领域分析客户行为偏好、医疗领域进行患者行为分析与治疗、游戏领域分析玩家游戏行为均得到广泛应用。在教育领域的研究中，学者 Lai 在小学地理课程的"地球上的气候现象"单元上进行了实验，借助 LSA 探究基于电子表格的 Mindtool 的高成就和低成就学生的学习行为。[5] 近年来，随着互联网在线教育的火热发展，研究者开始思考如何捕捉在线学习环境中师生之间的互动行为。基于此背景，研究人员基于滞后序列分析法，针对在线学习环境中的行为模式进行了相关研究，例如，借助 LSA 探讨在没有教师介入的情况下，学生在线合作翻译活动中知识建构的行为模式；[6] 应用 LSA 检测网络学习活动中学习者的视觉行为模

---

[1] 赵呈领等：《在线学习者学习行为模式及其对学习成效的影响——基于网络学习资源视角的实证研究》，《现代远距离教育》2019 年第 4 期。

[2] 胡丹妮等：《基于滞后序列分析法的在线学习者活动路径可视化分析》，《电化教育研究》2019 年第 5 期。

[3] 李爽等：《基于行为序列分析对在线学习参与模式的探索》，《中国电化教育》2017 年第 3 期。

[4] 王云等：《在线讨论中动态学习情绪和认知行为序列的关系研究》，《电化教育研究》2020 年第 6 期。

[5] Lai, C. L., Hwang, G. J., "A Spreadsheet-Based Visualized Mindtool for Improving Students' Learning Performance in Identifying Relationships between Numerical Variables", *Interactive Learning Environments*, Vol. 23, No. 2, 2015, pp. 230–249.

[6] Yang, X., et al., "Group Interactive Network and Behavioral Patterns in Online English-to-Chinese Cooperative Translation Activity", *Internet & Higher Education*, Vol. 25, 2015, pp. 28–36.

式;① 利用 LSA 提取中小学生在角色扮演游戏中的操作行为序列;② 探讨两层测试方法对学生学习成绩和行为模式的影响③等。可以看出,借助 LSA 学习者学习行为得到可视化并能够挖掘出隐藏内容,为后续进一步开展教与学活动奠定坚实基础。

二 实证案例

（一）案例一：探究学习者在网络讨论中的交互模式与动态学习情绪（Investigating Students' Interaction Patterns and Dynamic Learning Sentiments in Online Discussions）④

1. 研究背景

互联网技术的发展使在线讨论论坛凭借其异步特性,更好地支持学生进行更深层次的思维互动⑤,有助于知识构建和问题解决能力的培养。

网络讨论中,各种学习情绪都嵌入书面文本中。近年来,研究者发现情绪在学生的参与和知识构建中起着巨大作用⑥,不同学习情绪的学生在网络学习活动中与他人讨论时,表现出不同的互动模式,这些差异可能反之影响他们的学习成绩。⑦ 然而,很少有文献表明,异步在线讨论中的学习情绪会影响学生互动。因此,本研究旨在探讨学生在网络讨论中的互动模式及动态学习情绪的变化。

---

① Hou, H., et al., "Applying Lag Sequential Analysis to Detect Visual Behavioural Patterns of Online Learning Activities", *British Journal of Educational Technology*, Vol. 41, No. 2, 2010.

② Hou, H. T., "Exploring the Behavioral Patterns of Learners in an Educational Massively Multiple Online Role – Playing Game (MMORPG)", *Computers & Education*, Vol. 58, No. 4, 2012, pp. 1225-1233.

③ Yang, T. C., et al., "The Influences of a Two-Tier Test Strategy on Student Learning: A Lag Sequential Analysis Approach", *Computers & Education*, Vol. 82, 2015, pp. 366-377.

④ Huang, C., et al. "Investigating Students' Interaction Patterns and Dynamic Learning Sentiments in Online Discussions", *Computers in Education*, Vol. 140, 2019.

⑤ Cukurova, M., et al. "The NISPI Framework: Analysing Collaborative Problem-Solving from Students' Physical Interactions", *Computers in Education*, Vol. 116, 2018, pp. 93-109.

⑥ Crossley, S. A., et al. "Sentiment Analysis and Social Cognition Engine (SEANCE): An Automatic Tool for Sentiment, Social Cognition, and Social – Order Analysis", *Behavior Research Methods*, Vol. 49, No. 3, 2017, pp. 1-19.

⑦ Kim, C., et al., "Affective and Motivational Factors of Learning in Online Mathematics Courses", *British Journal of Educational Technology*, Vol. 45, No. 1, 2014, pp. 171-185.

2. 研究问题

本研究旨在探讨学生在网络讨论中动态学习情绪的互动模式。特别是，通过设计两种类型的任务——"以个体为导向"和"以群体为导向"，回答以下研究问题：

(1) 在线讨论过程中产生的学习情绪是什么？

(2) 从动态学习情绪的角度来看，学生表现出什么样的互动模式？

(3) 在"以个体为导向"和"以小组为导向"的任务讨论中，学习情绪和互动模式有什么不同？

3. 数据收集方法

(1) 参与者。研究对象为38名教育技术专业研究生，在本科学习中积累了丰富的在线学习经验。由于性别对互动没有显著差异，本研究不考虑性别差异的影响。[①]

(2) 学习任务。课程中共包括7个在线学习任务和1个以聊天为导向的任务（调整学习氛围和促进情绪互动），学生在9周的学习中参与各种在线互动。"以个人为导向"学习任务（Task 1、Task 3、Task 4、Task 7）旨在激励学生不断沟通，而"以小组为导向"学习任务（Task 2、Task 5、Task 8）则旨在通过各种在线互动促进学生的参与，包括提出建议、进行辩论和报告教育技术的发展历史。在小组任务中，学生被随机分为8组，每组4—6人，共同完成任务。在9周的学习中，个体和小组任务交替安排，线上线下讨论交织进行，促进了所有参与者的交流和共同发展。在完成学习任务的过程中，在线讨论帖子被自动记录在日志中进行统计分析。

(3) 编码方案。①交互编码方案。为了检验学习过程中的交互，研究者在 Gunawardena 等[②]开发的交互分析编码方案基础上，添加与学习任务没有直接关系的"社会情感互动"（i6），具体内容如表3-3所示。

[①] 柳晨晨等：《在线学习中互动讨论模式如何影响学习者的批判性思维》，《电化教育研究》2021年第3期。

[②] Gunawardena, C. N., et al., "Analysis of a Global Online Debate and the Development of an Interaction Analysis Model for Examining Social Construction of Knowledge in Computer Conferencing", *Journal of Educational Computing Research*, Vol. 17, No. 4, 1997, pp. 397-431.

表 3-3　　　　　　　　交互编码方案

交互	描述	例子
分享/比较信息（i1）	分享/比较资料或提出相似的意见	我认为教育技术的定义应该在哲学层面上讨论
认知不一致的发现与探索（i2）	发现和探索参与者之间的不和谐或不一致	我认为电子秤在你的比喻中并不是教育技术的应用
谈判（i3）	意义协商/知识的共同建构	我认为我们应该整合写作网站，积极利用它们的优势
测试和修改（i4）	测试和修改建议的合成或合作	对于所提出的方法，我个人认为有必要进行修改和完善
协议声明（i5）	协议声明/新构造意义的应用	为了解决这个问题，我设计了一个集成了视图和请求的新方案
社会性互动（i6）	表达对成员的感情，如感谢、抱歉等	我为我的偶然缺席而道歉

②学习情感的编码方案。为了探索学习情绪在网络讨论中变化，研究者采用 Harris 等①提出的六维度情绪类别，设计学习情绪分析的编码方案，如表 3-4 所示。

表 3-4　　　　　在线学习会话中学习情感的编码方案

情绪	描述	例子
积极（e1）	支持或喜欢某一观点	这个想法很有用，谢谢分享
消极（e2）	反对或不喜欢这个话题	你说的不是真的
中立（e3）	用户的情绪是不清楚的或矛盾的	一些设备被用于教学，如电视和电脑
富有洞察力（e4）	表达一些创新的观点或反思的想法	我认为课堂上的问题应该反映学生的理解水平
困惑（e5）	表达困惑的感觉	我对你的回答中涉及的无处不在的技术感到困惑
开玩笑（e6）	这意味着用户只是在开玩笑	是的，我奶奶更关心我吃什么，而不在乎我学什么

4. 数据分析方法

首先，研究者借助内容分析，对视频内容（除任务 6）中的学习情

---

① Harris, S. C., et al., "Multi-dimensional Sentiment Classification in Online Learning Environment", International Conference on Technology for Education, Beijing, 2014, pp. 172-175.

绪及互动根据其时间顺序进行编码并计算各类学习情绪和互动的频率。其次，运用滞后序列分析识别和可视化学习者交互和学习情绪的模式。最后，借助统计软件 SPSS 22.0，运用卡方分析法考察两种学习任务在学生讨论交互和学习情绪上的差异。

5. 研究结论

研究结果表明，在线讨论过程中积极的学习情绪出现频率最高，其次是有洞察力的学习情绪、中性情绪；与"以个人为导向"任务相比，学生在开展"以小组为导向"任务中表现出更加多样化、深入的学习情绪和互动模式；此外，学生的学习情绪在网络学习过程中呈现出周期性的特点。在此基础上，研究者提出一个四阶段模型，如图 3-22 所示，刻画了动态学习情感的交互作用。

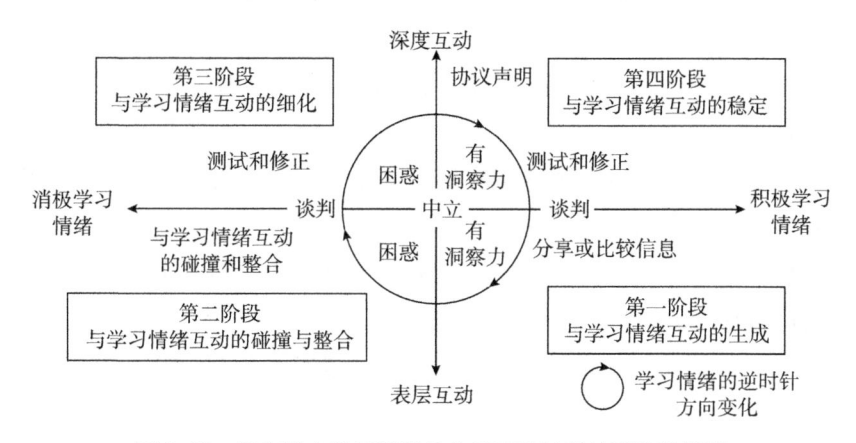

图 3-22　具有动态学习情绪的多元互动过程的四阶段模型

（二）案例二：一项小学课堂中沉浸式虚拟实地考察的案例研究：学生的学习体验与师生交互行为（A Case Study of Immersive Virtual Field Trips in an Elementary Classroom: Students' Learning Experience and Teacher-Student Interaction Behaviors）[①]

1. 研究背景

随着计算机可视化技术的应用，虚拟实地考察在教育中的优势逐渐

[①] Cheng, K., Tsai, C., "A Case Study of Immersive Virtual Field Trips in an Elementary Classroom: Students' Learning Experience and Teacher-Student Interaction Behaviors", *Computers in Education*, Vol. 140, 2019.

凸显出来，所创造的虚拟性可以增强个人的真实学习体验和态度。① 最近越来越多的研究者将目光放到虚拟实地考察的教学探索上，但大多是基于教育桌面或基于网络的虚拟现实系统。鉴于自头戴式沉浸式虚拟现实（HMD）应用出现至今，研究其教育影响的学术证据相对有限，本研究旨在探讨学生参与沉浸式虚拟实地考察活动时的学习体验。

2. 研究问题

本研究旨在初步探讨学生在沉浸式虚拟实地考察中的学习体验，包括感知存在、动机信念和态度，为此研究者选取硬纸板耳机（在成人监督下使用，无年龄限制）与谷歌探险应用程序，让教师带领小学生体验身临其境的虚拟实地旅行。为了明确本研究的目的，对研究问题做出说明：

（1）小学生在进行教育沉浸式虚拟实地考察时，对在场的看法如何？

（2）小学生在沉浸式虚拟实地考察学习后，动机信念是否会发生变化？

（3）小学生的感知存在、动机信念和对沉浸式虚拟实地考察的态度之间有什么关系？

（4）教师如何在课堂上实施沉浸式虚拟实地考察的学习活动？在整个学习活动中，教师如何与学生互动？

3. 数据收集方法

（1）参与者。本研究选取24名有移动设备或虚拟现实使用经验的学生作为研究对象，大多人有VR的经验，所以虚拟现实技术的新奇效应可能不会影响学生对本研究教学活动经验的看法。

（2）设备工具。①VR工具。为了实现沉浸式虚拟实地考察，采用了应用程序Google Expeditions和硬纸板耳机作为研究工具，教师引导学生在教室中进行虚拟的实地考察。

---

① Katz, J. E., Halpern, D., "Can Virtual Museums Motivate Students? Toward a Constructivist Learning Approach", *Journal of Science Education and Technology*, Vol. 24, No. 6, 2015, pp. 776-788.

②团体存在问卷（IPQ）。为了检验学生在虚拟现实教育环境中的感知存在，研究者基于 Schubert 等开发的 IPQ（网址：http://www.igroup.org/pq/ipq/download.php）改编成适合本研究的量表，如图 3-23 所示。

团体存在问卷（IPQ）
①空间存在：测量用户在虚拟环境中的物理存在感的程度
②参与度：衡量用户对虚拟环境的感知和关注程度
③体验真实感：测量用户对虚拟环境中的场景或元素的主观感受到的真实感程度

图 3-23　团体存在问卷（IPQ）

③学习动机策略问卷——中文版（MSLQ-CV）。为了深入了解学习者在虚拟现实学习中的动机体验，特别是在虚拟实地考察中的动机体验，本研究采用 MSLQ-CV[①] 对学生的学习体验进行了评价，具体维度划分如图 3-24 所示。由于本研究主要是了解学生在沉浸式虚拟实地考察中的动机信念，因此只采用动机维度进行前后测。

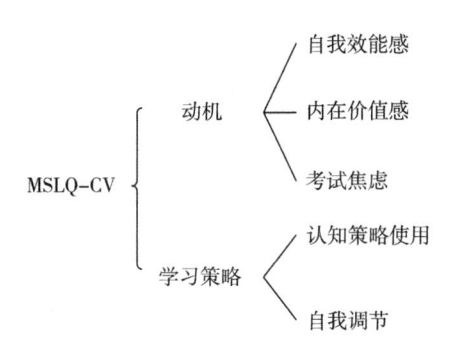

MSLQ-CV
动机
　自我效能感
　内在价值感
　考试焦虑
学习策略
　认知策略使用
　自我调节

图 3-24　MSLQ-CV 维度划分

[①] Lee, J. C., et al., "Using Multidimensional Rasch Analysis to Validate the Chinese Version of the Motivated Strategies for Learning Questionnaire (MSLQ-CV)", *European Journal of Psychology of Education*, Vol. 25, No. 1, 2010, pp. 141-155.

④态度调查。为了检验学生对未来社会研究中沉浸式虚拟实地考察的态度，本研究结合 Cheng 研究中使用的态度调查①改编为《虚拟现实学习行为量表》，如图 3-25 所示。

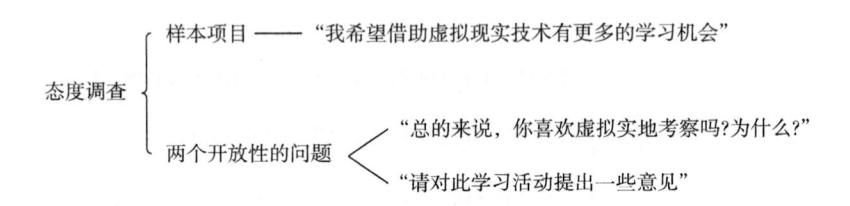

态度调查
- 样本项目——"我希望借助虚拟现实技术有更多的学习机会"
- 两个开放性的问题
  - "总的来说，你喜欢虚拟实地考察吗?为什么?"
  - "请对此学习活动提出一些意见"

图 3-25　态度调查

⑤编码方案。为了了解教师和学生在沉浸式虚拟实地考察中是如何互动，我们通过录像观察了课堂上的教学活动。由于第 1 课时是学习活动的技术准备，因此只分析第 2 课时的师生互动，具体编码方案如表 3-5 所示。

表 3-5　　　　　　　师生互动行为的编码方案

行为	编码	描述
教师		
指导	TI	教师指导学生社会研究的主题（如"二战"珍珠港事件）或指导学生如何正确使用 VR 设备
提问	TA	教师就课程内容或 VR 内容进行提问
指导虚拟实地考察旅行	TG	教师引导学生在 VR APP 中体验虚拟元素或场景
惩罚	TD	老师会惩罚那些不遵守学习规则的学生
学生		
回答老师的问题	SR	学生回答老师关于课程内容或 VR 内容的问题
观察 VR 内容	SO	学生通过纸板耳机来观察 VR 内容
在互联网上搜索信息	SS	学生寻找信息来回答老师的问题
扰乱课堂秩序	SD	学生不遵守课堂规则（如从座位上走出来）

---

① Cheng, K., "Reading an Augmented Reality Book: An Exploration of Learners' Cognitive Load, Motivation and Attitudes", *Australasian Journal of Educational Technology*, Vol. 33, No. 4, 2017, pp. 53-69.

续表

行为	编码	描述
助理		
发现并修理故障	AT	助理帮助老师或学生解决技术问题（如 VR 设备与 Wi-Fi 路由器断开或 VR 图像消失）

（3）数据收集。学生在沉浸式虚拟实地考察开始前，填写 MSLQ-CV 进行预测试，以了解学生的自我效能感、内在价值感及考试焦虑；教学活动结束后，学生被要求再次进行测试，以揭示虚拟实地考察后学生学习社会学动机信念的变化。研究者借助 IPQ 量表了解学生对这种沉浸式虚拟实地考察的感知存在。另外，研究者调查学生对使用沉浸式虚拟实地考察应用程序进行未来社会研究学习的态度，并对学生对教学活动的偏好进行定性探讨。为了研究学习活动中的师生互动行为，对课堂中的虚拟实地考察进行录像和行为编码。

4. 数据分析方法

本研究采用定量分析方法，通过比较"空间存在、参与度、体验真实感"来了解学生在进行沉浸式虚拟实地考察时的学习体验；采用配对样本检验，分析学生在参与学习活动前后动机信念的变化；通过相关分析，探讨学生感知在场、动机信念和态度之间的关系。此外，对学生对沉浸式实地考察的偏好进行定性分析，并采用内容分析法揭示课堂上虚拟实地考察的师生互动行为。

5. 研究结论

在学生的存在感上，在谷歌探险提供的虚拟现实场景中，学生具有强烈的空间存在感、参与感、真实感，但与空间存在感相比，参与感和真实感相对较弱；在动机信念方面，学生体验后，在一定程度上有助于提高学习动机信念，特别是减少了考试焦虑。

师生互动行为滞后序列分析结果显示：第一阶段（0—12min），教师花了大量时间介绍学习主题，并指导使用虚拟现实设备。同时，由于学生对 VR 设备的操作不熟悉，助理需要经常帮助学生解决故障。其中，师生间存在显著的交互作用且学生对其先前问题的回答后，教师的后续提问倾向较弱。第二阶段（12—24min），首先出现了通过互联网搜索信息的连续性且参与者表现出更多的参与和互动。教师开始记录学生的不当行为。最后阶段（24—36min），虽然讨论学习内容的师生互动仍在继续，但教师在虚拟实地考察指导上花费的时间较少，在课堂上处理不适当行为的惩戒时间较多。

（三）案例三：小学生和教师在一对一机器人教学中的行为模式 (*Behavioral Patterns of Elementary Students and Teachers in One-to-One Robotics Instruction*)[1]

1. 研究背景

在教育中使用机器人技术提供了一个有效的学习环境，儿童扮演着设计师和建设者的积极角色，可以与周围环境互动，并解决现实生活中的问题。[2] 在学习过程中，他们学习经验调查、创造和解决问题。[3] 另外，新技术激发了学习者的创造力，教育机器人可以成为培养创造力的有力工具。因此，在本研究中，在机器人教学过程中使用了Resnick[4] 提出的创造性思维螺旋模型。[5] 孩子根据他们的想法创建一个项目开展创作并与其他人分享自己的想法、反思自己的经历，借此引导学习者作为创造性思考者，发展和完善自己的想法，并根据自己的经验产生新的想法。

2. 研究问题

本研究了解师生在一对一机器人教学过程中的行为模式，为了明确本研究的目的，对研究问题做出说明：

（1）机器人一对一教学过程中的行为模式如何？

（2）从性别角度看，三种机器人活动的顺序行为模式有何不同？

---

[1] Kucuk, S., Sisman, B., "Behavioral Patterns of Elementary Students and Teachers in One-to-One Robotics Instruction", *Computers in Education*, Vol. 111, 2017, pp. 31-43.

[2] Alimisis, D., "Educational Robotics: Open Questions and New Challenges", *Themes in Science & Technology Education*, Vol. 6, No. 1, 2013, pp. 63-71.

[3] Goh, H., Ali, M. B., "Robotics as a Tool to Stem Learning", *International Journal for Innovation Education and Research*, Vol. 2, No. 10, 2014, pp. 66-78.

[4] Resnick, M., "Sowing the Seeds for a More Creative Society", *Learning & Leading with Technology*, Vol. 35, No. 4, 2008, pp. 18-22.

[5] Lin, C. H., et al., "A Case Analysis of Creative Spiral Instruction Model and Students' Creative Problem Solving Performance in a LEGO ® Robotics Course", International Conference on ELearning and Games, Canada, 2009, pp. 501-505.

（3）不同难度水平的机器人活动中，师生互动的行为是否存在差异？

3. 数据收集方法

（1）参与者。研究由 18 名土耳其小学生和 12 名职前教师组成，学生均有玩乐高积木的经验且喜欢电脑游戏，但没有学习机器人的经验；职前教师有教育机器人活动的经验以及教学背景。

（2）学习任务。在教学前，研究人员和职前教师共同制定一对一的机器人教学计划和实施过程的细节并确保实施中的教学风格相似。另外，研究中使用了机器人梦想 1 级教育机器人工具包，并选择以下三个机器人活动（见图 3-26）：

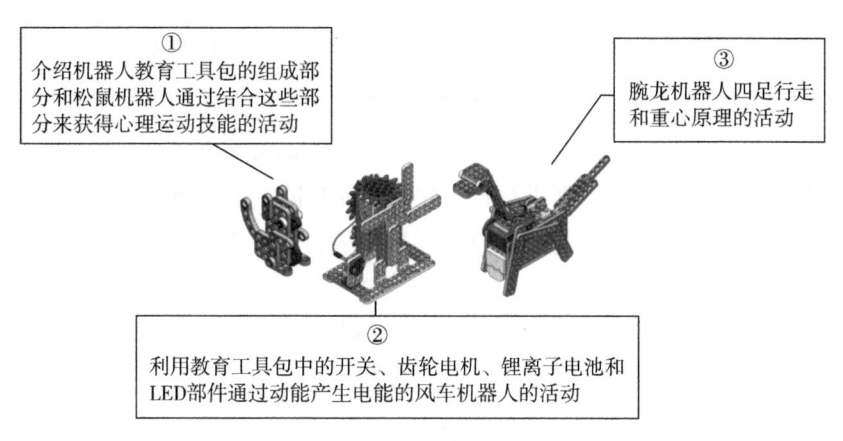

① 介绍机器人教育工具包的组成部分和松鼠机器人通过结合这些部分来获得心理运动技能的活动

③ 腕龙机器人四足行走和重心原理的活动

② 利用教育工具包中的开关、齿轮电机、锂离子电池和 LED 部件通过动能产生电能的风车机器人的活动

图 3-26　机器人活动

如图 3-27 所示，一对一机器人教学过程基于创造性思维螺旋模型，按照由易到难的顺序编排，学习者只有完成前一个活动才能进入下一个活动，活动全过程由摄像机记录，便于后期分析。

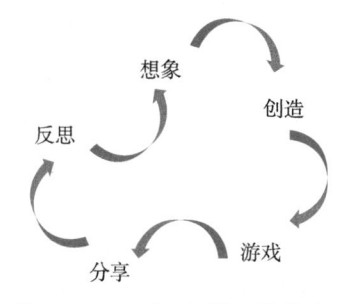

图 3-27　一对一机器人教学过程

(3) 编码方案。在本研究中，所有一对一机器人教学过程中的交互都是基于 Liu 等的编码方案[①]，如图 3-28 所示。

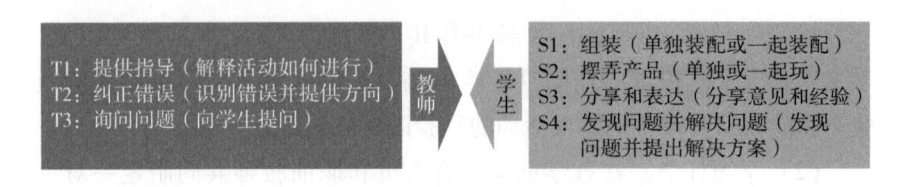

教师	学生
T1：提供指导（解释活动如何进行） T2：纠正错误（识别错误并提供方向） T3：询问问题（向学生提问）	S1：组装（单独装配或一起装配） S2：摆弄产品（单独或一起玩） S3：分享和表达（分享意见和经验） S4：发现问题并解决问题（发现问题并提出解决方案）

图 3-28　师生行为模式的编码方案

4. 数据分析方法

本研究采用定量内容分析和滞后序列分析，了解师生在机器人教学中的行为模式。研究人员对教学全过程视频数据按照编码方案进行编码分析，采用滞后序列分析法探讨是否存在显著的师生互动行为模式；借助 SPSS 24.0 对频率数据进行行为频率传递矩阵、条件概率矩阵和期望值矩阵的分析，最后推导出调整后的残差表，用图表呈现显著性模式。

5. 研究结论

师生互动行为中最常见是组装、提供指导、共享和表达以及询问，从行为序列中发现学生表达和分享想法的行为明显遵循老师的提问，教师的指导显著遵循了学生在教师提问后表达和分享自己观点的行为，可见教师向学生提问是为了更好地表达自己的感受和想法，学生分享感受后，老师指导他们走下一步，这种行为顺序可以使学生更加专注，在较短的时间内完成活动。

当将男女生分开研究时，发现他们表现出相似的行为——玩产品。然而，男女之间同样存在差异，教师为男生提供指导、纠正错误，而女生没有，另外，由于男生相较于女生，表达欲较低，老师可能会更经常地向他们提问，从而分享想法和经验。

在三个不同层次的机器人设计中，学生玩机器人的行为非常显著。

---

① Liu, Z. F., et al., "An Analysis of Teacher-Student Interaction Patterns in a Robotics Course for Kindergarten Children: A Pilot Study", *Turkish Online Journal of Educational Technology*, Vol. 12, No. 1, 2013, pp. 9-18.

学生发现问题和提出解决方案的行为以及教师提供指导的行为,在2阶段、3阶段似乎是一个有意义的序列,但在阶段2中更为可见。

三 操作步骤示例

(一) LSA 分析软件介绍——GSEQ

目前,IBM 公司的 Intelligent Miner、SAS 公司的 Enterprise Miner 等软件多用于分析用户行为,这些软件虽然功能强大,但存在一个问题——操作复杂,需要分析人员具有一定的专业背景知识,这对于广大研究者来说无疑是一道难题。为了方便、有效地辅助行为数据处理,Bakeman 和 Quera 合作研发了交互行为分析专用软件 GSEQ,该软件简化了行为分析的流程,既提高了数据处理的效率,也促进了滞后序列分析在各研究领域中的应用推广。[1]

(二) 基于 LSA 的学习行为分析流程

下面结合具体案例对滞后序列分析全过程展开详细介绍,本案例数据来源于文献:在线协作学习的学习表现和行为模式:认知负荷和不同多媒体便利性的影响 (*Learning Performance and Behavioral Patterns of Online Collaborative Learning: Impact of Cognitive Load and Affordances of Different Multimedia*)。[2]

1. 文章内容概述

在线协作学习中讨论是主要活动,研究者对同/异步讨论所涉及的过程和行为进行了大量研究。然而,对于不同形式的学习材料在协作学习环境中的行为模式还未进行详细研究。研究者设计了三种媒体环境来呈现相同的学习内容:互动版本、视频版本和文本版本,三者的差异主要体现在信息组织形式以及学生与给定版本的互动方式上。本研究涉及3个班的131名八年级学生,他们被要求通过在线讨论完成一个小组工作表,同时参与给定的学习材料,具体研究设计如图 3-29 所示。为了探索学生在不同多媒体环境下的在线协作行为模式,本研究提出了一种

---

[1] 杨现民等:《滞后序列分析法在学习行为分析中的应用》,《中国电化教育》2016年第2期。

[2] Wang, C., et al., "Learning Performance and Behavioral Patterns of Online Collaborative Learning: Impact of Cognitive Load and Affordances of Different Multimedia", *Computers in Education*, Vol. 143, 2020.

动词主导的同步在线协作学习编码方案，并进行了滞后序列分析。研究结果表明，A班（互动版）形成了一种积极的学习氛围，而B班（视频版）由于信息呈现不当导致工作认知负荷，在表现不一致方面花费较多时间。C班（文本版）由于信息获取的便利性，在信息交流中具有较高的效率。此外，A班在小组工作表中得分最高，并投入了适度的认知负荷；B班学生在小组工作表上的学习成绩不理想，认知负荷最高。一周后的后测结果显示，C组的认知负荷最低，知识保持能力优于A组。

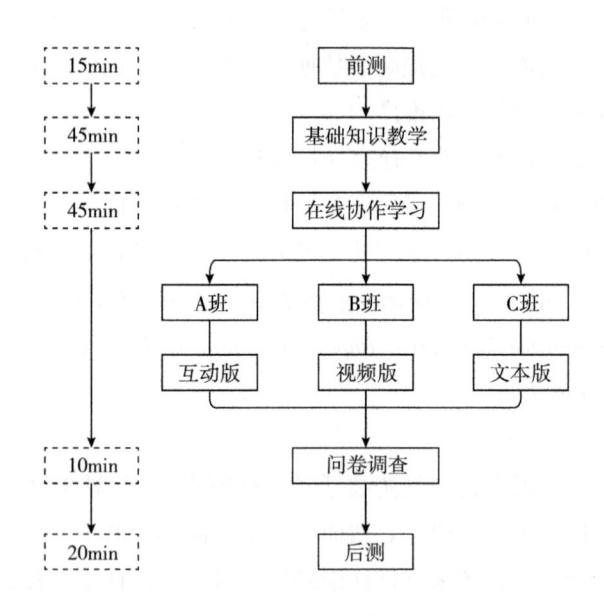

图 3-29 研究设计

2. 操作步骤

（1）对不同的活动定义进行编码。本研究旨在关注学生如何相互交流和互动，以使用不同的学习材料协作完成给定的小组工作表。研究者认为在合作过程中关注学生的互动行为会更明智，因此，基于交互分析模型（IAM），提出了一个动词主导的同步在线协作学习编码方案，如表3-6所示，分析学生在学业相关层面和社会联系层面上的协作行为。

表 3-6　　　　　　　　在线讨论内容分析的编码方案

编码	阶段	描述	例子
A1	提供信息或帮助	在没有其他人要求的情况下提供信息	(a) 问题 3 是黄色、绿色、绿色，3∶1 (b) 点击这里的按钮
A2	寻求信息或帮助	提出问题并尝试从其他小组成员那里获得可能的解决方案和想法	(a) 组长应该提交文件吗？ (b) 问题 2 的答案是什么？
A3	回答信息或问题	向其他小组成员提供答案；要求或表明对他人陈述的态度	(a) @Zhao 表现型，显性性状，隐性性状 (b) 明白了
A4	同意建议或意见	显示其他组成员提供的解决方案或说明的一致性	(a) 我也认为有两种类型 (b) 好吧，我来做
A5	协商或质疑建议的意见/行动	协商不一致的区域或对建议的解决方案或指示表示异议	(a) 刘，你答错了 (b) 不是这个
A6	发现不确定或不清楚的内容	向其他小组成员提出小组工作表上的明确问题或显示不清楚的内容	(a) 从小组工作表中复制的问题的屏幕截图 (b) 我不太明白这部分
A7	领导任务协调或指导小组行动	指导小组成员执行某些行为的说明，如分配任务和讨论策略	(a) 周，你做第一部分 (b) 向组长汇报，由组长提交
A8	检查或报告学习任务的进度	发送消息以检查其他组成员对给定任务的工作进度或向其他人报告自己的进度	(a) 我说完了 (b) 你完成任务 4 了吗？
S1	社会关系	社交互动和必要对话，形成在线群聊	(a) 戴安娜邀请侯加入聊天 (b) 请更改您的用户名
O1	与学习任务无关的内容	与给定任务无关的消息	(a) 你们都是魔鬼吗？ (b) 数学是我们的下一堂课

（2）按照定义为筛选后的行为数据编码，并按照时间生成编码序列。内容分析的基本单位是一个表达完整意思的句子，而在即时通信系统中，学生倾向于使用短句，因此研究者把同一个学生发送的信息合并作为一个整体，按时间顺序编码。两位评分者间的信度 Kappa 为 0.942（$p<0.01$），显示出公平到良好的信度。因此，结合本部分的所有步骤，实现了编码方案的有效性。在此基础上，对 1499 个内容分析单元进行分析，找出行为模式。

（3）使用软件进行序列分析得到频率转换表以及残差表。为了确定这些序列关系是否达到统计显著性，研究者在 GSEQ 软件中进行了序列分析。由于我们无法获取到作者最原始的数据资料，因此这里我们以虚构的数据进行模拟操作。

首先打开软件进行代码编写，如图 3-30 所示。代码编写结束后，保存文件并运行，这时在文件夹中出现两个文件（mds、sds），如图 3-31 所示。再次回到软件中，点击工具栏中的第四个按钮，进行如图 3-32 所示的操作后，运行得到频率转换表以及调整后的残差表。

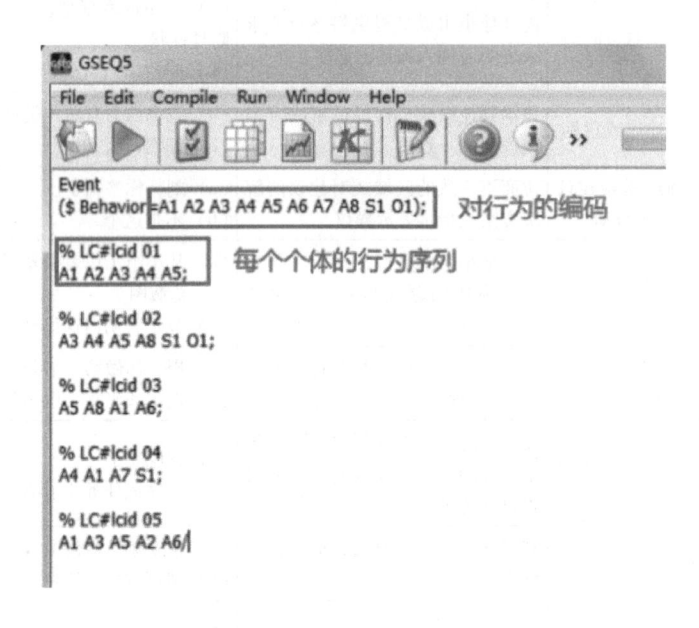

图 3-30　数据操作界面

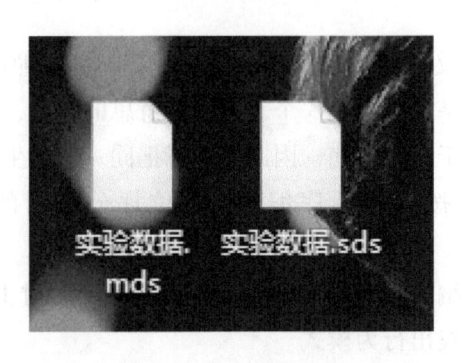

图 3-31　文件存储截图

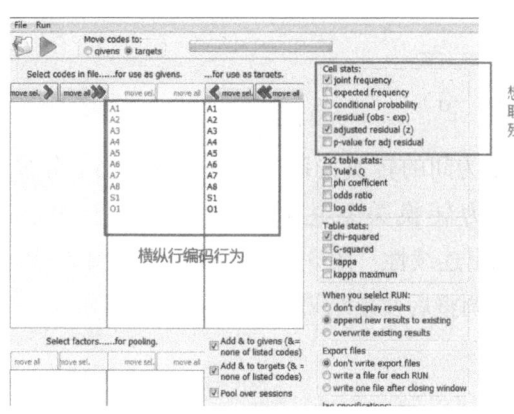

第三章 | 协作学习中的社会认知互动分析方法

图 3-32 进一步的数据操作界面

后续内容的数据资源在文献中有提及，因此后续介绍以研究人员的真实数据展开。频率转换表用来记录两种行为之间发生关系的先后顺序，即发生一项行为后随即发生另一种衍生行为的频数。每一行代表一个初始行为，每一列代表一个后续行为，表中的数字表示列行为在行为之后立即发生的总次数。以 A 班的频率转换为例，如图 3-33 所示，第 2 行第 6 列中的数字 10 表示"A6 在 A2 之后立即发生"了 10 次。

起始行为结束后随即发生的行为

Z	A1	A2	A3	A4	A5	A6	A7	A8	S1	O1
A1	27	14	14	13	6	5	11	7	0	3
A2	21	3	14	0	0	10	7	3	2	2
A3	14	12	8	8	1	2	13	6	3	3
A4	9	8	4	15	3	5	6	4	5	0
A5	2	1	6	3	0	0	2	1	0	1
A6	11	11	5	1	0	6	4	2	0	0
A7	6	2	8	16	4	5	10	7	4	1
A8	8	3	7	2	1	2	5	14	2	0
S1	2	6	3	1	0	2	4	0	33	1
O1	1	2	1	0	1	3	1	0	2	8

起始行为

图 3-33 A 班行为序列的频次矩阵

σ 为残差，用 z-score 来表示两个行为之间转换关系的显著性。

$$z - score = \frac{\sigma - \bar{\sigma}}{\sqrt{\frac{1}{N}\sum_{i=1}^{N}(\sigma i - \bar{\sigma})}}$$

z 值越大，表示两种行为间的转换关系显著性越强，当 z 分数值大于 1.96 时，表示相应行为转换关系达到统计学水平上的显著性（p<0.05），两种行为表现出连续性。图 3-34、图 3-35、图 3-36 显示了 A、B、C 班序列分析的调整后残差结果，A、B、C 班显示了 11、9、10 个显著的行为序列。

Z	A1	A2	A3	A4	A5	A6	A7	A8	S1	O1
A1	2.19*	0.75	0.22	0.62	1.91	-1.10	-0.34	-0.55	-3.65	-0.37
A2	3.11*	-1.81	2.28*	-2.98	-1.49	2.69*	-0.18	-1.07	-1.84	-0.18
A3	0.17	1.49	-0.50	0.05	-0.85	-1.61	1.82	0.06	-1.65	0.32
A4	-0.82	0.44	-1.57	3.66*	0.97	0.26	-0.46	-0.47	-0.34	-1.58
A5	-0.69	-0.70	2.89*	0.97	-0.72	-1.17	0.06	-0.31	-1.33	0.57
A6	1.38	3.20*	-0.16	-1.82	-1.17	1.83	-0.40	-0.80	-2.16	-1.28
A7	-2.09	-2.26	-0.16	3.79*	1.63	0.10	1.01	0.83	-0.96	-0.92
A8	-0.19	-1.07	0.53	-1.47	-0.31	-0.80	-0.14	5.86*	-1.21	-1.34
S1	-2.97	-0.06	-1.69	-2.24	-1.35	-1.08	-1.01	-2.30	13.79*	-0.69
O1	-1.57	-0.18	-1.05	-1.58	0.57	1.37	-0.92	-1.34	0.12	9.15*

图 3-34　A 班调整后的残差

注：* 为 p<0.05。

Z	A1	A2	A3	A4	A5	A6	A7	A8	S1	O1
A1	0.16	-0.16	0.86	0.71	4.80*	0.73	0.50	-0.31	-3.08	-2.44
A2	1.88	-0.96	2.67*	-1.50	-1.28	0.79	0.01	0.43	-2.28	-1.58
A3	1.63	-0.01	-0.92	-0.32	-0.36	-0.21	1.63	-0.14	-1.72	-1.06
A4	1.58	-0.35	-1.50	0.64	-0.96	0.24	1.82	-1.48	-1.03	-0.68
A5	0.75	1.42	1.42	0.19	-0.59	-0.04	-0.83	-0.91	-1.05	-1.17
A6	-0.05	5.49*	-0.25	1.09	-1.08	-0.17	-0.70	0.41	-1.92	-1.59
A7	0.44	-1.18	0.74	2.76*	-0.84	-0.73	0.89	0.07	-1.95	-0.73
A8	-0.76	-0.77	1.04	0.82	-0.91	0.41	-0.93	3.40*	-0.20	-1.17
S1	-3.08	-1.74	-2.28	-1.71	-1.05	-0.08	-1.93	-1.62	12.58*	3.05*
O1	-2.80	-0.61	-2.06	-1.29	-0.21	-1.03	-1.52	0.12	3.05*	8.06*

图 3-35　B 班调整后的残差

注：* 为 p<0.05。

Z	A1	A2	A3	A4	A5	A6	A7	A8	S1	O1
A1	−0.08	2.11*	0.54	−0.04	0.86	0.18	−0.49	0.52	−2.19	−1.62
A2	1.86	−1.64	2.82*	−0.72	−1.34	0.23	−0.28	−0.47	−1.66	−0.59
A3	1.43	−1.14	−0.44	−1.35	−0.92	−0.66	1.60	−0.65	0.17	−0.04
A4	2.22*	−0.75	−1.35	0.04	−0.70	0.91	1.11	−0.66	−1.37	−1.17
A5	−0.76	1.31	2.70	2.36*	−0.48	−0.75	−1.01	−0.99	−0.93	−0.80
A6	−0.88	1.97*	−1.45	−1.10	2.12*	−0.24	0.20	1.42	−1.47	−0.37
A7	−0.49	−0.10	−0.48	3.23*	0.51	0.20	0.28	0.66	−1.39	−1.55
A8	1.36	−1.43	−0.65	−0.66	1.28	1.42	−0.13	0.89	−0.70	−0.95
S1	−2.68	−1.26	−0.53	−1.39	−0.95	−1.49	−1.06	−0.74	9.63*	2.06*
O1	−2.63	1.59	−1.54	−1.17	−0.80	−0.37	−1.08	−0.95	1.39	7.09*

图 3-36　C 班调整后的残差

注：* 为 p<0.05。

（4）根据调整后的残差表筛选具有显著意义的行为序列，并绘制行为转换图。为了更直观地观察重要的行为序列，根据所有达到统计显著性的序列绘制行为转换图。[①] 所有重要的行为序列被编译成图 3-37 中三个类的行为转换图。

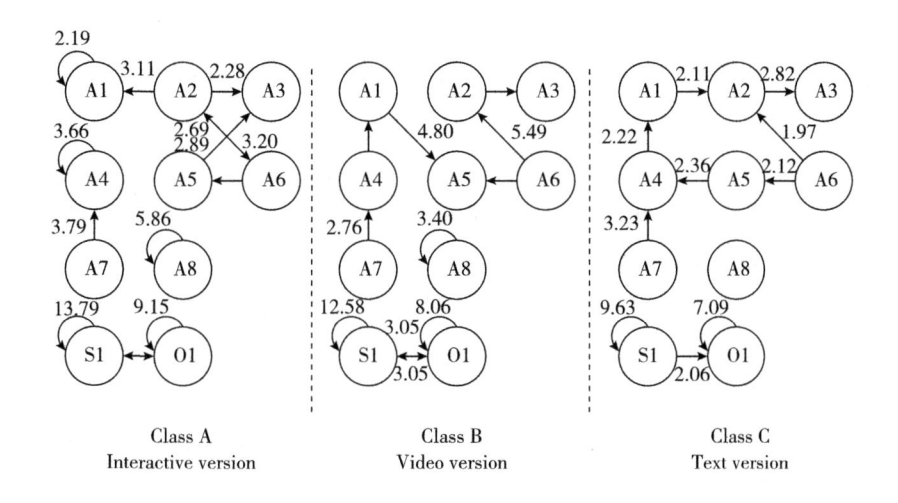

图 3-37　三类行为转换

[①] 李孝男等：《滞后序列分析视域下的高中化学高端备课师生互动行为研究》，《化学教育（中英文）》2022 年第 5 期。

节点表示各种用户行为，连线表示行为与行为之间的连接具有显著意义，每个箭头指向传输的方向，线条的粗细表示行为连接的显著水平，线条上的数据则是调整后的残差值。由于 S1 和 O1 与学业相关维度没有密切关系，研究者决定首先对学业相关维度中的行为路径进行详细分析。

在学业相关维度中，在三个类别中确定了三个常见的显著行为序列：A2→A3、A6→A2、A7→A4。当学生要求信息或帮助时，小组成员通常会跟进并提供相关答案（A2→A3）。这一现象表明，三个班级都具有积极的在线协作学习氛围。"A6→A2"意味着学生在询问和帮助之前往往表现出不确定或不清楚的内容。例如，学生经常在小组工作表上复制并粘贴精确的问题到群聊中，以询问这些问题的解决方案。当某人领导任务协调或指导小组行动时，一个共同的结果是其他小组成员表示同意和服从（A7→A4）。例如，当组长给成员分配任务或带头讨论策略时，成员很少会表现出不同的意见，或许从学年开始组长就通过这种协作式小组学习模式获得了权威。值得一提的是，有些小组并不总是由组长领导，有些小组成员可能会自发地对任务协调提出指导或建议。

除上述提到的三个常见的显著行为序列外，研究者通过行为转换图，可以从学业相关维度识别出 A 班的一些独特的转换：当学生在课堂上寻求信息或帮助时，小组成员会在没有被明确要求的情况下提供信息（A2→A1），这意味着在课堂上小组成员之间的互动更加积极主动地互相帮助。当出现不一致时，如果协商显示为建议的解决方案或指示，小组成员将直接对其做出回应（A5→A3），意味着学生对不一致进行了及时的反馈和讨论。此外，发现 A2 和 A6 之间存在双向交互作用，学生可以提出问题或不确定的部分，然后让其他人给出可能的答案，同时学生也可能提出不确定的答案并要求其他人确认。

在 C 班中同样出现了一些显著的转变：当学生表现出不确定或发现内容不明确时，小组成员可能会表现出不同意见或质疑，进而提出自己的见解（A6→A5）。与 A 班相比，C 班学生从 A5 到 A4 有更显著的转变，这可能表明 C 班学生在小组成员协商不一致的内容时更容易达成一致。"A4→A1"的出现，意味着协商通常伴随着信息的快速呈现，同样"A1→A2"和"A2→A3"也表明 C 班信息交流的高效性。总之，基于这些有趣的循环，学生通过给定的文本版本获取和检查信息更加方便和高效。

然而，在学业相关的维度上 B 班只有一个独特的转变："A1→A5"。在 B 班的视频版本中，学生对信息的理解是完全不同的，因此，当学生提供信息时，一些小组成员可能会表现出不同的意见或者出现协商不一致的现象。

此外，A 班学生的行为 A1、A4、A8 呈重复发生的趋势，在 B 班中只有 A8 出现重复，而在 C 班中未出现学业维度行为的重复。其中，"A8→A8"是指学生花时间检查他人或报告自己学习任务的进度，通常发生在讨论过程的后期。

在 S1 和 O1 维度上，三个班级都呈现出重复发生的趋势：B 班存在双向互动，社会联系和话题外讨论通常是相互关联的。此外，与 A 班相比，从 S1 到 O1 的显著转变表明，C 班由于社会关系而有更多的非话题性讨论。

第二篇

机理篇 协作学习中社会认知互动的内生动力及其促进策略

第四章

社会认知互动的内生动力
——社会认知冲突

如前所述，本书认为，社会认知冲突与社会认知互动在协作学习中起到了相互促进作用，而社会认知冲突的良性激发与消解也是协作学习得以深入的前提。认知冲突（Cognitive Conflict）起源于教育心理学领域中 Piaget 的认知建构主义理论。Piaget 在 1950 年首次提出了认知冲突的概念，并强调了认知冲突对学习者个体认知发展的影响。Piaget 认为，认知冲突是学习者个体内部知识经验的相互矛盾状态，这些冲突会刺激个体内部的认知结构产生调整与变化，从而促使认知发展。[1]

随着社会建构主义的发展，Vygotsky 关注并强调了社会交往与人际互动对学习者认知发展的影响。[2] 在此基础上，认知冲突的社会属性得到更多关注。Darnon 在认知冲突概念的基础上，提出了社会认知冲突的概念（socio-cognitive conflict）。社会认知冲突是指在知识学习与问题解决的过程中，个体与他人发生社会互动时所产生的认知上的冲突。这种冲突同时具有认知与社会两个方面的属性，在认知上，它表现为协作成员对观点背后的学科知识、问题答案的分歧与质疑。同时，冲突也可能会引发成员之间的能力比较，对学习者的自尊造成威胁，因此具有社

---

[1] Piaget, J., *"Piaget's Theory"* in *Manual of Child Psychology*, John Wiley & Sons Inc, 1946, pp. 703–732.

[2] Vygotsky, L. S., *Mind in Society: The Development of Higher Psychological Processes*, Cambridge: Harvard University Press, 1979.

会与情感属性。① 中国学者隆舟在梳理以往概念的基础上，归纳出社会认知冲突的两个核心要素，一是"来源于外部环境中的分歧与矛盾"，二是"引发出内部认知上的冲突"，并将社会认知冲突定义为：个体在社会互动中感知到的外部环境中的矛盾状态，这一定义强调个体的感知层面。②

在本章中，我们将探讨认知冲突本身的类型、激发与消解过程、社会认知冲突与互动的相互影响等话题。

第一节 协作学习中的社会认知冲突类型

所谓协作学习中的社会认知冲突类型，实际是在协作学习的场域下审视学习者之间的社会认知冲突，并从协作学习设计与干预、优化的角度对这些冲突进行分类。因此这个类型本身没有固定的答案和依据，它取决于协作学习研究者的个人推理和判断。本书给出的观点，也是如此。但需要指出的是，从本章开始，笔者提出的"社会认知冲突""社会认知互动"相关观点，均基于对我国课堂的观察与思考。在我国的课堂中，绝大多数学生面对认知冲突时，会受到传统文化因素影响，呈现出"和合"的互动状态。笔者在对这一点充分理解的基础上，对协作学习的机理进行再阐释。

对于"和合"，已有研究者进行了详细的阐述："'和合'蕴含着不同事物及其因素的相异相成和紧密凝聚，是指在承认不同事物的矛盾、差异的前提下，把彼此不同的事物统一于一个相互依存的和合体中，并在不同事物和合的过程中吸取各个事物的优点，使之达到最佳组合，由此促进新事物的产生。"③ 在我国的课堂中，绝大多数学生感知到认知冲突后，并不会为此争执得面红耳赤，而是更倾向于在一种和谐的氛围

---

① Darnon, C., et al., "Mastery and Performance Goals Predict Epistemic and Relational Conflict Regulation", *Journal of Educational Psychology*, Vol. 98, No. 4, 2006, pp. 766-776.
② 隆舟：《智能导学系统中社会认知冲突的诱发与解决》，博士学位论文，华中师范大学，2018年。
③ 刘冬岩：《和合而生：构建和谐的课堂教学文化》，《福建师范大学学报》（哲学社会科学版）2008年第4期。

下协商，甚至有时会"默默地妥协"。与此同时，学生的"内省"也是促进其后继互动的重要认知过程。在这种内省过程中，学生会充分审视彼此的观点差异，并构建一种"融合"形态的认知内容与结构。

尽管协作学习中强调的认知冲突贯穿于个体和群体中，但本部分中提及的认知冲突主要是指主体间的认知冲突，即推动群体知识建构那部分的认知冲突。具体来说，与主体内产生的认知冲突相比较，主体间的认知冲突最明显差异就是冲突来源不同，主体内的冲突源自自我认知与外来输入的差异；主体间的冲突则源自不同个体的不同认知。此外，冲突的消解方式不同，主体内的冲突通过自我的调节来完成顺应与内化的过程；主体间的冲突主要通过协作会话的协商、交流来消解。最近发展区为主体间认知冲突发生提供了边界，认知冲突只有在最近发展区中才会发生。[①]

只有当认知冲突被有效消解时，才能更大限度地促进协同建构。在本书中，为了更加准确地对认知冲突的"有效消解"进行界定，笔者参照了 Lee 等学者提出的认知冲突加工模型（cognitive conflict model），该模型认为，认知冲突的加工包括准备、识别、解决三个阶段[②]，在准备阶段，学习者头脑中的原有认知遇到冲突情境；在学习者意识到这种冲突后，会对认知冲突产生兴趣或焦虑情绪，并进行认知再评价，从而过渡到冲突识别阶段；之后，学习者对认知冲突做出决定，产生结果。[③] 可见，认知冲突有效消解的结果是：学习者最后针对冲突的观点做出了决定。综合众多学者的理论研究，本书中的认知冲突有效消解是指：在协作学习的过程中，学习者通过讨论协商让彼此冲突的观点显性化，并通过继续讨论协商对这些观点的最终内容做出决定。

在协作学习中，产生的认知冲突若不及时地进行有效消解，可能会为学习者带来负面情绪，影响协作小组的关系和正常交流，降低小组的协作效率。因此，在协作学习中，为促进协同建构，教育者需要对学习

---

① 李海峰、王炜：《经验认知冲突探究法——一种翻转课堂模式下的深度协作知识建构学习策略探索》，《电化教育研究》2020年第1期。

② Gyoungho, et al., "Development of an Instrument for Measuring Cognitive Conflict in Secondary-level Science Classes", *Journal of Research in Science Teaching: The Official Journal of the National Association for Research in Science Teaching*, Vol. 40, No. 6, 2003, pp. 585-603.

③ 罗美玲：《认知冲突策略在概念转变教学中的应用》，《化学教育》2013年第5期。

者提供认知冲突消解的支持与引导。

主体间认知冲突消解的前提是个体认知冲突得到解决。如前所述，Posner等曾针对主体内的认知冲突提出了概念转化的条件理论，概念转化应具备四个条件，对原有概念的不满、新概念的可理解性、新概念的合理性、新概念的有效性。①② 在进行认知冲突消解时，协作者需要通过互动来促成冲突的观点可理解、合理及有效的问题，为认知冲突的消解提供途径。李海峰等学者以认知冲突理论为基础，构建了经验认知研究法理论模型，从模型中即可看出集体认知冲突主要由引发、协调和反思三大要素组成。该研究认为，在集体产生认知冲突之后，协商是缓解或者强化认知冲突的重要方法，反思是消解认知冲突的有效途径。③ 此外，杨翠蓉等学者曾提出认知冲突消解需要经历五个阶段，依次是观点陈述、说服性陈述己方观点、讨论对立矛盾的观点、观点反转、达成共识，通过五大步骤辅助完成学习任务，此外为了促进协作知识的建构和下一次认知冲突的有效消解，小组成员还需要进行个人反思与总结。④ 可见，在认知冲突消解过程中，学习者之间的互动协商是关键，因此这也是教育者为协作学习者提供支架、有效消解认知冲突的主要抓手。此外，在完成认知冲突消解之后，教育者有必要引导学习者进行反思与总结。

基于本书笔者的已有研究，本书对协作学习中的认知冲突做出如下分类。⑤ 将认知冲突按照冲突观点的特性划分为选择类与非选择类这两种类型。其中，选择类认知冲突指的是在小组面对多种不同的观点时必须且只能做出选择时产生的冲突，这类冲突的消解必须要舍弃某一种或多种观点。非选择类冲突是指在协作学习中，对观点本身产生的冲突，

---

① Posner, G. J., et al., "A Scientific Conception: Toward a Theory of Conceptual Change", *Science Education*, Vol. 66, 1982.
② 唐德俊、谭德敏：《基于建构主义的学生错误概念成因与转化策略》，《教学与管理》2014年第15期。
③ 李海峰、王炜：《经验认知冲突探究法——一种翻转课堂模式下的深度协作知识建构学习策略探索》，《电化教育研究》2020年第1期。
④ 杨翠蓉等：《高校和谐教育新模式：建构性认知冲突解决》，《高等农业教育》2013年第10期。
⑤ 王靖等：《协作知识建构中认知冲突消解支架设计与实证》，《电化教育研究》2021年第9期。

这类冲突的消解不必做出选择，可以对观点本身进行修改或其他操作。

由于协作学习过程较为随机且个性化程度较强，因此相对来说，非选择类冲突在协作学习过程中更为常见。为了更好地促进协作认知冲突的有效消解，研究者对非选择类认知冲突进行了更加详细的分类，以学习者消解认知冲突的结果为依据将其划分为五小类，包括保留类、融合类、补充类、改善类与模糊化。具体划分如图 4-1 所示。

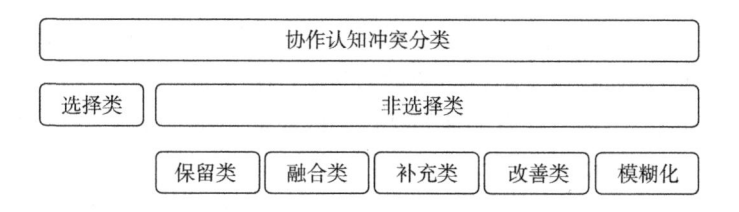

图 4-1 协作认知冲突分类

其中，保留类认知冲突指的是在进行了一系列有关于认知冲突的讨论后，小组选择对冲突观点进行保留，但是在过程中通过某种途径对冲突点进行了消解，达成一致的冲突；融合类认知冲突是指在协商之后，将产生冲突的两个或多个观点进行了融合处理，形成了新的观点，从而对认知冲突进行了消解的冲突；补充类认知冲突则指学习者对冲突的观点进行了补充，在协作学习过程中，通过小组交互来不断充实观点内容，让冲突观点变得更加完善，从而得以有效消解的冲突；改善类认知冲突就是通过小组协作找出冲突观点中错误或不完善的地方，在该观点的基础上，对观点的内容、逻辑等方面进行修改，最终达成一致的冲突；模糊化冲突则是指在消解该类冲突时，协作者选择模糊小组冲突的观点，对冲突观点进行遮挡，而冲突点仍旧存在，没有对知识完成协同建构，这意味着这类冲突没有得到有效的消解。前四种冲突的消解都是有效的认知冲突消解方式，协作者针对冲突点进行了深度交互，完成了协同建构，从而达成一致，对认知冲突进行了有效的消解。

第二节 社会认知冲突的激发与消解过程

Piaget 认为，学习者认知结构的发展会经历"平衡—不平衡—新的平衡"的动态变化过程。当外部环境中新的信息与原有知识不一致时，会引起认知冲突，这种冲突将会打破原有认知结构的平衡性。学习者通过同化与顺应两种处理方式，使认知结构达成新的平衡。其中，同化是指个体以原有的认知结构吸收、理解、改变新信息，并将其整合到原有知识之中，从而使认知结构实现量的变化。顺应指的是当学习者难以同化时，会调整与改变原有的认知结构，以便更好地理解新信息，从而使认知结构完成质的变化。

上述观点强调了认知冲突对认知发展的驱动作用，在此基础上，Lee 等提出了认知冲突过程模型，进一步探讨了认知冲突影响认知发展的机制。[①] 如前所述，在该模型中，认知冲突对认知发展的作用过程涉及三个阶段，分别是冲突准备、冲突识别与冲突解决。

冲突准备是指认知冲突发生之前的准备状态，包括两个方面：一是学习者对自己内部先验知识的信任；二是学习者对外部信息的接纳，如教师或同伴提供的新观点。冲突准备是认知收敛与发展的基础，学习者需要进入准备状态，析出与表达自己的先验观点，并接纳外部环境中的新信息，在协作情境中，新信息指的是来自协作成员的观点。此时个体的先验观点与成员的观点可能存在潜在的矛盾与不一致之处。

冲突识别是指学习者识别出外部信息与自己观点的不同，并可能表现出兴趣或焦虑；冲突识别是认知收敛与发展的前提，当学习者识别出认知冲突时，才有可能尝试解决认知冲突。

冲突解决是指学习者尝试解决或放弃解决认知冲突，并以具体行为反映外显出来。冲突解决是影响认知收敛与发展的决定性因素。当学习者选择恰当的冲突解决方式，才能实现认知发展。诸多学者提出了冲突解决的行为反应，如 Chinn 等提出的冲突反应类型包括忽视、拒绝、不

---

① Lee, G., Kwon, J., "What do We Know about Students' Cognitive Conflict in Science Classroom: A Theoretical Model of Cognitive Conflict Process", *Cognitive Development*, 2001, pp. 1-19.

确定、排除、搁置、重新解释、重新解释并调整以及接受并调整等冲突反应类型；[1] 又如 Chann 等提出的替代同化、直接同化、表面建构、隐性知识建构和显性知识建构等冲突解决时出现的知识过程活动。[2]

本书根据已有研究，提出在协作学习情境中，认知冲突的激发和消解过程如下：

协作学习者以原有认知与观点为起点，经历不断地析出观点、添加观点、辨分观点、反思观点，直至实现群体知识建构与个体认知发展。认知冲突若要在这个过程中发挥正向作用，需满足三个条件，分别是认知冲突准备、认知冲突识别与认知冲突解决。这三个条件也是协作学习中认知冲突的激发和消解过程。

第一，在协作学习开始之前，协作成员需要达成认知冲突准备这一条件。成员个体由于自身知识经验的差异、对教师预先提供的学习材料与内容的不同理解，导致成员的观点库中可能会存在大量零碎的、矛盾的观点。协作成员需要信任自我的先验观点，包括对问题情境、学习材料的先验看法与疑惑，并能够将其外显与析出，将先验观点添加到小组层面。同时，个体也需要接纳其他成员的先验观点，从而实现认知冲突准备。

第二，在协作学习的析出观点到辨分观点阶段，协作成员需要达成对认知冲突的识别。当成员对小组观点库中众多相似或矛盾的观点进行辨分时，需要感知与发现观点之间的冲突之处，识别认知冲突。

第三，在协作学习的辨分观点与反思观点阶段，协作成员在识别认知冲突后，可能选择多种冲突解决方式来消解认知冲突，从而达成共识。认知冲突的解决方式在很大程度上决定了认知冲突对协作学习的影响。如果协作成员以不恰当的解决方式解决认知冲突时，群体认知难以收敛，个体原有的认知结构也难以发生改变。当协作成员采用了恰当的冲突解决方式时，才能实现群体知识建构与个体认知发展。在认知冲突

---

[1] Chinn, C. A., Brewer, W. F., "An Empirical Test of a Taxonomy of Responses to Anomalous Data in Science", *Journal of Research in Science Teaching*, Vol. 35, No. 6, 1998, pp. 623-654.

[2] Chann, C., et al., "Knowledge Building as a Mediator of Conflict in Conceptual Change", *Cognition and Instruction*, Vol. 15, No. 1, 1997, pp. 1-40.

解决之后，成员需要反思认知冲突解决后建构出的新知识，从而强化认知冲突的解决后效。

第三节 社会认知冲突与互动的相互影响

本书在之前的论述中已经明确了这样一个观点：协作学习包含两个相互循环的认知过程——个体概念转变与群体协同建构，而协作学习者之间的互动贯穿了这两种认知过程。认知过程的核心在于认知平衡的打破和建立，这种打破和建立，除依赖学习者与教材、与学习内容等的互动外，在协作学习中，很重要的还包括与其他协作同伴之间的互动。而在上述的互动中，"社会认知冲突"便发生了。

社会认知冲突的发生和发展，有以下三种基本走向。

第一种是逃避与搁置。相比青少年学习者，在成人学习中，这种逃避现象时有发生。这个走向的认知本质是：部分学习者为了继续推进学习任务往下进行，或者为了维持"和谐"的协作关系，从而压制自己困惑、使自身个体概念转变不去发生和发展，也导致了前述双向认知循环的停止，其造成的结果是：无论是学习者自身的认知结构还是群体认知，均不在此点发生有效的变化。

第二种是妥协（相应地，还有强势方的不妥协）。这个走向的认知本质是：部分学生出于和上一种走向同样的原因，接纳了自己其实并不赞同的观点，于是强行建立了无法融入原有认知结构的碎片化认知，并在这个基础上继续生发新的所谓"观点"，但由于缺乏稳定而持久的认知基础，这种新生成的认知"旁支"很可能在后面的认知发展中逐渐消失。其造成的结果是：学习者自身的认知结构发生了短暂的变化但这种变化可能会不稳定、不持久；群体认知基于少数人的观点继续生发，协商变成了"少数人的游戏"。最终导致了群体协同的知识建构走向了少数个体浅表的知识建构。

第三种是积极的协商。这个走向的认知本质是：协作学习者围绕认知冲突开展关于其相关问题和解决策略的探讨。在这个探讨过程中，学习者之间针对相异观点进行充分互动，学习者的个体认知内容或者结构在原有基础上进行调整，个体概念转变得以发生；同时，协作群体也因每个个体的概念转变，而产生群体认知的更迭。由于上述过程需要建立在充分的交流互动基础上，因此无论是在个体层面还是在群体层面，建立新的认知体系往往都比较稳定。

从上述对社会认知冲突三种走向的论述中可以看出，互动的质量是影响这种走向的关键。互动是协作学习者之间维系其社会、认知、情感联系的一种外在形式。协作学习者之间互动的水平决定了学习结果。[①] 互动使学习者对来自外界和自身内部的信息进行加工处理，进而改变心理图式。当学习者共同讨论或试图解决某一问题时，他们会用自己的话语来表达观点，从而引发更具体的认知过程。

尽管协作学习中有可能发生各种各样的互动行为或表现，但并非所有类型的互动都有利于协作学习。高质量的社会认知互动也有其前提——围绕认知冲突的有效激发和消解而展开。因此，放在协作学习的视角下，本书认为，有效社会认知互动的内生动力在于社会认知冲突，高质量协同建构发生的关键在于有效的社会认知互动。

[①] Staarman, J. K., et al., "Peer Interaction in Three Collaborative Learning Environments", *Journal of Classroom Interaction*, Vol. 40, No. 1, 2005, pp. 29-39.

第五章

协作学习中促进社会认知互动的冲突处理策略

本章开始之前,有必要解释下本部分即将提到的"调节"和"群体感知"到底是如何在协作学习中发挥作用的。很多课堂中的协同建构深度不够,原因在于认知冲突的消解策略有问题。而消解策略不当,更深层次的原因是协作学习者对彼此的认知等状态感知不足。因此,本部分内容聚焦于认知冲突的调节、群体感知信息的提供。其目的都是为了促进认知冲突的消解,进而促进深度的协同建构。

第一节 技术支持的可视化调节支架设计

Damon 等提出,社会情境中的认知冲突指的是个体所感知到的自己观点与他人观点之间的矛盾。[1] Bearison 等认为,社会情境中的认知冲突是指学习者在社会互动中感知到的矛盾状态,包括三个部分,分别是内部知识与观点之间的冲突、外部信息之间的冲突以及内部观点与外部信息之间的冲突。[2] Darnon 在认知冲突概念的基础上,提出了社会认知冲突的概念(Socio-cognitive Conflict)。社会认知冲突是指在知识学习

---

[1] Damon, W., Killen, M., "Peer Interaction and the Process of Change in Children's Moral Reasoning", *Merrill-Palmer Quarterly*, Vol. 28, 1982, pp. 347-367.

[2] Bearison, D. J., et al., "Socio-Cognitive Conflict and Cognitive Growth in Young Children", *Merrill-Palmer Quarterly*, Vol. 32, No. 1, 1986, pp. 51-72.

第五章 协作学习中促进社会认知互动的冲突处理策略

与问题解决的过程中，个体与他人发生社会互动时所产生的认知上的冲突。这种冲突同时具有认知与社会两个方面的属性，在认知上，它表现为协作成员对观点背后的学科知识、问题答案的分歧与质疑。同时，冲突也可能会引发成员之间的能力比较，对学习者的自尊造成威胁，因此具有社会与情感属性。[1] 我国学者隆舟在梳理以往概念的基础上，归纳出社会认知冲突的两个核心要素，一是"来源于外部环境中的分歧与矛盾"；二是"引发出内部认知上的冲突"，并将社会认知冲突定义为：个体在社会互动中感知到的外部环境中的矛盾状态，这一定义强调个体的感知层面。[2]

上述认知冲突的定义偏向于阐释认知冲突的来源以及对内部认知的影响，强调个体内部对社会性认知冲突的感知，是一种宏观的、概念化的定义，缺乏对认知冲突具体性、操作性说明，如认知冲突的具体类型有哪些，如何从客观视角识别与表征认知冲突等。而团队管理学领域中的团队冲突（Team Conflict）可以为认知冲突的操作性定义提供借鉴。Jameson 认为，团队冲突是指在同一个团队中的两个人或多个人感知到信仰、价值观或目标的差异，从而影响他们的协作能力和协作环境。[3] 此后，团队管理学领域的研究者虽然对团队冲突的类型划分稍有不同，但存在一种较为主流的类型划分，即把团队冲突分为任务冲突、关系冲突与过程冲突。[4] 其中，任务冲突的定义是成员在任务的要求、任务需要的资源、任务的目标等方面持有不同的意见与观点；关系冲突指的是成员之间社会、情感关系上的矛盾，以及其他与任务无关的方面的分歧；过程冲突的定义是成员在管理和协调团队活动进程时的分歧与不一致。Behfar 等发现，在这种分类方式中，任务冲突与过程冲突有重

---

[1] Darnon, C., et al., "Mastery and Performance Goals Predict Epistemic and Relational Conflict Regulation", *Journal of Educational Psychology*, Vol. 98, No. 4, 2006, pp. 766-776.

[2] 隆舟：《智能导学系统中社会认知冲突的诱发与解决》，博士学位论文，华中师范大学，2018年。

[3] Jameson, J. K., "Toward a Comprehensive Model for the Assessment and Management of Intraorganizational Conflict: Developing the Framework", *The International Journal of Conflict Management*, Vol. 10, 1999, pp. 268-294.

[4] Jehn, K. A., Chatman, J. A., "The Influence of Proportional and Perceptual Conflict Composition on Team Performance", *The International Journal of Conflict Management*, Vol. 11, 2000, pp. 56-73.

叠之处，并且任务冲突也常被视为认知冲突。[1] Turner 综合以往研究者对团队冲突的界定与分类，引入团队认知这一概念，重新解构了团队冲突的构成，将团队冲突中的认知冲突定义为：团队成员认知状态的矛盾与不一致，具体表现为对任务理解、知识内容理解、资源配置等方面的不一致，并且认知冲突可以通过测量成员之间知识结构的不同而表征出来。[2]

协作学习领域的学者从协作对话、协作问题与障碍的视角研究认知冲突，对认知冲突的界定有一定的借鉴意义。在协作对话视角下，我国学者柴少明与李克东等根据协作意义建构的过程特点，将协作对话分为社会性、认知性与反思性三类。其中在认知性对话中，存在促使不同观点和意见碰撞与融合的协商性对话。[3] 张义兵从知识建构对话的视角，进一步细化了协商型对话，将其分为冲突、支持、辩护、共识四种子类目。其中冲突是指协作成员提出不同的观点、质疑或反驳他人的观点；[4] 国外学者 Boreg 等认为在协作中，当个体共享信息时，每个成员从自己的角度解释该信息。而由于知识背景的不同，其他成员往往会误解表达者话语中原本的意义，引起认知冲突；在群体知识协商中，为寻找最佳的解决方案，协作成员会提出不同的解决方案，在方案决策上存在冲突。[5] 在协作问题与障碍视角下，Koivuniemi 等发现，在各种协作学习情境中，协作小组会经历五种类型的挑战，分别是动机挑战、社会情感挑战、认知挑战、元认知挑战以及外部环境挑战。其中认知挑战与认知冲突有关，指的是对学习任务与学科知识形成一致性理解

---

[1] Behfar, K. J., et al., "Conflict in Small Groups: The Meaning and Consequences of Process Conflict", *Small Group Research*, Vol. 42, 2010, pp. 127–176.

[2] Turner, J. R., "Team Cognition Conflict: A Conceptual Review Identifying Cognition Conflict as a New Team Conflict Construct", *Performance Improvement Quarterly*, Vol. 29, No. 2, 2016, pp. 145–167.

[3] 柴少明、李克东：《CSCL 中基于对话的协作意义建构研究》，《远程教育杂志》2010年第4期。

[4] 张义兵：《知识建构：新教育公平视野下教与学的变革》，南京师范大学出版社 2018年版。

[5] Borge, M., et al., "Learning to Monitor and Regulate Collective Thinking Processes", *International Journal of Computer-Supported Collaborative Learning*, Vol. 13, No. 1, 2018, pp. 61–92.

第五章 | 协作学习中促进社会认知互动的冲突处理策略

存在困难,以及在对问题解决策略进行决策时存在困难。① Hadwin 等进一步补充了认知挑战的具体内容,其中在认知冲突上,包含对任务目标与标准的理解存在矛盾与不一致、对课程材料的理解不一致、选择的问题解决方案不一致以及对成员观点的理解不一致等。②

调节学习理论认为,调节是学习者对学习中问题与障碍的应变方式,即学习者监控学习中的问题与障碍,并采取策略进行适应性的调整。认知冲突是协作学习中问题与障碍的主要类型。③ 因此,从调节的视角支持协作学习中认知冲突的解决有一定的可行性。研究常设计结构化脚本支架对期望的调节活动进行具体说明、规定序列,引导学习者经历任务理解、计划、监控、反思等调节过程;设计可视化感知支架可视化自我与集体在协作过程中的关键信息,以帮助学习者感知和监控协作学习中问题与障碍,从而刺激调节的发生。④ 所以,设计调节支架支持协作成员监控协作学习中的认知冲突并进行适应性调节,在一定程度上能规避以往冲突解决研究中静态、固定的干预所造成的问题。然而,已有调节支架研究关注的是协作学习中的问题与障碍,包括协作对话问题⑤、情感动机问题⑥等,少有研究聚焦如何调节认知冲突。本书详细阐述协作学习中,如何设计可视化调节支架来处理认知冲突。

---

① Koivuniemi, M., et al., "Higher Education Students' Learning Challenges and Regulatory Skills in Different Learning Situations/Desafíos De Aprendizaje Y Habilidades De Regulación En Distintas Situaciones De Aprendizaje En Estudiantes De Educación Superior", *Journal for the Study of Education and Development*, Vol. 40, No. 1, 2017, pp. 19-55.

② Hadwin, A. F., et al., "Challenges in Online Collaboration: Effects of Scripting Shared Task Perceptions", *International Journal of Computer-Supported Collaborative Learning*, Vol. 13, No. 3, 2018, pp. 301-329.

③ Hadwin, A. F., et al., "Challenges in Online Collaboration: Effects of Scripting Shared Task Perceptions", *International Journal of Computer-Supported Collaborative Learning*, Vol. 13, No. 3, 2018, pp. 301-329.

④ 王靖、崔鑫:《如何支持与评价协作学习中的共享调节?——基于 2007—2020 年国内外共享调节研究的系统性文献综述》,《远程教育杂志》2020 年第 6 期。

⑤ Borge, M., et al., "Learning to Monitor and Regulate Collective Thinking Processes", *International Journal of Computer-Supported Collaborative Learning*, 2018, 13 (1): 61-92.

⑥ Järvenoja, H., et al., "Emotional Regulation in Collaborative Learning: When do Higher Education Students Activate Group Level Regulation in the Face of Challenges?", *Studies in Higher Education*, Vol. 44, No. 10, 2019, pp. 1747-1757.

支架（Scaffolds）是指由教师或其他辅导者（如父母、更高能力的同伴）向学习者提供的即时支持，这种支持能促进学习者有意义地参与问题解决并获得技能。[1][2] 随着技术性学习环境的变革，支架的定义逐渐扩展到工具、资源、学习环境对学习的支持。[3] 而在调节学习研究领域，由于在真实的学习情境中，调节难以自发产生，学习者自身的调节能力也参差不齐，需要提供相应的支持对其进行引导与干预。[4] 因此，调节学习研究的重点之一是设计相应的支架引导调节的发生。相关研究发现，调节支架包括脚本工具、感知工具与系统化环境三类。其中，脚本工具是指对期望的调节活动进行具体说明并指定调节阶段，是一种结构化的支持工具，包括宏脚本与微脚本。宏脚本能在宏观上指定调节活动的阶段与流程，如调节学习活动流程单；微脚本能从微观上对某一调节阶段中的细节活动进行提示，如文本提示与自我报告式问题。感知工具是指利用可视化技术呈现学习过程中认知、社会、情感方面的关键信息，将其转化为可视化图表，帮助学习者监控问题与障碍，以刺激调节的发生，是一种可视化的支持工具。系统化环境是指基于调节学习理论开发的学习平台，包含与调节阶段相对应的功能模块，如任务理解、目标与计划制订、策略选择等，并集成课程学习、讨论交流等学习活动，利用学习分析、群体感知等技术，实现对调节的动态支持。通过分析三类调节工具的应用趋势后发现，当前调节支架的研究与应用趋势是利用成熟的学习平台，将脚本工具与感知工具以支架的形式嵌入平台中组合使用。[5]

---

[1] 何克抗：《教学支架的含义、类型、设计及其在教学中的应用——美国〈教育传播与技术研究手册（第四版）〉让我们深受启发的亮点之一》，《中国电化教育》2017年第4期。

[2] 黄静等：《基于问题支架的统编教材小学语文阅读教学研究》，《广西教育》2023年第7期。

[3] Puntambekar, S., Hubscher, R., "Tools for Scaffolding Students in a Complex Learning Environment: What Have We Gained and What Have We Missed?", *Educational Psychologist*, Vol. 40, No. 1, 2005, pp. 1–12.

[4] Panadero, E., et al., "How Individual Self-Regulation Affects Group Regulation and Performance: A Shared Regulation Intervention", *Small Group Research*, Vol. 46, No. 4, 2015, pp. 431–454.

[5] 王靖、崔鑫：《如何支持与评价协作学习中的共享调节？——基于2007—2020年国内外共享调节研究的系统性文献综述》，《远程教育杂志》2020年第6期。

第五章 协作学习中促进社会认知互动的冲突处理策略

一 设计框架、原则和依据[①]

如前所述,协作学习包含析出观点、添加观点、辨分观点、反思观点的过程。本书认为,协作学习中认知冲突的调节应该穿插在这些环节中,即需要在不同环节,提供不同类型的支架。因此在以下的解析中,笔者将调节的步骤与协作学习中观点演进的过程结合起来开展论述。

第一,注意与感知是调节的开始,在协作学习的初始阶段,协作成员将各自的观点析出与外显,并添加到小组层面,此时小组层面形成了含有相似观点与冲突观点的先验观点库。从调节的视角来看,如果成员能够注意到先验观点库中的冲突观点,也就实现了认知冲突准备。这些先验观点中的认知冲突会对后续辨分观点产生影响。也就是说,当协作成员析出各自的先验观点,并注意到小组先验观点中的认知冲突,才有可能为后续辨分观点时调节认知冲突提供机会。因此,需要在协作学习的析出观点与添加观点阶段,提供冲突注意调节支架。

第二,识别与评估问题是调节中的核心环节,也就是对元认知进行监控。Nesbit 认为,监控是一种特殊的元认知过程,意味着学习者要分析目前发生了什么、为什么会发生,以及对未来活动会产生何种影响。[②] 而在协作学习中的辨分观点阶段,协作成员会辨分协作学习过程中众多相似或矛盾的观点,识别认知冲突。从调节视角来看,监控不仅意味着发现与识别认知冲突,还需要对认知冲突进行分析与评价。即小组目前发生了什么样的认知冲突,是怎么发生的,此时需要协作成员重新审视与梳理自己与成员的观点,而不会因推进任务完成过程而忽视认知冲突,能够进一步强化认知冲突的存在及其对协作学习的影响。因此,需要在协作学习的辨分观点阶段,提供冲突监控调节支架。

第三,当识别与评估问题之后,学习者需要依据当下的问题选择策略来解决问题,这也是调节的适应性所在。在协作学习中,当监控

---

① 崔鑫:《在线协作知识整合中认知冲突调节支架设计研究》,硕士学位论文,江南大学,2021年。

② Nesbit, P. L., "The Role of Self-Reflection, Emotional Management of Feedback, and Self-Regulation Processes in Self-Directed Leadership Development", *Human Resource Development Review*, Vol. 11, No. 2, 2012, pp. 203-226.

到认知冲突后，学习者需要共同协商认知冲突的解决策略，从而完成认知冲突的解决。当把发生在某两个成员之间的认知冲突放到小组层面去协商解决策略时，其他成员有可能会提供更多角度的观点，或根据自己的理解为某一种立场提供更详细的解释。这样有利于认知冲突的正确消解，可能避免原有冲突双方因僵持不下而选择放置或跳过冲突的情况。因此，有必要在协作学习的建立共识阶段，提供冲突消解调节支架。

第四，反思是调节过程模型中的最后一个环节，意味着对整个调节过程的复盘，通过总结学习过程中的问题及解决策略，反思问题发生的原因、策略的有效性以及是否实现了预先的学习目标来应对下一次的学习任务。而在协作学习中，也有反思观点的环节，在群体层面，反思最终的学习成果是否仍有进一步修改与提升的空间；在个人层面，回顾协作学习过程中成员的观点是如何影响自己的观点的，以进一步解释与巩固新旧观点之间的联系。而调节视角的反思为协作学习的反思提供了更多的细节，即群体层面是如何解决认知冲突以实现学习的？解决这些冲突后小组建构出了哪些新知识？小组为解决认知冲突采取了哪些策略？在下一次协作学习任务中，如何利用这些可行的策略更顺利地解决认知冲突？对认知冲突解决过程与结果的反思，可以进一步地建构出新的知识。因此，需要在协作学习的反思观点阶段，提供冲突反思调节支架。

上述每个调节过程需提供相应类型的调节支架，而每种类型调节支架的设计依赖于协作成员冲突调节时的最近发展区。在设计这些支架时，需要注意的事项如下：

第一，在协作学习的析出观点与添加观点阶段，当协作成员将各自的先验观点析出并添加到小组层面时，也就完成了认知冲突准备。为了更好地实现认知冲突准备，协作成员需要注意先验观点中的认知冲突。在冲突注意阶段，学习者的最近发展区是能够感知个体与群体的认知准备情况，从而注意到先验知识观点中的认知冲突。此时需提供冲突注意调节支架，首先，帮助学习者析出认知准备，即对学习任务与问题的先验观点，包括已知部分与未知部分；其次，引导学习者注意小组先验观点中已知部分的认知冲突，外显与放大先验观点中未知部分的潜在认知

第五章 协作学习中促进社会认知互动的冲突处理策略

冲突。

第二，在协作学习的辨分观点阶段，协作成员需要完成对认知冲突的识别，这是后续解决认知冲突的重要前提。从调节的视角来看，监控辨分观点时已出现的认知冲突是保证冲突识别的有效途径。而在冲突监控阶段，学习者的最近发展区是能够从主观上感知到协作学习过程中出现的认知冲突，但由于在线学习环境中的临场感较差，学习者对认知冲突的感知程度不一。基于此，需提供冲突监控调节支架，首先，引导每位成员从主观上报告已出现的认知冲突，在成员查看小组的自我报告时实现对认知冲突的协同监控；其次，从客观上分析协作小组的对话数据，提供客观监控报告，帮助成员更准确地监控认知冲突。

第三，在协作学习的建立共识阶段，需要对认知冲突进行恰当解决。从调节的视角来看，协作成员需要在监控认知冲突的基础上，适应性地选择恰当的策略来解决认知冲突，即冲突消解。在冲突消解阶段，学习者的最近发展区是能够适应性地选择恰当的冲突解决策略，但仍有部分学习者在面对认知冲突时，下意识选择的策略仍然是不恰当的，如轻易接受冲突观点等。因此需要提供冲突消解调节支架，在监控到认知冲突后对其进行二次消解。

第四，在协作学习的反思观点阶段，调节视角下的反思丰富了反思观点的角度与细节，即反思认知冲突的解决过程与结果。而在冲突反思阶段，学习者的最近发展区是可以通过反思认知冲突的解决进一步建构新的知识。基于此，需提供冲突反思调节支架，引导成员反思认知冲突解决过程与结果，内化认知冲突的解决策略，进一步强化建构出的新知识。

基于上述论证，本书构建了调节支架的设计框架，包含每种调节支架需要提供的阶段、设计原则与策略以及实施形式。

第一，在协作学习的析出观点与添加观点阶段，提供冲突注意调节支架。设计原则是引导协作成员析出认知准备，注意先验观点中的认知冲突。设计策略具体是：①以提问的形式获取协作成员的认知准备，包括先验知识中的已知与未知。对应的支架形式为提问型文本。②以先验知识准备表的形式呈现小组先验知识中的相似观点、冲突观点与疑惑。

对应的支架形式是可视化图示。③以活动序列提示的形式引导协作成员查看可视化结果，探究冲突观点与疑惑。对应的支架形式为活动序列提示。

第二，在协作学习的辨分观点与建立共识阶段，提供冲突监控调节支架与冲突消解调节支架。对于冲突监控调节支架，设计原则是结合对认知冲突的主客观评估，引导协作成员进行监控。具体设计策略是：一是以提问的形式引导协作成员自我报告协作学习过程中的认知冲突，提问中要有丰富的冲突种类以供成员选择，支架形式是提问型文本。二是结合自我报告与对话数据的客观分析，提供冲突监控报告，支架形式是可视化图示。对于冲突消解调节支架，设计原则是支持协作成员基于认知冲突解决过程来应用适应性的冲突解决策略。具体设计策略是：一是在冲突监控报告的基础上，提供个性化的冲突解决策略，支架形式是可视化图示。二是以活动序列提示的形式引导协作成员协商与应用冲突解决策略，支架形式是活动序列提示。

第三，在协作学习的反思观点阶段，提供冲突反思调节支架，设计原则是支持协作成员反思认知冲突解决过程与结果。具体设计策略是：以反思文档的形式引导协作成员反思认知冲突的解决过程与结果，并纳入课程考核。支架形式为反思文档。

整合上述原则和策略的设计框架如图5-1所示。

二 设计案例

参照上述原则和策略，以下分类呈现认知冲突调节可视化支架设计案例。为了使读者有一个较为系统的认知，本部分所有案例均来自一门课程《教育技术研究方法》。

（一）冲突注意调节支架

如图5-2所示，在该案例中，教师为了引导小组成员提前感知到可能存在的冲突，利用共享文档设计了几个问题，形成了提问型文本。

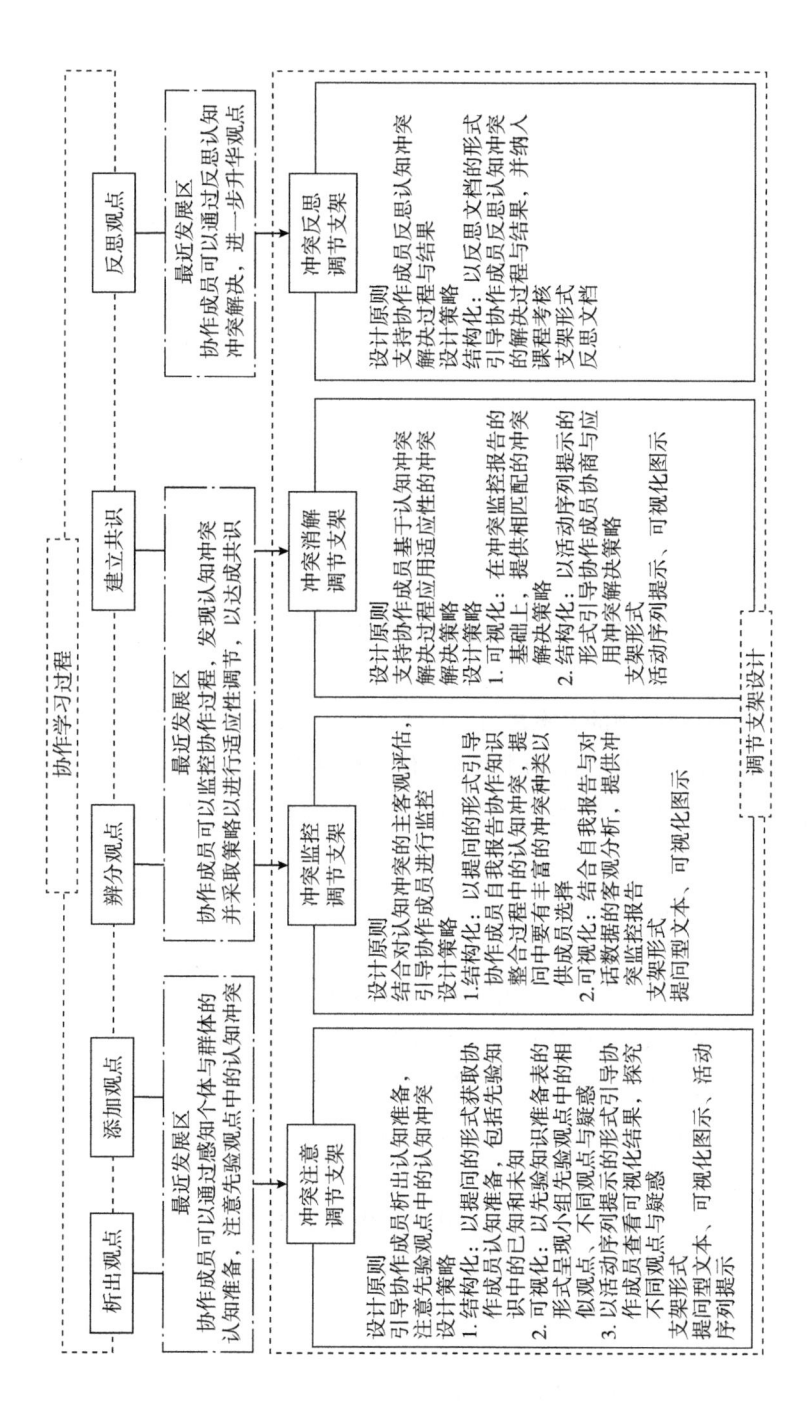

第五章 | 协作学习中促进社会认知互动的冲突处理策略

图 5-1 可视化调节支架设计框架、原则和策略

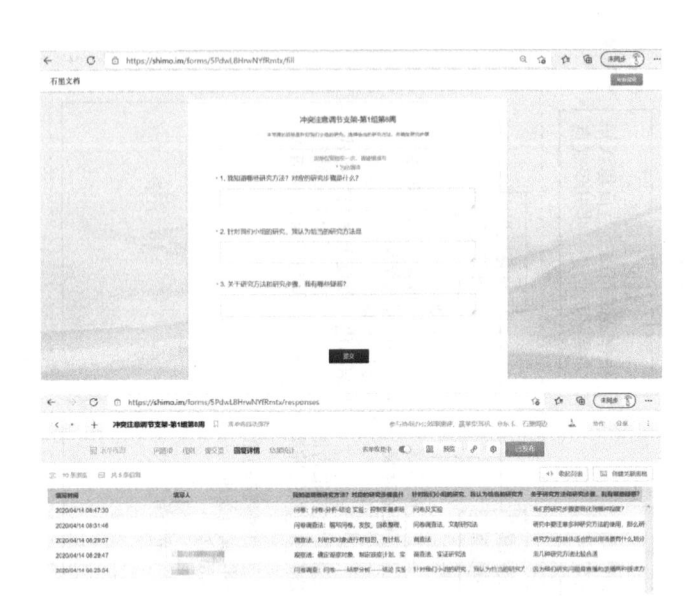

图 5-2　冲突注意调节支架案例

协作成员提交问题的答案之后，该支架以表格的形式将各成员的认知准备情况，以表格的形式实时地可视化呈现（如图 5-2 所示）。通过查看相关内容，协作成员能够了解同伴的原有认知情况，预判可能出现的认知冲突。

（二）冲突监控调节支架

如图 5-3 所示，为本书作者在一项研究中设计的冲突监控调节支架，在该研究中，本书作者及团队研究者针对在社会认知互动过程中的关系失调引发的冲突进行调节[1]，设计了如下冲突监控调节支架。

通过该支架，参与协作的学习者监控到自己存在的问题，并按照建议进行适当的调节，以达到有效消解冲突的目的。

（三）冲突消解调节支架

图 5-4 为本书作者在一项研究中为学生提供的对话支架，当认知冲突已经发生时，我们建议协作成员采用如下对话支架来消解认知冲突，使对话向着更深层次的方向发展。

---

[1] 王靖等：《整合式调节对协作学习中冲突消解的影响研究》，《远程教育杂志》2022 年第 2 期。

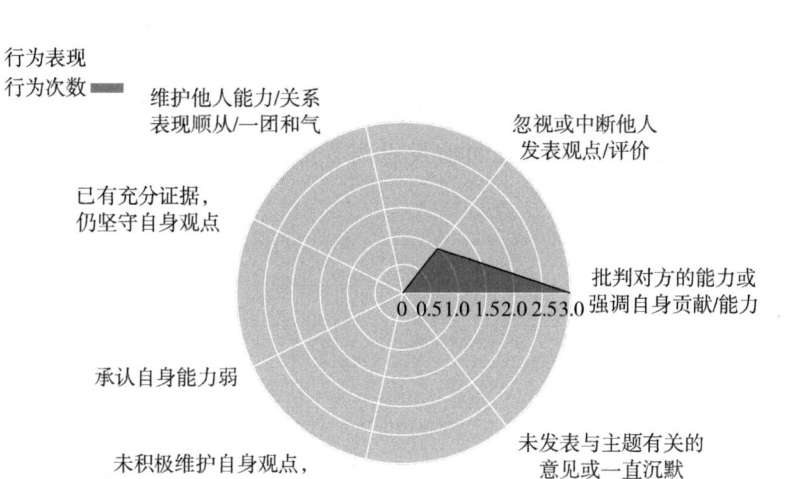

第五章 | 协作学习中促进社会认知互动的冲突处理策略

行为表现
行为次数 ━━

维护他人能力/关系
表现顺从/一团和气

忽视或中断他人
发表观点/评价

已有充分证据，
仍坚守自身观点

0 0.5 1.0 1.5 2.0 2.5 3.0

批判对方的能力或
强调自身贡献/能力

承认自身能力弱

未积极维护自身观点，
任由自身观点被批评忽略

未发表与主题有关的
意见或一直沉默

同学，在以往的讨论中发现，你过于关注自己和他人的能力、贡献，并据此提出了批评；有时还会中断他人发表观点。
建议：
1.要重点关注小组协作讨论，减少对他人能力、自己能力、关系的关注。
2.尽量不要打断他人分享观点，如若不懂他人观点，请重述以确认是否理解对方的观点。

图 5-3　冲突监控调节支架

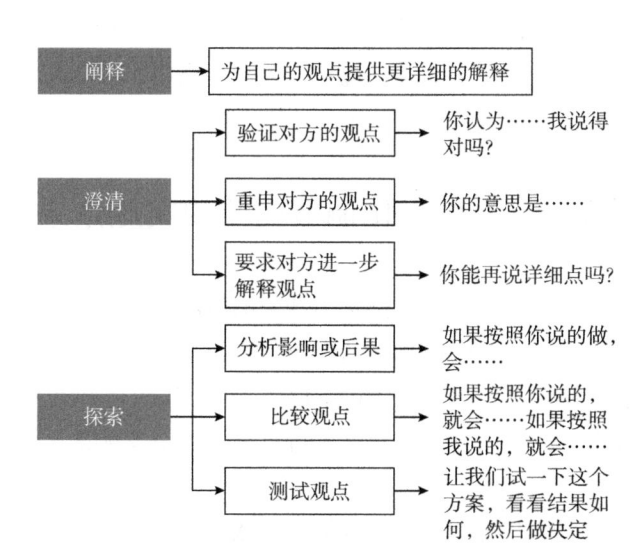

- 阐释 → 为自己的观点提供更详细的解释
- 澄清
  - → 验证对方的观点 → 你认为……我说得对吗？
  - → 重申对方的观点 → 你的意思是……
  - → 要求对方进一步解释观点 → 你能再说详细点吗？
- 探索
  - → 分析影响或后果 → 如果按照你说的做，会……
  - → 比较观点 → 如果按照你说的，就会……如果按照我说的，就会……
  - → 测试观点 → 让我们试一下这个方案，看看结果如何，然后做决定

图 5-4　冲突消解调节支架

117

（四）冲突反思调节支架

对冲突进行反思是提升学生消解认知冲突能力的重要策略，因此本书作者在一项研究中提供了冲突反思调节支架（见图5-5）。

图5-5　冲突反思调节支架

通过该支架，协作学习者对自己在协作过程中的冲突处理过程进行复盘和反思，完成冲突处理的全过程。

值得说明的是，本部分是从调节视角探讨如何设计支架，但调节并非设计认知冲突消解支架的唯一视角，因此本章提出的支架类型也并非对认知冲突消解支架进行分类的唯一标准。

第二节　可视化调节支架的实施效果

可视化调节支架作用于社会认知冲突的解决过程，进而推进协作学习高效社会认知互动。因此本书从以下角度来衡量可视化调节支架的干预效果：一是社会认知冲突的调节过程；二是社会认知冲突的调节结果。本部分将对如何从这两个角度评价可视化调节支架的干预效果进行介绍。

一　可视化调节支架干预效果的评价依据

无论是社会认知冲突还是社会认知互动，均为相对抽象的术语，在对其效果进行评价时，需要以外在的、显性化的对象为抓手进行评价。

在成人学习过程中，对话是互动的核心表现形式。因此，以对话为抓手进行协作学习的社会认知冲突解决过程、社会认知互动过程分析是可行的。

处理对话的一个有效方法是依据一定的标准对对话进行编码。本书处理对话的视角聚焦于协作学习中讨论交互的过程。基于已有研究，本书作者将基于认知冲突的对话分为解释型、争论型、探索型与综合型、其他型。其中，解释型的作用在于共享；争论型与探索型则在于论证、检验、协商与讨论；综合型则是反思与达成共识。结合认知冲突处理过程，本书进一步形成了认知冲突会话编码表，表中共包含四个一级编码，十个二级编码种类，如表5-1所示。

表5-1　　　　　　　　　　认知冲突会话编码

会话类型	二级编码	会话描述	代码
解释型	解释观点	详细解释观点，帮助同伴理解，实现知识共享	SJ
	澄清误解	对同伴的误会进行澄清，使知识能够正确传达	SC
争论型	竞争对抗	与同伴争论时，强调自己的观点正确，排斥他人的想法	IJ
	个人主义	完全不理会同伴观点，只顾表达自己的观点	LG
探索型	有意义提问	针对同伴观点，在自身内化的基础上，找到有意义的问题或疑点，进行提问	TY
	建设性意见	对同伴的观点予以批判性思考，并提出建设性意见，完善同伴观点	TJ
	争论辩护	与同伴进行良性讨论，对观点做进一步地呈现，给出理由和解释，相互促进知识内化	TZ
	达成一致	能够接受对方观点，达成一致	TD
综合型	得出结论	消解认知冲突，得出一致结论，或形成协作知识产品，实现协同建构	HD
	概述总结	对冲突过程进行评价、概述或总结，帮助小组进行协作反思	HG
其他型	无效会话	与认知冲突无关的无效会话	NULL

在该编码表中，争论型话语表示为学习者在进行讨论过程中因意见不一而起争执的话语，包括了竞争对抗与个人主义两类，这种类型的会

话会对小组的协作学习效果带来负面的影响，无益于小组认知冲突的消解，因此在认知冲突消解过程中应该尽量避免这种会话行为的出现。此外，解释型话语主要用于阐释观点，帮助学习者精准地传达自身的观点并帮助学习者正确理解协作学习结果，这为认知冲突的产生与消解奠定了基础。相比较而言，探索型话语应该是在消解认知冲突过程中最主要的会话类型，学习者在过程中探讨某种观点存在的问题以及解决方案，不断对冲突的观点进行修改与完善，这类会话是消解认知冲突时不可忽视的重要路径。综合型会话是一种高阶思维会话，要求学习者要有较高的认知水平与元认知能力，能够对消解认知冲突的过程进行总结与反思，从而得出结论。一般来说，认知冲突有效消解与综合型会话的出现是相互促进的，综合型会话会为小组协作消解认知冲突提供新的途径，促进认知冲突的有效消解；与此同时，认知冲突的有效消解，也会提升学习者的协同建构水平和元认知能力，这在一定程度上会促进综合型会话的出现。综上所述，在认知冲突有效消解的过程中，争论型会话与其他型会话应该尽量避免，探索型会话与综合型会话所占的比重应尽可能地提升，解释型会话也是消解认知冲突中不可缺少的。

二 可视化调节支架对社会认知互动及冲突的干预效果

本书作者及团队设计并实施了若干项有关可视化调节支架对社会认知冲突及进一步的互动影响研究，这些研究均从不同角度考察了干预的效果。以下分别举例说明。

（一）社会化认知冲突的处理行为维度

下面一个案例指向了可视化调节支架对社会认知冲突处理行为的影响。在该研究中，研究者设计了用于调节小组对话的认知冲突消解支架，并以逐轮次验证（第一轮无支架干预、第二轮有、第三轮撤去）的形式，对该支架的效果进行检验，检验的依据之一即为认知冲突处理的行为序列的变化。[①] 图 5-6 展示了三轮迭代过程中小组呈现出的典型行为序列。

[①] 王靖等：《协作知识建构中认知冲突消解支架设计与实证》，《电化教育研究》2021 年第 9 期。

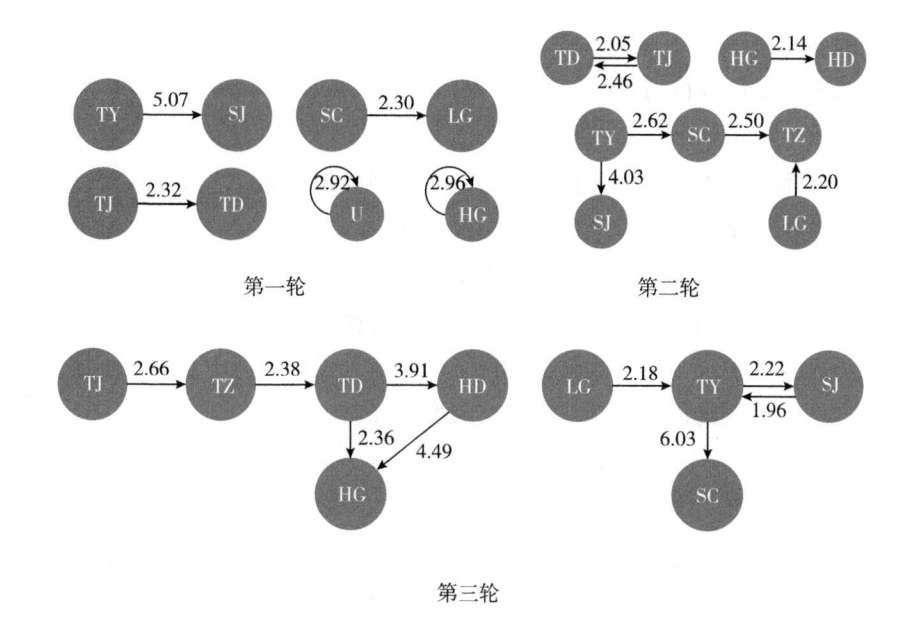

第五章 | 协作学习中促进社会认知互动的冲突处理策略

图5-6 三轮迭代过程中小组呈现出的行为序列

第一轮支架干预过后，最显著的行为序列是学习者通过有意义的提问（TY），得到其他协作者对观点的解释说明（SJ）。其次显著的序列是当有学习者对整个认知冲突消解过程进行总结概述时（HG），也会在一定程度上引起其他成员对冲突过程进行反思评价行为（HG）。最后是在消解冲突的过程中，若出现竞争对抗的对话（LJ），在很大程度上会引发其他成员进行竞争对抗对话（LJ），这种对话不利于认知冲突的有效消解。同样不利于认知冲突有效消解的显著路径还有：学习者对观点澄清并化解误解（SC）后，仍会引发他人的个人主义（LG）对话行为。总体来看，第一轮形成的显著行为序列较为松散、不成体系，都是单序列行为，并且其中有两条行为序列是负面的，对认知冲突的消解带来消极影响。

相较于第一轮干预，第二轮干预后，学生认知冲突消解行为更加有序，且具有整体性。第三轮干预后，出现了两条较为明显的行为路径：第一条是学习者提出建设性意见（TJ）后会引发争论辩护（TZ），之后几方达成一致（TD），在此基础上得出结论（HD）、概述总结（HG）。

第二条显著的行为序列是学习者强行表达完自己的观点（LG）之后，引发有意义的提问（TY）与解释观点（SJ）行为，同时可能引发澄清误解（SC）的行为。

在本案例中，行为分析方法为滞后序列分析，除此之外，还可以用过程挖掘法来对行为过程进行深层次呈现。

（二）社会化认知冲突的处理认知维度

下面的案例来自同一项研究，指向了可视化调节支架对社会认知冲突处理过程中，学生的互动认知网络的影响。以该研究中某一个小组的认知网络为例具体说明其认知网络演变情况。

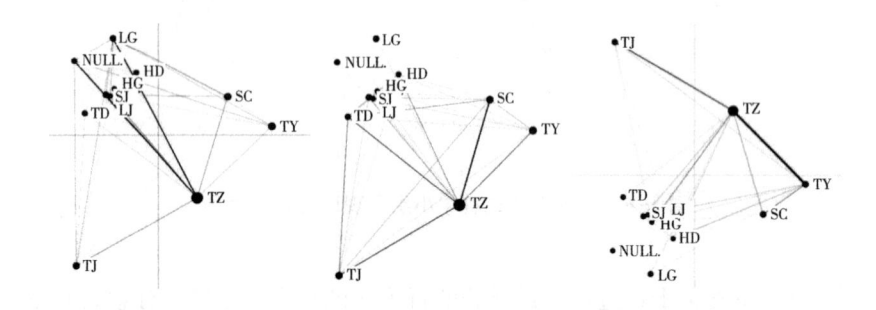

图 5-7 某组在三轮实验中的认知网络图示例

如图 5-8 所示，该组同学在第一轮实验中的强连接发生在争论辩护和消极对抗或者无效对话（NULL）之间；第二轮中的强连接大部分发生在积极协商型对话（T 字母开头）之间，且无效对话（NULL）与个人主义（LG）的连接减少；第三轮的强连接均发生在积极协商型对话之间。这些均意味着第二轮和第三轮的认知网络要优于第一轮形成的知识网络。

此外，如图 5-8 所示，第七组在第一轮中形成的质心（图中数字 1 旁）与第二轮中形成的质心（图中数字 8 旁）相距较大，第三轮形成的质心（图中数字 9 旁）与第二轮实验形成的质心差距较小。如表 5-2 所示，第一、第二轮，第一、第三轮的认知网络在 X 轴和 Y 轴上均存在显著差异。

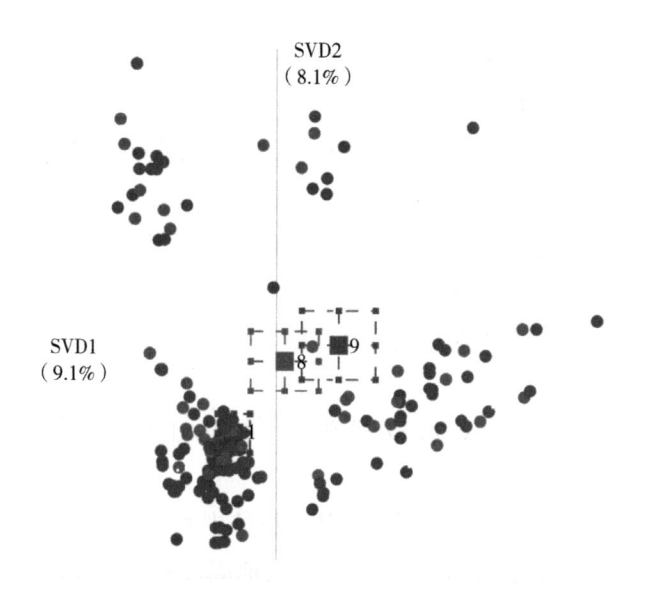

图 5-8　某组在三轮实验中的认知网络质心对比

表 5-2　　　　　某组在三轮实验认知网络差异 t 检验

分析对象	X 维度			Y 维度		
	Mean	SD		Mean	SD	
第一轮	−0.15	0.27		−0.15	0.32	
第二轮	0.03	0.46		0.32	0.39	
第三轮	0.22	0.48		0.115	0.43	
第一、二轮 t(56.21)	−2.70	p	0.01	t(107.63)	4.07	p	0.00
第一、三轮 t(76.06)	−5.21	p	0.00	t(76.06)	−5.21	p	0.00
第二、三轮 t(112.50)	−2.15	p	0.03	t(110.63)	0.71	p	0.48

注：N 为每轮编码数量。

（三）小结

通过上述案例，本书想为读者陈述的观点有：

第一，在我们的研究中，社会认知冲突的过程再现实际是以小组对话为依据的，这种对话的本质是社会认知互动。

第二，这种对话到行为、认知的转化是需要依托一定的框架标准的。

第三，对行为序列、认知网络的分析实际指向了对学生在面对社会认知冲突时的互动规律挖掘。

第四，对认知冲突的消解进行调节，其本质在于推动协作学习的核心认知过程——协同概念转变的顺利进行。

值得说明的是，本部分内容侧重从机制方面探索技术支持的可视化调节支架对社会认知冲突的干预影响，对于如何在实践中设计与使用可视化调节支架更为详细的案例，将在后文有专门章节开展论述。

第三节 技术支持的群体感知信息设计

协作学习中的群体感知是指个体对群体中的其他成员或整个群体各方面的状态信息的了解和认识[1]，包括其他成员的先验知识，对学习主题的认识等。在社会认知冲突的有效激发和消解上，适度的群体感知起到了重要作用。本节将探讨在协作学习中，技术支持的群体感知信息如何设计。[2]

一 设计要素、原则和依据

在形成集体知识的过程中，认知冲突是协同建构中不可或缺的关键环节。[3] 皮亚杰认为，捍卫或平衡不同的观点是至关重要的，因为矛盾或认知冲突会触发问题解决的过程，这对学习成长有着积极影响。[4] 这一理论不仅运用于个人的学习过程，而且适用于社会层面的协作学习。[5] 对于个人来说，最初的理解状态可能是不完整或者有所偏差的，当学习者遇到与自己原始理解相反的信息时，就会触发这种有益的冲突

---

[1] Bodemer, D., Dehler, J., "Group Awareness in CSCL Environments", *Computers in Human Behavior*, Vol. 27, No. 3, 2011, pp. 1043-1045.

[2] 邓雯心：《面向协作学习互动的群体感知信息反馈设计》，硕士学位论文，江南大学，2022年。

[3] Doise, W., "On the Social Development of the Intellect", *The Future of Piagetian Theory: The Neo-Piagetians*, Boston: Springer, 1984, pp. 95-121.

[4] Piaget, J., "Piaget's Theory" in *Manual of Child Psychology*, John Wiley & Sons Inc, 1946, pp. 703-732.

[5] Cress, U., Kimmerle, J., "A Systemic and Cognitive View on Collaborative Knowledge Building with Wikis", *International Journal of Computer-Supported Collaborative Learning*, Vol. 3, No. 2, 2008, pp. 105-122.

解决状态，即学习者自身通过同化或顺应的方式形成新的个人理解。对于群体来说，认知冲突在更多的情况下存在于整个小组之中，此时就会触发新的疑问与声明。① 具体来说，有两种冲突可能激活解决过程：一是与先前经验不兼容的新知识，这通常来源于教师或新的学习材料。二是学习者之间知识程度的差异，分为思想质量上的差异和知识数量上的差异。Johnson 等描述了解决认知冲突的益处，他们认为：经历因争议而产生的概念冲突的学生比没有经历这种概念冲突的学生能够更好地将他们学到的知识推广到更广泛的情况。②

然而，认知冲突的本身并不足以激活有益的学习过程，学习者还需要感知到这些冲突的存在。③ Lee 等提出的认知冲突过程模型将认知冲突对于认知发展的作用机制划分为三个阶段，包括冲突准备、冲突识别与冲突解决。④ 其中，冲突识别就是指学习者需要感知到外部信息与自身观点的不同之处，继而触发后续的冲突解决过程。综上所述，帮助学习者感知到认知差异或认知冲突的存在以促进学习者之间的互动解决是群体感知信息的研究重点。这为后续群体感知信息的设计提供了更清晰明确的目标，即群体感知信息不仅是将各小组成员的认知信息对应呈现，还应当将学习者彼此之间的认知差异突出显示，让学习者通过该信息识别学习者内部或学习者之间的认知情况的不一致之处，由此促进协作学习互动。

在协作学习中，学习者之间的互动会引发额外的认知活动，如解释、冲突和共享调节等，从而触发额外的认知机制，如知识的启发、内

---

① Fischer, F., et al., "Fostering Collaborative Knowledge Construction with Visualization Tools", *Learning and Instruction*, Vol. 12, No. 2, 2002, pp. 213-232.

② Johnson, D. W., Johnson, R. T., "Conflict in the Classroom: Controversy and Learning", *Review of Educational Research*, Vol. 49, No. 1, 1979, pp. 51-69.

③ De, V. E., et al., "Computer-Mediated Epistemic Dialogue: Explanation and Argumentation as Vehicles for Understanding Scientific Notions", *The Journal of the Learning Sciences*, Vol. 11, No. 1, 2002, pp. 63-103.

④ Lee, G., Kwon, J., "What do We Know about Students' Cognitive Conflict in Science Classroom: A Theoretical Model of Cognitive Conflict Process", *Cognitive Development*, 2001, pp. 1-19.

化和知识创生等。[1] 由此可以看出，在协作学习中，"学习"被赋予社会化的属性，知识是通过学习者之间的互动来发展的[2]，不同学习者通过与协作同伴的外在互动推进自身内部认知结构与内容的完善，与此同时，协作群体也在知识建构、思维发展等方面得到提升。因此，"互动"成为协作学习研究的重点与热点，如通过促进有效的互动来支持知识的共建[3]，以互动作为协作学习环境的关键因素来促进协作。[4] 在成人协作学习中，互动更多地表现为学习者之间以"对话"为中介的认知行为，如提问、解释、有意义的协商。在互动的基础上，学习者不断改进自己的观点，最终达成教学目标。由此可见，协作学习依赖于学习者之间的互动，互动在协作学习中发挥着至关重要的作用。

然而在实际的协作过程中，我们无法保证这些预期的互动会真正发生。[5] 研究表明，由于协作学习者对同伴的"认知信息"感知不足等常见问题，协作学习者很少能够自发地建立富有成效的生产性互动。[6] 具体来说有以下两种情况：

第一，在协作学习中可能会发生某些协作小组成员分享知识或观点的动机较低的情况[7]，这种情况会导致协作学习者之间的认知信息不对等，从而影响协作学习的效率。[8] 由于学习者无法快速且准确地感知同

---

[1] Dillenbourg, P., "What do You Mean by Collaborative Learning?", *Collaborative Learning Cognitive & Computational Approaches*, New York: Elsevier Science, Inc, 1999, pp.1–19.

[2] Stahl, G., "A Model of Collaborative Knowledge-Building", in International Conference of the Learning Sciences, Massachusetts: MIT Press, 2000, pp.201–212.

[3] Chen, Y., et al., "The Use of Online Synchronous Discussion for Web-Based Professional Development for Teachers", *Computers & Education*, Vol.53, No.4, 2009, pp.1155–1166.

[4] Wang, Q., "A Generic Model for Guiding the Integration of ICT into Teaching and Learning", *Innovations in Education & Teaching International*, Vol.45, No.4, 2008, pp.411–419.

[5] Dillenbourg, P., "What do You Mean by Collaborative Learning?", *Collaborative Learning Cognitive & Computational Approaches*, New York: Elsevier Science, Inc, 1999, pp.1–19.

[6] Dehler, J., et al., "Guiding Knowledge Communication in CSCL via Group Knowledge Awareness", *Computers in Human Behavior*, Vol.27, No.3, 2011, pp.1068–1078.

[7] Ardichvili, A., et al., "Motivation and Barriers to Participation in Virtual Knowledge-Sharing Communities of Practice", *Journal of Knowledge Management*, Vol.7, No.1, 2003, pp.64–77.

[8] Kimmerle, J., Cress, U., "Group Awareness and Self-Presentation in Computer-Supported Information Exchange", *International Journal of Computer - Supported Collaborative Learning*, Vol.3, No.1, 2008, pp.85–97.

伴的认知信息，他们需要通过不断地分享和提问来确认同伴的观点或经验等。在这种情况下，学习者可能会参与所有成员已知内容的非生产性的讨论①：针对某一话题，所有成员所持观点一致，但由于不了解其他成员的想法而进行反复的分享行为，导致无意义的讨论时间过长，压缩了有意义讨论的精力和时间。由此导致在有限的课堂时间内大多数讨论仅停留在"表面"的知识共享阶段，难以进行更深层次的协同概念转变。②

第二，学习者之间和内部的差异是协作学习的驱动力③，而协作学习者可能会有意或无意地忽视潜在的观点差异、认知冲突，这种情况会导致学习者之间的认知信息被主观隐藏。研究表明，成人学习者在开展协作学习时，会有意识地维系与学习共同体的其他成员之间稳定的社会关系，因此会出现表面达成共识的情况。④ 例如，学习者可能选择更多地倾听同伴的想法或观点，当意识到自己与同伴的观点有差异或冲突时，选择有意地回避而非主动挑明两者之间的矛盾，由此可能出现一个小组中存在"强势话语者"的情况。又或者通过抛出疑问的方式弱化两人之间的差异或冲突，以一种平和维稳的方式进行互动，而实际上该认知冲突或差异并未进行更详尽的讨论，也就无法真正得到解决。这就造成学习者可能会高估与同伴之间观点的相似性⑤，在无意间忽视与同伴之间观点的潜在差异或认知冲突，默认所持观点一致而不再进行交流讨论。

由上述分析可知，在协作学习中，对同伴信息感知的缺失会造成协作学习者自身难以建立有效的互动，进而降低了协作学习的效率，阻碍

---

① Stasser, G., Titus, W., "Pooling of Unshared Information in Group Decision Making: Biased Information Sampling During Discussion", *Journal of Personality & Social Psychology*, Vol. 48, No. 6, 1985, pp. 1467-1478.

② Zhang, J., Zhang, J., "A Case Study on Web-Based Knowledge Construction in Moodle Platform", 2010 5th International Conference on Computer Science & Education, IEEE, 2010, pp. 1110-1114.

③ Schnaubert, L., et al., "Cognitive Group Awareness Tools: Versatile Devices to Guide Learners towards Discrepancies", Proceedings of the 27th International Conference on Computers in Education, 2019, pp. 158-164.

④ 杜少臣：《论"情境主义"的社会冲突观——一个本土理论视角的述评与反思》，《甘肃行政学院学报》2020 年第 1 期。

⑤ Nickerson, Raymond S., "How We Know—and Sometimes Misjudge—What Others Know: Imputing One's Own Knowledge to Others", *Psychological Bulletin*, Vol. 125, No. 6, 1999, pp. 737-759.

协同概念转变的发生。为解决上述问题，有研究通过为学习者提供群体感知信息反馈的方式来增强学习者对同伴认知状况的感知，以促进协作学习互动。

协作学习中的群体感知是指个体对群体中的其他成员或整个群体各方面的状态信息的了解和认识[1]，包括其他成员的先验知识，对学习主题的认识等。该领域的权威人物 Gutwin 等描述了从感知到行为的实现流程：人们感知到来自外部的信息，即群体感知信息，这种信息改变了自身的心理模型，从而引发相应的行为，而行为又继续影响环境，形成循环。[2] "感知"是一切行为的开始，是协作过程中的重要环节。学习者需要在协作活动中不断地收集和利用各种群体感知信息，才能及时恰当地开展互动。研究者发现，提供同伴的知识能够导致学习者行为的变化，改善沟通与协作，从而提高小组绩效。[3] 进一步研究发现，学习者在获取了认知层面的群体感知信息后，产生了更多的交流行为，主要包括提问和解释。[4] 原因在于，学习者倾向于对自己缺少的知识提出问题，当意识到伙伴知识的不足时给出更多更详尽的解释。[5]

在协作学习领域中，群体感知研究的权威人物 Bodemer 和 Dehler 将群体感知信息分为三类，分别是认知、社会和行为群体感知信息。[6] 针对上述现实问题，群体感知信息反馈旨在为学习者提供同伴的认知信息，解决对彼此的认知信息感知不足的问题，从而使学习者能够更准确地判断同伴的认知状态，进行更深层次的互动。因此，群体感知信息反

---

[1] Bodemer, D., Dehler, J., "Group Awareness in CSCL Environments", *Computers in Human Behavior*, Vol. 27, No. 3, 2011, pp. 1043-1045.

[2] Gutwin, C., Greenberg, S., "A Descriptive Framework of Workspace Awareness for Real-Time Groupware", *Computer Supported Cooperative Work*, Vol. 11, No. 3, 2002, pp. 411-446.

[3] Engelmann, T., Hesse, F. W., "How Digital Concept Maps about the Collaborators' Knowledge and Information Influence Computer-Supported Collaborative Problem Solving", *International Journal of Computer-Supported Collaborative Learning*, Vol. 5, No. 3, 2010, pp. 299-319.

[4] Dehler, J., et al., "Guiding Knowledge Communication in CSCL via Group Knowledge Awareness", *Computers in Human Behavior*, Vol. 27, No. 3, 2011, pp. 1068-1078.

[5] Erkens, Melanie, et al., "Awareness of Complementary Knowledge in CSCL: Impact on Learners' Knowledge Exchange in Small Groups", in Collaboration Technologies and Social Computing: 25th International Conference, Kyoto, Springer International Publishing, 2019, pp. 3-16.

[6] Bodemer, D., Dehler, J., "Group Awareness in CSCL Environments", *Computers in Human Behavior*, Vol. 27, No. 3, 2011, pp. 1043-1045.

第五章 | 协作学习中促进社会认知互动的冲突处理策略

馈在促进协作学习互动方面具有必要性和可行性。

上述内容均为群体感知信息的设计提出了相应的设计需求。以下依据群体感知信息反馈实现流程的三个阶段进行汇总归纳，为之后的群体感知信息反馈设计原则和策略提供依据。

第一，在信息收集阶段，对群体感知信息反馈的设计需求围绕设计的内容和收集手段展开。首先，Hattie 的反馈模型指出，为学习者提供的反馈应当对学习者来说切实有用，而由于本研究中信息来源于学习者本身，因此需要在信息的收集环节就对信息的有用性进行把关。群体感知框架指出，群体感知的信息类型需要根据特定的任务目标提供，因此所提供的群体感知信息应当是围绕学习目标的。依据协作学习互动特征分析，学习者的互动应当围绕学习主题展开，因此需要为学习者提供与学习主题相关的内容。综合以上三点，可归纳出的设计需求是：群体感知信息反馈所收集的信息应指向学习目标内容。在收集信息时，需要考虑学习者是否需要付出刻意的劳动，如果需要强制学习者通过填写问卷或作答的方式来收集信息，则需要考虑这些题目给学习者带来的认知负荷。由此可归纳出的设计需求是：在收集信息时考虑学习者的认知负荷。

第二，在信息的处理阶段，对群体感知信息反馈的设计需求围绕信息的处理和媒介表现形式展开。首先，Hattie 的反馈模型中指出，反馈的目标是让学习者能够比较当前状态与过去或目标状态之间的差异，因此群体感知信息反馈应做到让学习者识别出当前的认知状态。依据协作学习互动特征分析，群体感知信息反馈所提供的信息应让学习者快速了解自己的同伴。综合以上两点，可归纳出的设计需求是：所提供的群体感知信息应能够让学习者识别群体（包括各个成员）的认知状态。其次，在 Hattie 的反馈模型、认知冲突理论和协作学习互动特征分析中都强调了学习者之间认知比较的重要性，其目的在于让学习者发现彼此之间的差异或认知冲突，从而引发相应的调节或认知冲突解决过程，促进协同建构。可比性是群体感知信息的一个主要特征，与此同时需要考虑学习者在获得群体感知信息后对信息之间进行比较的难易程度，以及群体感知信息本身需要在多大程度上体现出信息之间的差异。综合以上两点，可归纳出的设计需求是：所提供的群体感知信息应促进学习者之间的认知比较。

第三，在信息的呈现阶段，对群体感知信息反馈的设计需求围绕信息的呈现方式和呈现的时机展开。首先，伍绍杨在 Hattie 的反馈模型的基础上补充道，在教学实践中要利用技术提升反馈的效果，即考虑反馈以何种形式呈现更能促进学习者的使用。需要考虑这种群体感知信息反馈是否要嵌入学习系统，即学习者该如何使用该信息。综合以上两点，可归纳出的设计需求是：群体感知信息应当易于学习者获取和使用。其次，依据 Hattie 的反馈模型中所提到的反馈时间段问题以及伍绍杨所补充的反馈的时机因素，都指向反馈呈现的具体时间。由此，可归纳出的设计需求是：群体感知信息应在恰当的时机有效地支持协作学习。

综上所述，信息收集阶段对群体感知信息的设计需求是：所收集的信息应指向学习目标内容、考虑学习者的认知负荷。信息处理阶段对群体感知信息反馈的设计需求是：让学习者识别群体的认知状态、促进学习者之间的认知比较。信息呈现阶段对群体感知信息反馈的设计需求是：学习者能方便有效地使用、在恰当的时机提供支持。

在此基础上，结合群体感知信息相关理论，本书作者在一项研究中构建了包括七个基本要素的群体感知信息，这七个要素分别是：信息内容、收集手段、加工方式、整合媒介、更新频率、呈现方式、呈现时机。这些要素在具体的情境中落地时，需要考虑课程属性以及学习环境。但无论什么样的属性和环境，其总体的设计原则均为：首先，不断地促进学习共同体形成"共有的知识"；其次，不给学习者增加过度的认知负荷；最后，有助于维系学习者清晰的认知与社会责任。依据上述原则的群体感知信息设计的策略包括：首先，提供边界对象来弥合组间群体感知信息不被理解的问题；其次，采用可视化形式增强群体感知信息的易读性，并通过人工标记等形式避免忽略边缘而有价值的信息；再次，将教师或他人提供的学习支持服务作为群体感知信息设计的一部分；最后，将学习者置入更大领域的学习共同体中，提供该领域的相关信息，以促进学习者认知与社会责任感的提升。

以下对这些原则和策略进行解读。

第一，在信息收集阶段，需要考虑信息收集的具体内容以及收集的渠道，收集的信息应对学习者来说切实有用并且要平衡学习者的认知负荷，因此，在该环节下设计原则是：用低负荷的收集方式获取与学习目标切实相关的信息。在"与学习目标切实相关的信息"方面，需要充分发挥教师的作用，判断学习者对于该学习主题的了解程度，以及哪些信息有利于学习者的协作学习。基于此，针对"切实相关"的策略是：教师判断学习者的知识水平，提出有利于协作学习的信息，并据此列出相关问题。在"低负荷的收集方式"方面，已有研究通常采用类问卷的形式来获取学习者的认知信息，学习者只需要进行简单的填空或者选择，而不需要进行大段文字书写，而学习者选择或填写的部分就是该认知信息的重点内容。基于此，针对"低负荷"的策略是：使用便捷的题型来收集学习者的认知信息。

第二，在信息的处理阶段，群体感知信息的重点在于让学习者能够识别出同伴或群体的认知状态，并促进学习者之间的认知比较。因此，在该环节下的设计原则是：将群体感知信息以易于理解的方式呈现并且突出认知差异。在"易于理解"方面，由于每个学习者的自我图式不同，认知信息可能呈现出多样化或丰富的特征，学习者难以理解，因此需要将原始的认知数据进行可视化处理，以清晰明确的方式呈现出来。基于此，针对"易于理解"的策略是：用可视化的方式清晰地呈现同伴或群体的认知信息。在"突出认知差异方面"，群体感知信息应该能够展现出学习者认知差异的准确位置，以及每个人在该位置的具体认知信息，使学习者能够快速地识别出彼此之间的认知冲突。基于此，针对"突出认知差异方面"的策略是：将学习者有差异或冲突的部分突出强调，引起学习者注意。

第三，在信息的呈现阶段，群体感知信息应当易于学习者获取和使用，并且在恰当的时机有效地支持协作学习。因此，在该环节下的设计原则是：将群体感知信息以合适的时机和载体呈现给学习者，方便其在协作学习过程中使用。在"合适的时机"方面，由于认知群体感知信息属于静态信息，且需要学习者的刻意努力才能够获得，为平衡学习者的额外负担，认知群体感知信息在收集后不再改变，可直接提供。基于此，针对"合适的时机"的策略是：在协作学习活动开始前为学习者提供群体感知信息。在"合适的载体形式"方面，由于本研究针对的是面对面的协作学习环境，为便于学习者的获取和使用，首先考虑以独立文档的形式提供给学习者，学习者可以在电脑或手机端打开。基于此，针对"合适的载体形式"的策略是：以独立文档的形式将群体感知信息提供给学习者。

二　设计案例

如图 5-9（a）所示，是收集小组同伴成员观点信息并将其用词云图的形式进行信息可视化的示例。如图 5-9（b）所示，是研究者收集并呈现的其他小组对本组产品的建议信息。如图 5-10 所示，是表征各组知识制品之间的联系的可视化信息呈现结果。

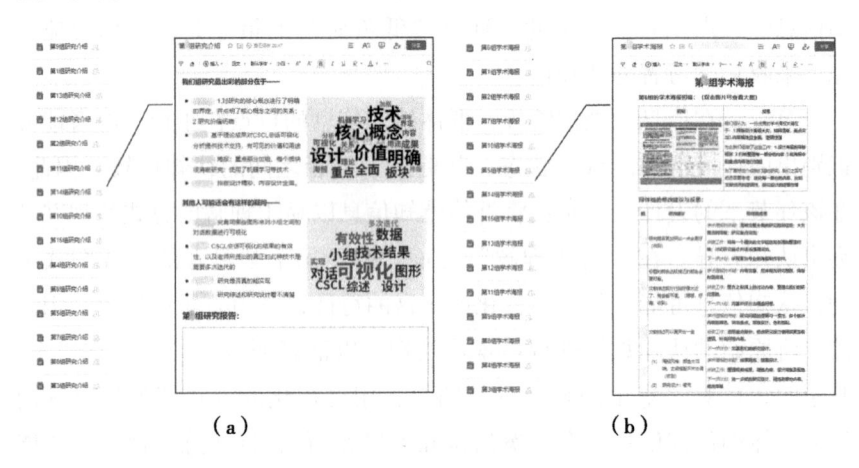

（a）　　　　　　　　　　　（b）

图 5-9　群体感知信息示例 1

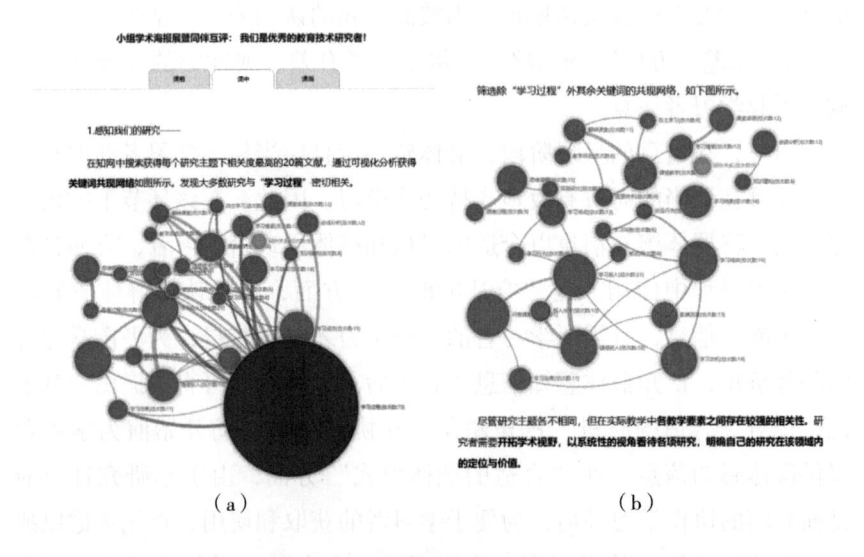

（a）　　　　　　　　　　　（b）

图 5-10　群体感知信息示例 2

第四节 群体感知信息的干预效果

群体感知信息的设计也旨在推进协作学习高效社会认知互动。鉴于该研究在协同建构的情境下开展，因此本书从社会知识建构中互动的层级来衡量群体感知信息的干预效果。本部分将对如何从该角度评价群体感知信息的干预效果进行介绍。

一　群体感知信息干预效果的评价依据

该研究以 Gunawardena 等的社会知识建构中的互动层级[1][2]为编码框架，以讨论话题作为分析单位，对学习者有意义的话语进行编码，编码框架见表 5-3。

表 5-3　　　　　　　　　社会知识建构中的互动层级

阶段	描述	举例	编码
Ⅰ. 分享、比较观点或信息，对讨论的主题进行描述	学习者在该阶段的主要行为是对信息或观点的分享和比较，包括观察、陈述、意见、认同等，形成对信息的初步认识	首先我们现在先熟悉和掌握各种常见的研究方法，我们应该熟悉它是什么样的，适用于什么样的场合，才能去选择	C1
Ⅱ. 发现或探索各种观点、概念或描述中不一致的地方	学习者通过分析掌握的信息，发现或识别出观点、概念或陈述中不一致的地方，进行提问和回答，澄清分歧，深化对问题的认识	但是我看那个文献一个很重要的问题就是我不懂它是怎么把那些行为和动机联系起来的，它说参与度高就是动机强？	C2
Ⅲ. 意义协商或群体的知识建构	对概念、术语的意义进行协商，判断、沟通、识别公认的知识和目前存在的冲突，提出有关讨论主题的新的协同建构	根据我们学科各课题的特点，研究问题的一些特点，然后去选择适当的研究方法，也就是从解决问题的角度来考虑研究方法	C3

---

[1] Gunawardena, C. N., et al., "Analysis of a Global Online Debate and the Development of an Interaction Analysis Model for Examining Social Construction of Knowledge in Computer Conferencing", *Journal of Educational Computing Research*, Vol. 17, No. 4, 1997, pp. 397-431.

[2] 赵建华、孔晶：《在线讨论分析编码表的类型及应用》，《远程教育杂志》2015 年第 2 期。

续表

阶段	描述	举例	编码
Ⅳ. 检验或修改新建构的观点	学习者根据现有的认知图式、个人经验或其他依据测试提出的新知识，或对新知识进行修改	过程性就是在过程中进行教师干预，结果性的话就是根据考试结果，如数学这个地方学生错的题比较多，那老师这个题可能就多讲一下。 那我们这边总共学 15 分钟，老师就全程干预，那结果性怎么干预，它要再考个试啊？	C4
Ⅴ. 达成一致，应用新建构的知识	学习者总结或概括新建构的知识、对新知识进行应用、陈述对新知识的认识（元认知描述）	一是可行性，这是首先要考虑的，可行性就是 S061 说的，我们本身的研究能力和可行性。二是我们要考虑研究的目的和内容，还得要符合研究问题的性质，能够达到研究目的的方法才行。还有最后一个 S062 说的注意多种方法的使用	C5

二　群体感知信息对互动行为的影响

为获得各小组的协同建构行为存在的主要区间，在此将协同建构各阶段分配对应的权重，例如 C1 阶段权重为 1，C2 阶段权重为 2，以此来计算每一轮各小组协同建构行为的加权平均值。其中一个小组某一轮的协同建构行为加权平均值的计算方法为：将该小组各协同建构行为的出现频率乘以对应的协同建构阶段权重，然后将各积数的总和除以 5（代表五个阶段）。

获得三轮迭代中各小组协同建构行为存在的主要区间如图 5-11 所示。

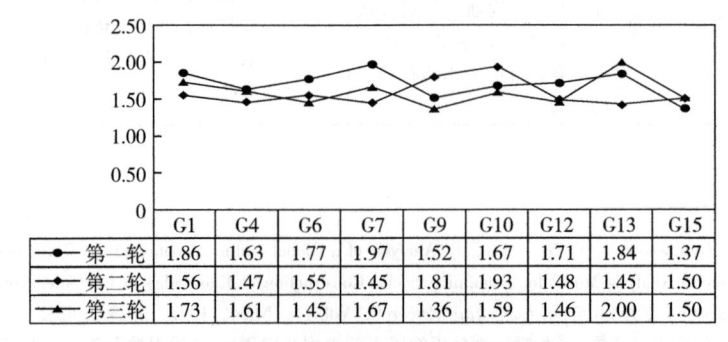

	G1	G4	G6	G7	G9	G10	G12	G13	G15
第一轮	1.86	1.63	1.77	1.97	1.52	1.67	1.71	1.84	1.37
第二轮	1.56	1.47	1.55	1.45	1.81	1.93	1.48	1.45	1.50
第三轮	1.73	1.61	1.45	1.67	1.36	1.59	1.46	2.00	1.50

图 5-11　三轮迭代中各小组协同建构行为加权平均值

由图 5-11 可知，各组三轮的协同建构行为加权平均值基本落在 1.50—2.00 区间内，说明从整体角度来看，学习者在这三轮学习中协同建构水平在 C1 和 C2 阶段之间且接近 C2 阶段。说明各小组成员能够分析已掌握的信息，发现或识别出观点、概念或陈述中不一致的地方，并进行提问和回答，澄清分歧，深化对问题的认识。

由三轮迭代之间的对比来看，第二轮的学习者相较于第一轮产生了更多地分享和探索矛盾观点的行为，部分小组在第三轮出现了一些高层次的协同建构行为。但从整体角度分析，每一轮各小组的协同建构行为并未出现明显的变化。由此说明在本研究中，每一轮迭代中不同的群体感知信息对学习者的协同建构行为的影响无显著差异。因此研究者通过对学习者对话内容的分析进一步探究群体感知信息对学习者互动行为的影响，下面节选部分明显与群体感知信息直接相关的典型对话进行阐释。

通过对学习者的对话数据进行内容分析发现，群体感知信息让学习者了解了彼此之间的认知情况，并引发了学习者的提问和解释行为，例如（冒号前的编号为学生编号）：

—S044：你分析一下，你写的为什么是这些东西（群体感知信息内容）？

—S041：这个吗（指屏幕）？

—S042：是，这个地方是你的观点。

—S043：我们现在讨论的是第一个问题，首先需要知道什么？

—S041：研究目标……研究目标应该基于研究问题，根据研究问题，我们需要收集研究数据，不同的数据可能需要不同的研究方法。

从以上对话中可以发现，群体感知信息使学习者注意到同伴的认知信息或观点，有针对性地提问并要求同伴进行说明。此外，群体感知信息凸显了学习者之间的认知差异，学习者在感知到同伴的认知信息后可能发现自己潜在的知识缺陷并由此产生寻求帮助的行为，例如：

—S074：我认为需要注意的是，结合多种研究方法。比如，在我们自己写的观点中（群体感知信息），大家提到了几种方法。我觉得，定性研究与定量研究的结合是很重要的。

—S071：定性研究是什么？

—S074：上网查一下。

通过以上的对话发现，群体感知信息最基本的影响是让小组内的成员了解彼此的知识或观点，在此基础上，学习者可能会对同伴的观点提出问题，并要求同伴进行解释，或者从群体感知信息中发现自己知识的不足，从而产生相应的提问或寻求帮助的行为。

综合以上分析，群体感知信息对互动行为的影响是：在成员了解彼此认知信息的基础上引发更多的提问和解释行为，让学习者发现到自己知识的不足并让其针对性地寻求帮助，由此深化对问题的认识。

三　群体感知信息对互动结构的影响

三轮迭代中各小组的平均互动网络密度如图 5-12 所示。

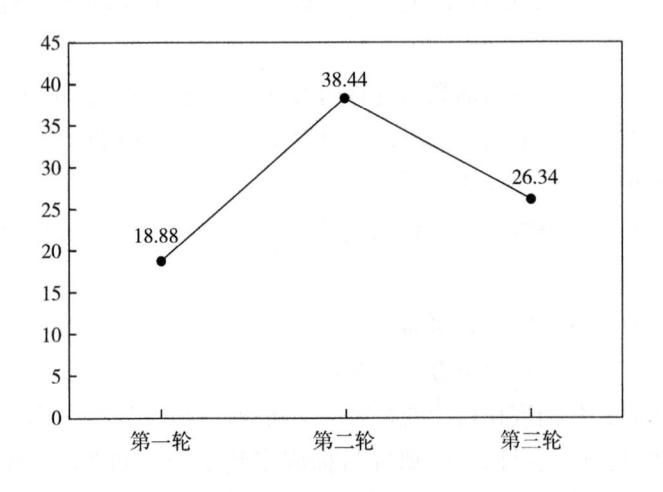

图 5-12　三轮迭代中各小组的平均互动网络密度

由图 5-12 可知，在三轮迭代中第二轮的互动网络密度最高，这其中的一个主要原因在于第二轮的任务设置使学习者在互动过程中产生了较多的非知识生产性的讨论，因此排除第二轮的互动网络密度数据。通过比较第一轮和第三轮的互动网络密度可以发现，第三轮各组的平均互动网络密度高于第一轮，说明在本研究中群体感知信息的改进对小组的互动网络密度产生一定的影响，即让小组成员更紧密地参与到协作学习活动中。在对各组第三轮与第一轮的互动网络密度进行配对样本 t 检验时发现，第三轮相较于第一轮的互动网络密度更高但并不显著（p=0.102>0.05）。由此说明每轮迭代中不同的群体感知信息对小组互动网络密度的影响不存在显著差异，但整体来看其在一定程度上使各小组更加紧密地参与到协作活动中。

三轮迭代中各小组的平均互动网络点度中心势如图 5-13 所示。

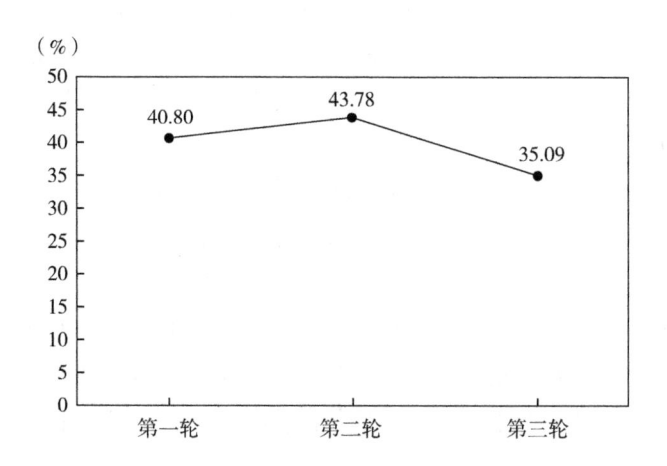

图 5-13　三轮迭代中各小组的平均互动网络点度中心势

由图 5-13 可知，在三轮迭代中，第二轮各组的平均互动网络点度中心势相较于第一轮略微上升，但差距不大。其中一个可能的原因是第二轮的词云图显示方式使学习者只关注到共同的观点而忽视了一些少数派的观点，破坏了协作互动的均衡性。第三轮各小组的平均互动网络点度中心势低于第一轮和第二轮，说明从整体来看第三轮协作学习互动时学习者的均衡程度较高。在对各组第三轮与第一轮、第三轮与第二轮的互动网络点度中心势进行配对样本 t 检验时发现，第三轮相较于第二轮的互动网络点度中心势更低但并不显著（p=0.131>0.05）。第三轮相较于第一轮的互动网络点度中心势更低但并不显著（p=0.237>0.05）。由此说明每轮迭代中不同的群体感知信息对小组互动网络点度中心势的影响不存在显著差异，但整体来看其在一定程度上使各小组更加均衡地参与到协作活动中。

综合以上分析，本研究中改进的群体感知信息对互动结构的影响是：在一定程度上使小组成员更紧密且更均衡地参与到协作学习活动中。

四 群体感知信息对互动结果的影响

对各小组协作学习的对话进行内容分析发现，群体感知信息在一定程度上对学习进程的方向产生了影响，并最终影响学习结果，下面节选部分明显与群体感知信息直接相关的典型对话进行阐释。

首先，群体感知信息能够对学习者的话题讨论起到一定的引导作用，作为本次讨论的线索，让学习者在此基础上进行知识拓展或深化讨论，例如：

——S103：这是谁写的（群体感知信息），历史比较法？

——S102：这是我写的，我在论文里面看到的，其实我也不懂什么意思。

——S101：哦，跟这个文献研究法有一点点相似，他这个分析法，我们好像很难得到相关的例子，观察法，好像确实就这三种能用。

其次，群体感知信息可能推动学习进程，促进学习任务的完成，例如：

——S103：你的实验法（群体感知信息文档中的内容）是什么呢？

——S102：实验法就是，跟你的差不多吧？

——S101、S103：我们没有写实验法。

——S102：哦，你们没有写实验方法啊。我这里的实验方法是找两三个同学，使用不同的交互类型，调整其中的因素，然后观察他们的反应。

——S103：我觉得这个可以。

——S101：这个实验可以。

在之后对该组知识制品的分析中发现，该组最终确实使用了实验法作为该组的研究方法。

综上所述，群体感知信息对互动结果的影响是：对学习者的话题讨论起到一定的引导作用，让学习者在此基础上进行知识拓展或深化讨论；有时可能会推动学习进程，促进学习任务的完成。

第三篇

应用篇 以社会认知互动为核心的协作学习研究与实践

第六章

协作知识建构教学模式设计与实施

第一节 协作知识建构教学模式设计

本案例在"教育技术研究方法"课程中开展,该课程内容具有横跨教育学、教育技术学、教育心理学、教育统计与分析等科目的特征。学生在学习该课程之前,由于参与过大学生创新创业项目、假期社会实践等活动,因此对"什么是研究""如何开展研究"等问题,有碎片化的先验知识。但他们没有受到过规范的科研训练,对于这些问题的观点,呈现出极大的差异化。这就造成他们在协作学习时,尤其是在协作开展研究时,会因为先验知识等不同,而产生较为明显的认知冲突。此外,从碎片化的先验知识到相对规范、体系化的科研认知结构的搭建,需要经历较为典型的概念转变过程。基于上述背景,笔者在该课程中,开展了促进协同建构的教学研究。

一 教学模式设计的学理依据

设计该教学模式的目标在于通过协作学习的形式来促进学生的协同建构,即使学生通过充分的互动而改变自身认知结构,并在群体层面建构出属于小组的科研制品。基于这一目标,结合了本书前几章曾论述过的协作知识建构理论、协作知识整合理论、概念转变理论等,笔者构建了该教学模式的如下设计依据:

第一,让碎片化的先验知识以观点的形式表达出来。学生在互动中进行观点碰撞,这些观点最终将被加工为属于这个共同体的知识。而这些观点的来源则是学生的头脑中原有的认知。因此,教学需要引导学生将碎片化的先验知识外显，以个人观点的形式进行表达。

第二，让概念转变在观点发散和收敛中逐渐实现。学生在互动中实现认知结构和内容的更迭。在协作学习中，观点发展的路径是由发散到收敛，因此学生的概念转变需要在这个过程中实现。

第三，让知识建构在围绕认知冲突的讨论中发生。不断打破原有的认知平衡、实现新的平衡，是引导学习共同体的共有知识不断发展的关键。因此，本教学模式也会在有效激发和消解认知冲突上做出干预。

二 教学模式

本书所采纳的教学模式是在协作知识建构过程[1]、协作知识促进螺旋模型[2]、知识整合理论[3]等前人研究的基础上生成的。具体表现形态如图6-1所示。

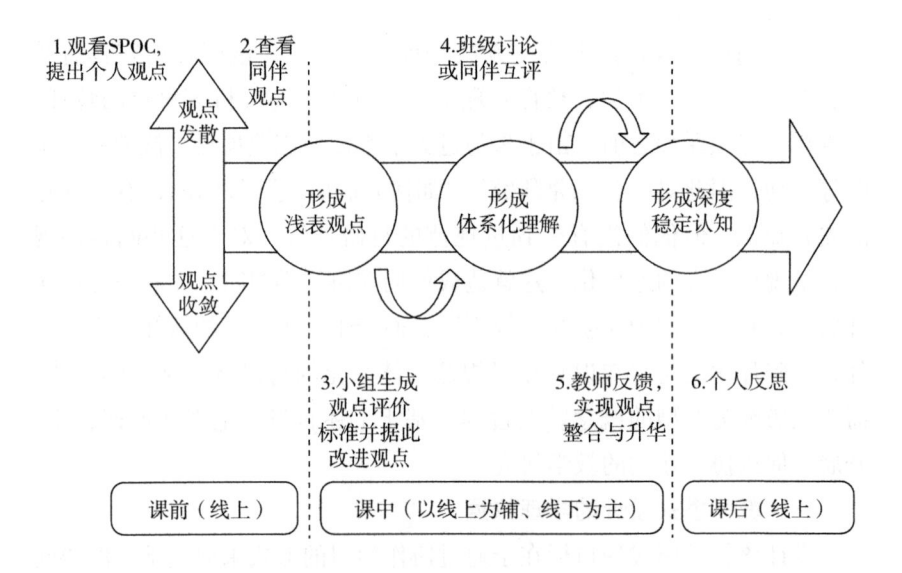

图6-1 高校课堂中的协作知识建构教学模式

---

[1] Stahl, G., "A Model of Collaborative Knowledge-Building", in International Conference of the Learning Sciences, Massachusetts: MIT Press, 2000, pp. 201-212.

[2] Chen, W., et al., "A Spiral Model of Collaborative Knowledge Improvement to Support Collaborative", paper delivered to 13th International Conference on Computer Supported Collaborative Learning (CSCL), International Society of the Learning Sciences, France, June, 2019.

[3] [美]马西娅·C·林、[以]巴特-舍瓦·艾伦：《学科学和教科学：利用技术促进知识整合》，裴新宁等译，华东师范大学出版社2016年版。

在实践该模式时，课前，教师提出本节课要解决的核心问题，引导学生在线学习教师提前准备好的 SOPC 等资源，之后学生基于自己小组的课题思考核心问题，带着自己的观点来到教室。

课中，所有教学过程均在腾讯共享文档和学习通平台的支持下，以"教学活动"的形式呈现给学生。基本流程包括每位同学查看小组同伴的观点、小组协商生成观点评价标准、依据评价标准收敛和改进观点、班级在学习通中开展讨论进一步升华观点。学生完成活动的过程中，再次有针对性地查看 SPOC，夯实所需基础知识。在课中或下节课初，开展教师反馈。

课后，每位同学完成一篇反思日志。学生在学习通中收到老师预先设计的反思问卷，这些问卷通常包括对小组协作解决问题过程的反思、对课题研究进展的反思。

第二节 协作知识建构教学实施

一 环境设计

（一）线下学习环境

课程采用线上—线下混合式教学。线下教学在智慧教室开展，教室平台自动记录教学全过程。线下学习时，4—6 人一个小组，同组同学坐在一起，异组同学之间间隔一排［见图 6-2（a）］或一个过道［见图 6-2（b）］。在小组学习期间，要求每个小组有专人负责用手机录音或者录像，记录小组协作的全过程。

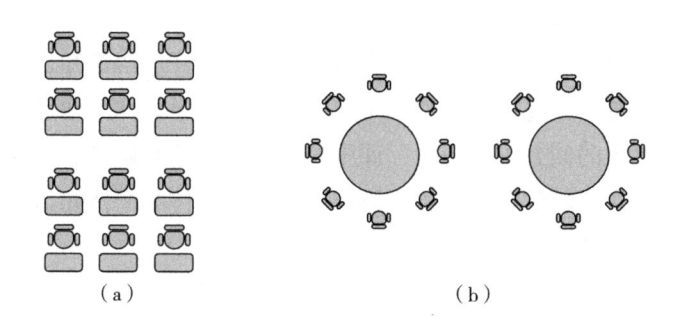

图 6-2 《教育技术研究方法》课堂学习常用座位布局

（二）线上学习环境

线上教学环境为学习通平台，内置任课教师自行录制的、覆盖了解决问题所需核心知识的 SPOC 视频以及针对每节课设计的学习活动。如图 6-3（a）所示，内嵌 SPOC 如图 6-4（b）所示。

（a）　　　　　　　　　　　　（b）

图 6-3　本节课对应的 SPOC 视频

二　教学过程设计

本节课的教学内容对学生来说并不是一个完全陌生的话题，学生对其存在碎片化的先验知识，这些知识需要在教学过程中被激发成为"观点"，并成为教学的起点。

因此，以线上线下翻转教学为依托支持学生开展协作知识建构。具体来说，持有各自先验知识的学生组成多个课题组，课前通过在线学习围绕教师提出的问题进行思考；课中通过观点表达与碰撞、有意义的协商，最终协作解决问题、推进小组课题、实现群体与个体知识的建构与创生；课后对整个线上线下学习过程进行反思。

（一）课前：在线学习，思考问题

教师选择两篇文献综述片段的案例（其中第二篇质量较差，但属于学生之前撰写文献综述时常用的写作逻辑）发放给学生，并提出围绕两篇综述要讨论的问题：两份综述的撰写逻辑及其区别是什么？学生课前基于 SPOC 开展学习及测查，之后围绕教师提出的问题进行头脑风暴，并将答案进行记录，但该答案不共享。两份案例如图 6-4 所示。

案例1：
  对偏差认知的转变策略主要围绕"引发认知冲突"展开。Posner、Strike 认为，若要转变偏差认知，通常应具备的条件之一是：对原有认知的不满。受该研究影响，"引发认知冲突"成为转变偏差认知的传统策略。这些早期的论断被后来的研究者实践，开启了长达数十年的偏差认知教学策略研究，产生了大量成果。例如余晓清团队认为，引发认知冲突的关键在于……基于此理念设计了基于双重情境的教学策略，致力于如何转变学生的物理偏差认知，该策略……美国生物课程研究小组基于对认知冲突……的认识，提出了 5E（参与—探究—解释—精细—评价）教学策略模型，该策略……
  这些研究隐含的共同逻辑为：认知冲突产生后，学生的迷思概念即会逐渐得到转变。但有研究者指出，即便引发了认知冲突，也并不意味着概念转变成功发生。学生很有可能会为自己的迷思概念找到其他适用的场景，继而主动忽视精准概念的存在。本研究在"引发认知冲突"与"协同概念转变"之间搭建桥梁，探索认知冲突产生后，协同概念转变成功发生所需的教学支持。

案例2：
  探究式学习是围绕某个特定的主题展开探究式学习活动，即从学科领域或是实际生活中选择并确定一个特定的问题，学生在老师的指导下，构建一种科学探究式的研究情景，然后让学生进行自主、独立、合作式的发现问题、提出假设、操作实验、收集处理数据、总结交流等一系列活动，从而获得知识、技能，并培养和发展情感态度价值观，尤其是探索精神、创新能力和协作精神。
  美国国家探究理事会2000年组织编写出版了一本专著，将探究性学习的过程要素概括为如下几个方面的内容：提出问题、获取信息和数据、形成解释、回答问题、评价解释、检验解释。探究学习具有自主性、实践性、综合性、开放性的特点。
  有研究者指出，探究学习的意义包括：使学生从被动学习转变为主动学习、培养学生的综合能力、提高教师的教学能力。

图 6-4　文献综述案例

（二）课中：协作知识建构，解决问题

课中，所有教学过程均在腾讯共享文档和学习通平台的支持下，以"教学活动"的形式呈现给学生。本节课学习活动如图 6-5 所示。

图 6-5 本节课教学活动

（三）课后：反思

反思是教育技术研究者重要的元认知能力，因此课后，每位学生均要写出对整节课的反思报告。反思报告以"在线反思问卷"的形式发给学生，学生填答后系统生成反思报告。图 6-6 为本节课的在线反思问卷，图 6-7 为系统呈现的 2017 级（2020 年开课）第 8 组四位同学本节课在线反思报告。教师根据反思报告以及学习评价结果（详情见下文）对下节课的教学进行调整。

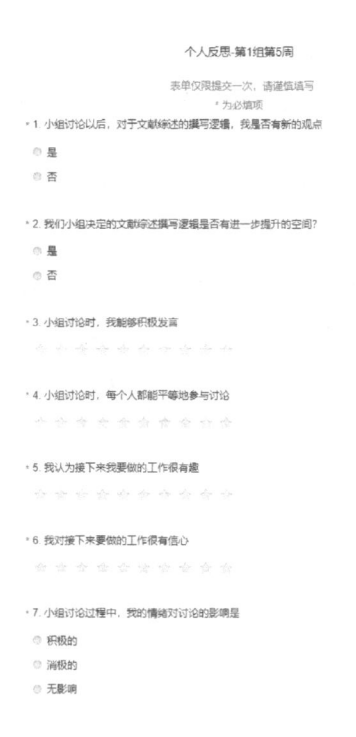

图 6-6　本节课在线反思问卷

图 6-7　2017 级（2020 年开课）第 8 组四位同学本节课在线反思报告

第三节　协作知识建构教学模式的其他应用

上述教学模式在具体研究中，会根据研究内容的需求而做出适度调整。以下介绍本模式在几项研究中的应用。

147

一　在教学中嵌入支架

下列这项研究探讨的是两种类型的调节支架在协作知识建构中的作用。

研究的教学情境是教育技术学专业的研究方法课程，围绕教育技术理论与实践中的问题，设置五大部分：提出有教育技术"范儿"的研究问题、写出规范的文献综述、做出缜密的研究设计、得到科学的研究结果、做出高质量的学术成果汇报，共 32 课时，课程采取线上+线下教学模式，课程要求、流程及教学资源的学习采用线上模式，如图 6-8 所示。学生的协作讨论活动及教师指导则采用线下模式。

图 6-8　课程线上资源学生界面

课程结合 Scardamalia 的十二条原则和知识整合理论，形成本研究所需的课程情境。Linn 曾提出知识整合理论的四个关联过程：析出观点、添加新观点、辨分观点、反思与整合观点，但其主要用于科学教育领域和计算机科学领域。而这门课程相较于传统科学教育、计算机科学领域，更适合以一种协作学习的方式开展，并且没有相对客观的衡量标准来判断对错，协同建构知识更具有动态性、开放性和不确定性，因此需要各小组分享讨论结果，师生共同对各小组协同建构的成果进行二次整合，实现全班范围内的知识升华。最后需要学生进行反思，在协作知识建构中解决问题有哪些收获，形成小组共享的思维库。

因此，本研究中每节课的教学活动流程设计主要包括六个阶段，整个流程在该课程中循环迭代，促使小组形成高质量协同建构知识。

奇思妙想阶段，小组成员需要根据本组问题情境，析出个人观点，并记录于文档。

锦上添花阶段，小组成员需要分享奇思妙想阶段中自己的观点，为小组添加新观点，丰富观点库。

生成标准阶段，小组成员需要通过举例论证等活动，生成针对该类问题情境的统一评价标准。

明辨是非阶段，小组成员需要依据上述评价标准，对观点库中的观点进行改进与整合，形成针对该小组问题情境的解决方案。

班级讨论阶段，小组在班级范围内分享，由师生进行点评交流活动，或由教师针对各小组的共性问题及个性问题进行分析，师生进行交流活动，形成群体性知识。

反思提升阶段，小组内每位同学反思本节课所学，分析所学是如何应用于本组的问题情境的，并将群体性知识进行本组问题情境的再应用。小组内将反思性文本汇总，形成本组最终的思维库。

两类调节支架分别是社会关系调节支架和认知调节支架。在该模式中，支架以学习单的形式呈现给学生，嵌套在上述六个环节中。如图6-9所示的支架，即被嵌入"生成标准阶段"。

二 在教学的实施过程中收集学习数据

学习分析能够让研究者更细颗粒度地分析学习过程中产生的认知、行为、社会等数据。上面这项研究中，研究者重点探讨采用了不同支架的学习者在互动过程和结果上呈现出的差异。

由于在该教学模式中，"对话"是最重要的学习者互动方式，因此在开展分析类研究时，可以将该教学过程中的小组对话数据做几种处理：第一种，将对话视为学生围绕认知的互动与联通，利用认知网络分析的方法来解析群体认知网络的形成与发展路径。第二种，将对话视为大数据，利用机器学习等方法对协作学习的互动规律进行深度挖掘与分析。第三种，将对话视为行为，利用滞后序列分析等方法对这种行为的模式和规律进行提取。

随着学习技术的发展，课堂中的多模态数据信息可以被采用并分

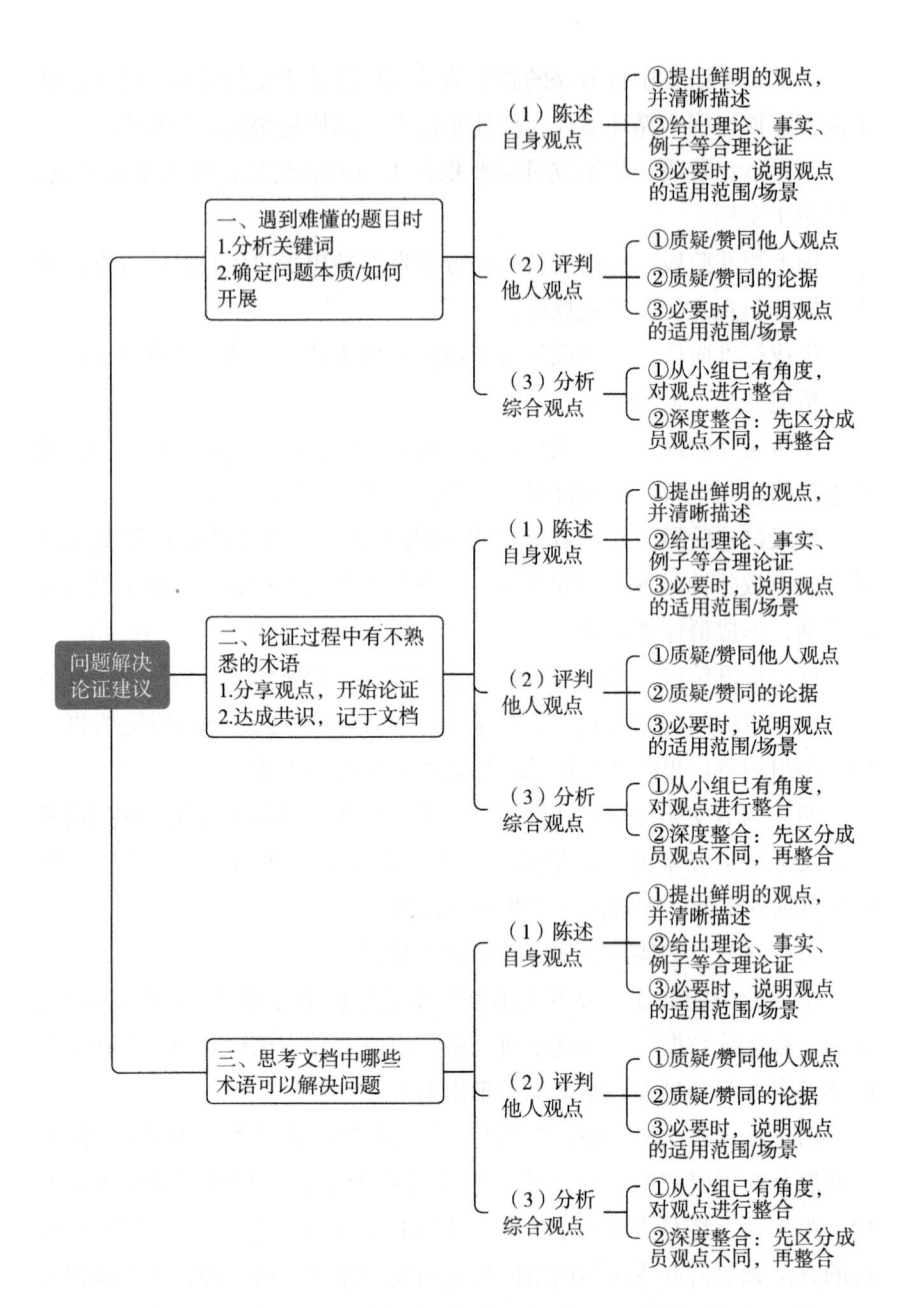

```
问题解决论证建议
├─ 一、遇到难懂的题目时
│   1.分析关键词
│   2.确定问题本质/如何开展
│   ├─（1）陈述自身观点
│   │   ├─ ①提出鲜明的观点，并清晰描述
│   │   ├─ ②给出理论、事实、例子等合理论证
│   │   └─ ③必要时，说明观点的适用范围/场景
│   ├─（2）评判他人观点
│   │   ├─ ①质疑/赞同他人观点
│   │   ├─ ②质疑/赞同的论据
│   │   └─ ③必要时，说明观点的适用范围/场景
│   └─（3）分析综合观点
│       ├─ ①从小组已有角度，对观点进行整合
│       └─ ②深度整合：先区分成员观点不同，再整合
├─ 二、论证过程中有不熟悉的术语
│   1.分享观点，开始论证
│   2.达成共识，记于文档
│   ├─（1）陈述自身观点
│   │   ├─ ①提出鲜明的观点，并清晰描述
│   │   ├─ ②给出理论、事实、例子等合理论证
│   │   └─ ③必要时，说明观点的适用范围/场景
│   ├─（2）评判他人观点
│   │   ├─ ①质疑/赞同他人观点
│   │   ├─ ②质疑/赞同的论据
│   │   └─ ③必要时，说明观点的适用范围/场景
│   └─（3）分析综合观点
│       ├─ ①从小组已有角度，对观点进行整合
│       └─ ②深度整合：先区分成员观点不同，再整合
└─ 三、思考文档中哪些术语可以解决问题
    ├─（1）陈述自身观点
    │   ├─ ①提出鲜明的观点，并清晰描述
    │   ├─ ②给出理论、事实、例子等合理论证
    │   └─ ③必要时，说明观点的适用范围/场景
    ├─（2）评判他人观点
    │   ├─ ①质疑/赞同他人观点
    │   ├─ ②质疑/赞同的论据
    │   └─ ③必要时，说明观点的适用范围/场景
    └─（3）分析综合观点
        ├─ ①从小组已有角度，对观点进行整合
        └─ ②深度整合：先区分成员观点不同，再整合
```

图 6-9 在生成标准阶段嵌入的支架示例

析，因此通过该教学模式的变式，让多模态信息能够在学生的互动中发挥作用，是设计该教学模式的核心。

第七章

协作知识建构课堂中的认知冲突研究

本部分介绍的是一个在高校跨学科类知识建构课堂中开展的例子。正如本书所强调的,对于高校课堂来说,有效的协作概念转变的关键在于促进认知冲突的有效消解,从而为协作学习者个体的内省和其所在群体的知识建构提供足够的动力。因此本部分介绍的案例侧重于促进协作知识建构中认知冲突的消解。由于本部分和第五章中的部分内容有相同的案例来源,因此本部分会尽力在不影响逻辑的基础上,不再重复相同内容。

第一节 协作知识建构课堂面临的现实问题

在全球化和国际化背景下,来自不同领域的人们对复杂问题开展协同攻关成为社会发展的必然趋势。因此世界不同国家、地区及学术组织在制定21世纪能力或者技能框架时,普遍将"协作能力"作为框架中的重要元素。

社会对人才能力需求的变化直接推动学校中教育教学模式的变化,尤其是在直接对接社会的高等教育领域。因此,诸多高校转变传统教学方式,增加协作学习方式的占比,更加重视协作能力的培养,基于协作的教学模式在高等教育中体现出越来越重要的价值和作用。

一 协作知识建构对学习者能力和认知水平的重要性

如今,很多任务的完成与问题的解决需要进行协作学习与共同建构，即学习社会化。协作知识建构作为知识建构重要的一部分，在协作学习中发挥重要的作用。协作知识建构是通过表达交流、协作共享、展示汇报、讨论辩解等途径发生，在小组成员共同理解的基础上，生成属于该小组的集体协作知识，产生独一无二的学习制品。① 在这个过程中，协作成果的诞生是建立在协作知识建构的基础上，通过协作知识的建构，帮助小组理解、评价与吸收小组成员的各种观点，形成独属于该小组的协作知识网络。可以说，协作知识建构在小组任务的完成中起到了不可替代的重要作用，小组任务的完成建立在协作知识建构的基础之上。因此，要保证协作学习的质量，教育者必须关注学习小组协作知识建构的过程。

对于学习者个人来说，协作知识建构过程也尤为重要。研究表明，协作学习能够促进发展学习者的批判性思维，在协作知识建构的过程中，促进学习者进行反思。② 对于某些学习任务来说，依靠个体学习者无法完成知识的建构，因此需要学习者之间通过协作来完成知识的建构。③ 虽然协作知识建构的结果是集体知识的产生，但这是通过个体与协作者不断地对观点进行讨论与反思形成的。④ 因此，在一定程度上来说，协作知识建构的过程建立在个人知识建构的基础之上，协作知识建构与个人知识建构关系紧密，相互促进，不可分割。协作知识建构在一定程度上促进了个人知识建构过程的进行，促进了学习者对知识的理解、消化与吸收；个人知识建构也促进了协作知识建构的发生，为协作知识建构的产生打下地基。小组中产生的协作知识建构让学习者在交互过程中，对知识产生更深刻的理解，拥有更多新视角以及新观点，达到更好的学习效果。此外，协作知识建构也能够在社会化学习的过程中潜移默化地培养学习者的学习能力与协作能力，也能够增强学习者的逻辑

---

① 赵海霞：《Web 环境下的协作知识建构》，《现代教育技术》2012 年第 11 期。
② 柴少明：《CSCL 中促进协作知识建构的策略》，《现代远程教育研究》2012 年第 4 期。
③ Stahl, G., "A Model of Collaborative Knowledge-Building", in International Conference of the Learning Sciences, Massachusetts: MIT Press, 2000, pp. 201-212.
④ 李海峰、王炜：《在线协作知识建构：内涵、模式与研究向度》，《现代远距离教育》2019 年第 6 期。

思维能力、表达交流能力与解决问题能力等。①

总而言之，协作知识建构在协作学习过程中占据非常重要的地位，协作知识建构是实现协作深度学习的重要途径，保证深度学习的有效发生。在有效的协作知识建构过程中，学习者进行深度交互，产生更好的学习效果。

二 认知冲突在协作知识建构中的价值与重要性

在协作知识建构过程中，认知冲突是一个不可忽视的重要环节。认知冲突可以充分发挥协作知识建构的隐形优势。在协作过程中产生的认知冲突可以为协作知识建构活动提供持续动力，成为协作学习的内在动力。② 为了促进在协作知识建构中深度学习的发生，改善协作学习效果，需要教学者通过教学设计来促进学习者产生适量的认知冲突。认知冲突的产生可以促进学习者知识创造的发生并改善协作产品，加深协作知识连接，并在一定程度上驱动协作知识的内化和顺应的过程。③

同时，学习者在认知冲突消解过程中，能够提升自身认知水平、社会水平、思维能力和共同解决问题等高阶能力。④ 在面对认知冲突时，需要调动各方面的能力对其进行消解。学习者在消解认知冲突的过程中，需要与同伴进行协商讨论，与此同时，也需要自身对冲突观点进行判断和对自身协作过程的反思。

因此，无论是在保障协作知识建构的学习效果方面，还是在提升学习者的高阶协作能力方面，协作知识建构中认知冲突的产生及其有效消解都是至关重要的。因此，在研究和教学方面，都需要重视认知冲突。

三 学习者在协作知识建构中认知冲突解决能力薄弱

现在，协作学习形式层出不穷，且在本科学习中占比越来越大，但是协作学习效果有时却并不尽如人意，在协作学习过程中，仍旧存在很

---

① 赵海霞：《网络环境下基于问题的协作知识建构设计与实践——以大学生"结构化学"课程教学改革为例》，《中国电化教育》2013年第1期。

② 赵海霞：《翻转课堂环境下深度协作知识建构的策略研究》，《远程教育杂志》2015年第3期。

③ 李爽等：《Wiki环境下学生远程协作知识建构分析的模型反思与案例研究》，《现代远距离教育》2014年第3期。

④ 赵海霞：《翻转课堂环境下深度协作知识建构的策略研究》，《远程教育杂志》2015年第3期。

多难以忽视的问题。对于学习者自身来说，协作学习是一项比较具有挑战性的任务，协作学习对学习者自身能力要求较高，要求学习者具有协作能力、交流能力、自学能力与总结归纳能力等。此外，从以往的协作学习经验中发现，在协作过程中经常伴随着冲突与矛盾，根据调查研究显示，有多于1/3的冲突与矛盾来源于观念冲突，也就是认知冲突。因此，协作学习若要顺利进行就要求学习者具有一定的认知冲突解决能力，其中建构性认知冲突解决能力尤为重要。杨翠蓉等学者曾提出建构性认知冲突也就是学习者在协作知识建构中的认知冲突，是发生在有不同观点相互碰撞，并且冲突双方需要通过协作，来统一分歧与寻求共识的情况下。[①] 学习者在协作知识建构中解决认知冲突的过程，是协作学习者理解不同的观点，进行自我质疑，根据不同情境进行分析的过程，因此这对学习者的综合素质要求较高。

因此，很多学习者在协作知识建构中对认知冲突的解决能力薄弱。有相当一部分学习者在协作过程中面对认知冲突时会选择逃避妥协、直接附议等方式，来维护协作关系以保证协作学习的顺利进行。[②] 但是这种解决方式并不利于协作知识建构，未能将认知冲突进行有效消解，该做法让协作结果成为知识的单纯罗列与组合，阻碍学习者进行深层次交互与深度学习，从而让协作学习效果大打折扣。有部分学生在直接面对认知冲突时，未能做到有效消解，让认知冲突升级为关系矛盾，影响了学习小组的协作关系，阻碍了协作学习的顺利进行，同时也助长了学习者对协作学习的抵触情绪。由此可见，学习者在协作知识建构中解决认知冲突的能力水平普遍较低，这直接降低了学习者协作知识建构的过程，影响了学习者的协作学习效果，消磨了学习者协作学习的积极性。

如今，协作学习方式越来越普遍，协作学习在大学学习中占据着非常重要的地位。但是学习者在协作知识建构中解决认知冲突能力薄弱，这不利于协作学习的进行，也阻碍了教学质量的提升，因此，教育者有必要在教学中有目的地提升学习者在协作知识建构中解决认知冲突的能力，

---

① 杨翠蓉等：《高校和谐教育新模式：建构性认知冲突解决》，《高等农业教育》2013年第10期。

② 杨翠蓉等：《高校和谐教育新模式：建构性认知冲突解决》，《高等农业教育》2013年第10期。

认知冲突的有效消解可以在一定程度上保障协作学习更加顺利地进行，这种协作学习方式能够在帮助学习者改善学习效果方面发挥较大作用。

基于以上论述，本研究主要解决的问题是"在协作知识建构过程中，如何使学习者的认知冲突得以有效消解，从而促进协作知识建构持续、有效地开展?"值得说明的是，本研究中的"有效消解"并不否认认知冲突的价值与"主动激发认知冲突"的重要性。但本研究的重心置于对认知冲突的消解这一过程。

围绕该问题，本研究构建促进认知冲突有效消解的支架并通过实证研究来验证支架的有效性。具体来说，本研究首先依据知识建构理论、知识整合理论等总结、归纳并建构促进认知冲突有效消解的支架，进而通过三轮实验研究，来验证其支架促进协作知识建构的有效性，并根据实验数据对支架进行进一步的修改与完善。

具体研究问题如下：

（1）在协作知识建构中如何设计支架以促进学习者进行认知冲突的有效消解？

（2）构建的支架是否能够促进学习者有效消解认知冲突并提升学习者进行协作知识建构的水平，在学习行为与认知角度具体是如何促进的？

（3）支架的后续效果如何，撤掉支架后，学习者有效消解认知冲突和协作知识建构的能力是否有所提升？

第二节　协作知识建构课堂中的认知冲突研究情境与方法

一　研究对象

本研究选取中国华东地区某高校教育技术学专业的 59 位学生为研究对象，其中 44 位女生，15 位男生。在实验过程中，研究者把研究对象按照 4—5 人一组进行分组，共 14 组，组织小组开展协作知识建构学习活动。选取该人群为研究对象的原因如下：一是该部分人群在之前的学习过程中，拥有一定的协作学习经历和经验，为实验中顺利展开协作活动奠定了基础；二是该部分人群相比于群体，具有较高的计算机操作技能和软件适应能力，接受新鲜事物的能力普遍较强；三是相较于其他高校学习者，该部分学生的学习能力较强，具有一定的自制力与自学能力，保证了线上协作学习的学习质量。

二 知识建构的学习环境

（一）课程概述

本研究基于《教育技术研究方法》开展。该课程是一门涵盖了教育技术学、教育学、心理学、统计学等内容的跨学科课程。受到新冠疫情的影响，该课程在本研究开展的学期改为线上教学，学习者在课上的协作学习活动依托企业微信、协作编辑软件等在线协作平台与工具展开。该课程教学时长为16周，共32个课时，每次上课时间持续90分钟。

（二）课程设计

该课程采用知识建构教学模式，在每次课程的在线协作学习过程中，学生围绕教师提出的问题，在任务理解的基础上，完成头脑风暴、查看同伴观点、生成观点评价标准、观点交互与评价、知识升华六个部分。

每节课学生采用学习单的形式完成小组协作学习，在课程的前九周中，都依照课程内容，对小组协作活动以学习单的形式进行了设计。对于在学习中遇到的认知冲突消解方面的痛点，后文有详细阐述。

（三）课程选择缘由

选择该课程作为知识建构依托情境的原因如下：在该课程中，每组学生需要完成从选题、研究设计、数据收集分析到产出研究结果的全过程，每组同学构成学习共同体进行知识创造，适合采用知识建构教学模式。

该课程通过学习单的形式提前告知学习者本周的协作活动的内容与要求，并提示学习者做好课前准备，让学习者在课前进行一些问题的思考，促进学习者在协作之前有自己的基本观点与意识。这为产生小组认知冲突创造了条件。

三 研究方法

实验法：以上述学习者为研究对象，以本研究设计的认知冲突消解支架为自变量，以学习者消解认知冲突时的行为序列以及过程中协作知识建构水平为因变量。

按照时间顺序进行三轮实验，第一轮实验无支架干预，第二轮实验添加支架干预，第三轮实验撤去支架。第一轮实验分别与第二轮、第三轮的实验结果进行对照，第一轮与第二轮实验进行对比验证支架的有效性，第一轮与第三轮、第二轮与第三轮的实验结果进行对比以验证支架的后续效果（对此，在第五章中已有论述）。

问卷调查法：将问卷发放给每个小组的组长，通过问卷的形式，统计在第二轮实验中使用支架的小组，以此为依据筛选出有效数据。与此同时，通过问卷调查支架在使用过程中出现的问题，并收集使用者的改进意见，为后续支架的进一步改良提供依据。

个体访谈法：在第一轮实验结束后，通过对小组长进行简单的线上访谈，深入了解他们在解决认知冲突时出现的阻碍，以及遇到的认知冲突类型。

四　数据收集与分析

（一）研究工具

为了对数据进行进一步的分析，进行可视化的处理，需要对录音中的认知冲突话语进行编码。在 Gunawardena 设计的协作交互模型中，将协作知识建构分为五个层级，分别为共享观点、质疑讨论、协商建构、检验猜想、达成共识与应用。[1] 刘黄玲子将协作知识建构会话分为共享、论证、协商、反思与社会性交互五类。[2] 江毅、何晓萍等研究者针对整个协作会话过程设计了编码表，将会话分为累积性、争论型、探索型与其他活动四类。[3] 本研究中主要的编码对象为协作知识建构中的认知冲突会话，因此在编码时去掉了社会性会话与活动，聚焦于协作知识建构中讨论交互的过程。本研究中设计的认知冲突会话编码表将认知冲突分为解释型、争论型、探索型与综合型。其中，解释型主要对应了协作知识建构过程中的共享环节；争论型与探索型则对应了论证、检验、

---

[1] 李海峰、王炜：《自组织视域下的在线深度协作知识建构研究》，《中国远程教育》2019 年第 1 期。

[2] 刘黄玲子等：《基于交互分析的协同知识建构的研究》，《开放教育研究》2005 年第 2 期。

[3] 江毅等：《翻转课堂中协作学习的效果与策略研究》，《现代教育技术》2016 年第 3 期。

协商与讨论的环节；综合型则是反思与达成共识的环节。在整个过程中，探索型会话是主要的冲突消解主体会话，因此以冲突消解过程行为对其进行了更为详细的二级编码。在编码表中共包含四个一级编码，十个二级编码种类，本书第五章的表5-1已经对此编码进行了展示。

在认知冲突会话编码表中，争论型话语表示为学习者在进行讨论过程中因意见不合而起争执的话语，包括竞争对抗与个人主义两类，这种类型的会话会对小组的协作学习效果带来负面的影响，造成无益于小组认知冲突的消解，因此在认知冲突消解过程中应该尽量避免这种会话行为的出现。此外，解释型话语主要用于阐释观点，帮助学习者精准地传达自身的观点并帮助学习者正确地理解协作学习结果，这为认知冲突的产生与消解奠定了基础。相比较而言，探索型话语应该是在消解认知冲突过程中最主要的会话类型，学习者在过程中探讨某观点存在的问题以及解决方案，不断对冲突的观点进行修改与完善，这类会话是消解认知冲突时不可忽视的重要路径。综合型会话是一种高阶思维会话，要求学习者要有较高的认知水平与元认知能力，能够对消解认知冲突的过程进行总结与反思，从而得出结论。一般来说，认知冲突有效消解与综合型会话的出现是相互促进的，综合型会话会为小组协作消解认知冲突提供新的途径，促进认知冲突的有效消解；与此同时，认知冲突的有效消解，也会提升学习者的协作知识建构水平和元认知能力，这在一定程度上会促进综合型会话的出现。综上所述，在认知冲突有效消解的过程中，争论型会话与其他型会话应该尽量避免，探索型会话与综合型会话所占的比重应尽可能地提升，解释型会话也是消解认知冲突中不可缺少的。

为了方便进行认知网络分析，在本研究中，以Gunawardena设计的交互知识建构层次模型[1]为依据，将不同种类的认知冲突消解会话划分为不同的协作知识建构层次，方便对形成的协作认知网络进行解读与分析。在本研究中，将有效的认知冲突消解会话，即解释型、探索型、综合型依次划分为共享知识、意义协商、总结反思这三种协作知识建构层

---

[1] Gunawardena, C.N., et al., "Analysis of a Global Online Debate and the Development of an Interaction Analysis Model for Examining Social Construction of Knowledge in Computer Conferencing", *Journal of Educational Computing Research*, Vol. 17, No. 4, 1997, pp. 397-431.

级,这三种知识建构层级分别对应为初级、中级与高级建构水平。

(二) 数据收集、筛选与编码

在协作过程中,学习者主要通过语音通话进行协作学习,研究者要求学习者对小组协作活动的整个过程进行录音。本研究共持续了九周,进行了三轮实验。

在第一轮的实验中,包含了对学习者进行访谈,统计协作冲突会话,对学习者产生协作认知冲突的种类进行分类,归纳学习者消解协作认知冲突的特征,并以此为依据设计支架等复杂过程。因此,第一轮实验持续时间较长,由于是无干预的前测实验,因此对实验结果没有影响。

在编码时,首先,从协作会话录音中,筛选出冲突的话语作为编码对象。其次,以会话类型以及会话发出者为编码的分条依据,当会话类型或会话发出者改变时即结束一条编码,共编辑了928条有效数据。本研究者与另一位研究者共同编写了一部分编码,使用SPSS工具计算其Spearman相关系数为0.848>0.8显著相关,说明其编码具有较高的一致性信度。

(三) 数据分析方法

本研究主要研究学习者在协作过程中进行认知冲突消解的过程,聚焦于学习者的学习行为及认知改变。因此,本研究选定了滞后序列法与认知网络分析法进行数据的分析。

本研究中将利用滞后序列分析法对学习者在协作知识建构中关于认知冲突的行为进行分析,得到认知冲突消解的行为序列转换图。对学习者在协作知识建构中认知冲突消解环节中的行为进行对比分析。此外,在本研究中,仅研究协作知识建构中认知冲突环节相关的会话行为,因此,在进行滞后序列分析时会剔除无关数据——其他型(NULL)会话的数据。

本研究通过认知网络分析法,分析学习者的知识建构的行为连接,对学习者在认知冲突消解过程中形成的协作知识建构认知网络进行对比,比较三轮实验中协作知识建构层次水平。

第三节 协作知识建构课堂中认知冲突消解支架的分类设计

一 支架设计依据

在本研究中,为了对支架进行详细的多样化设计以满足学习者个性化建构协作知识的要求和适应认知冲突产生具有随机性的特点,需要对学习者产生的认知冲突进行分类与归纳,并调查学习者在消解不同类型认知冲突时所遇到的问题。研究者将以此为依据进行协作知识建构中促进认知冲突有效消解的支架设计。

(一)学习者消解认知冲突时的问题

依据本书第四章给出的认知冲突分类,本研究首先分析了学习者在消解认知冲突时的问题。

虽然不同种类的认知冲突的结果均是有效消解了认知冲突,但是其消解途径和协作知识建构的方式还是具有很大的区别。因此为了更加详细地了解学习者在认知冲突消解过程中存在的问题,研究者随机抽选了三个组的组长,对他们进行了访谈。

A组组长在访谈时,被问到在协作知识建构过程中遇到较难消解的认知冲突时以及在消解过程中遇到的困难时,表示"尤其是定主题的时候就是特别难定,大家就是一直在讨论,直到最后""你认为你的观点是比较正确的,然后其他的人也认为他的观点比较正确的时候,你们可能就会不断地去想要说服对方,有的时候就可能陷入一个僵持的阶段"。这意味着,协作学习者在产生认知冲突后,冲突双方难以协商统一,在没有人愿意妥协的情况下,讨论内容会陷入循环,讨论就会停滞,从而使协作知识建构陷入一个僵持阶段。

B组组长在被问到上述问题时,曾表示"在面对一些新的学习内容时,我们可能各自准备得不一样或者因为不充足,大家都按照自己的想法来,小组中每个人的想法不可能完全相同,这时很容易产生认知冲突""我们对同一个问题的看法不同,比如数据处理的问题,这种情况会争执不下,没有得到最后的公认的结果,一般由老师最后总结解释,认知会发生改变""我们在自主学习准备后讨论时,小组成员对问题的认识存在的差异比较大，在没有标准答案的情况下，谁都说服不了谁""我们大多数时候会选择一边讨论一边查资料"。在没有统一标准或答案时，协作小组的不同成员形成的观点较为分散，很难界定对错，因此难以对观点进行取舍与统一。但是，在过程中，该小组会通过寻求外部帮助的方式对认知冲突进行消解，完成协作知识建构，例如，查找网上资料来确定依据，寻求教师的意见与帮助。

C组组长在访谈中表示"产生冲突是两个人站在不同的维度去思考一个问题，一味坚持自己的观点没有站在对方的维度去想问题""相对来说，技术问题产生的冲突比较难解决，因为这不是最终形成文字那种问题，技术问题只能采用一个人的观点，不能把a和b的观点进行融合，而形成文字的问题可能将两种观点融合"。在面对选择类的冲突时，因为要完全舍弃一种观点，因此冲突双方更容易陷入僵持状态，很难做出抉择，导致冲突难以消解。

总结上述三组的访谈内容发现，学习者在协作知识建构中，对认知冲突进行有效消解时遇到问题具体如下：一是在产生认知冲突后，冲突双方难以说服对方，讨论可能会陷入一个循环与僵持的阶段，阻碍知识建构的进行。二是协作小组形成的观点较为分散，在无法明确界定对错的情况下，难以对各样的观点进行统一。三是对于二者必选其一的情况，冲突双方均不愿妥协时，小组难以对冲突进行消解，结果难以确定。这些问题直接阻碍了协作知识建构的进行与协作交互的效率，因此本研究将针对这些小组协作消解认知冲突的过程中遇到的实际问题，对支架进行设计来促进认知冲突的有效消解，保障协作知识建构的顺利进行。

（二）支架设计的原则

本部分提到的设计原则，是在第五章提到的支架设计原则的基础上，针对本研究的实践场域特点，补充的其他原则，与第五章提出的各类原则并不冲突。

具体来说，由于本研究中设计的支架是用于协作知识建构过程中的，因此促进认知冲突有效消解的支架设计需要符合协作知识建构的基本原则，本研究中参照了 Scardamalia 提出的知识建构的十二条原则。① 由于支架主要干预对象是冲突观点，因此，主要参照的是知识建构中关于"观点"的四项原则，分别是观点真实性、观点多样化、观点持续改进、观点的升华。

第一，保障学习者主动性。在上述提到的四项原则之首是"真实的观点"，学习者产生的观点需要来源于真实的情境中，这意味着学习者需要在协作过程中发挥自己的主观能动性，让学习者在协作过程中产生属于自己的观点，而不是自己的观点附属在其他协作者的观点之上。因此支架的设计需要保障学习者能够发挥自己的主动性，支架能够支持学习者产生自己的观点，主动地对观点进行思考与建构。

第二，支持个性化的观点表达。依照"观点多样化"的原则，在协作知识建构的过程中需要不同的观点出现，个性化的观点对于协同建构与知识创新来说非常重要。此外，多样化的观点是学习者产生冲突、消解冲突的基础，也是学习者产生集体智慧产品的基石。在进行认知冲突消解的过程中，需要学习者表达自己的观点。

支架要能够支持学习者表达不同的观点，尽可能地鼓励个性化观点的出现，这样才能够促进协作知识建构的发生。

第三，方便对观点进行改进与反思。按照"观点持续改进""观点升华与反思"的原则，协作知识建构的过程就是一个对观点进行持续性改进并通过反思总结从而形成学习产品的过程。在观点持续改进的过程中促进了学习者对集体知识的内化，促进了深度交互的产生。此外，对观点进行反思与升华是高级知识建构层次行为，是学习者进行知识建构的表现。因此，观点持续改进与反思升华是不可忽视的重要过程，这也是有效消解认知冲突的重要途径。通过不断地对观点进行改进和对观点的总结反思，消解冲突，最终达成一致。

因此支架的设计应该要能够方便学习者对提出的观点进行改进与反思，在设计支架时，要引导学习者对观点进行升华与总结。

第四，促进交互与协作。协作知识建构的过程本就建立在协作交互

---

① Barry, S., Bereiter, C., *Liberal Education in a Knowledge Society*, Open Court, 2002, pp. 67-98.

的基础之上,[①] 集体学习产品的形成主要依靠会话交互与协作。同时,交互协作也是消解认知冲突的主要场所。因为,只要是针对协同建构过程的支架设计,都需要遵循促进交互协作的原则。

在本支架的设计中,会鼓励学习者之间产生交互与协作,同时会通过设计尽量促进协作者之间产生针对观点的深度交互,减少组内无效交互的发生,从而提升协作知识建构的效率。

二 不同类型支架的设计

支架主要干预学习者消解协作认知冲突的过程。支架的框架设计将以协作认知冲突的消解过程与协作知识建构过程相关理论为依据。

在协作知识建构过程中,冲突与协商是不可或缺的两大要素。同时,讨论协商又是消解认知冲突的重要手段,支架主要针对协作知识建构过程中的协商过程进行详细设计。此外,通过综述协作知识建构的过程理论,本研究中界定的协作知识建构过程为"观点共享、冲突产生、协商辩论、总结反思"这四大部分。因此,支架的整体流程也将按照该过程进行设计。

李海峰等学者曾提出在协作认知冲突中,最主要的三大要素是引发、协调与反思。[②] 其中协商是缓解或者强化认知冲突的重要方法,反思是消解认知冲突的有效途径。很多学者又将协调部分也就是认知冲突消解过程进行了环节划分,如划分为陈述观点、说服性陈述观点、讨论矛盾观点、观点反转、达成一致。杨翠蓉等学者提出认知冲突消解需要经历以下五个阶段,依次是观点陈述、说服性陈述己方观点、讨论对立矛盾观点、观点反转、达成共识。[③] 本研究在这些理论的基础上,对认知冲突消解过程进行了归纳、概括,共分为五大步骤,分别为:引发冲突、解释观点、澄清观点、观点反馈、过程反思。因此本研究将以此为参照,设计促进协作认知冲突有效消解的支架。

[①] 马宇澄、黄皓:《协作知识建构消解认知冲突——兼论"动能定理有无单一方向的分解式"》,《物理教师》2022年第9期。

[②] 李海峰、王炜:《经验认知冲突探究法——一种翻转课堂模式下的深度协作知识建构学习策略探索》,《电化教育研究》2020年第1期。

[③] 杨翠蓉等:《高校和谐教育新模式:建构性认知冲突解决》,《高等农业教育》2013年第10期。

由于认知冲突消解支架主要作用于小组协作会话的过程中，同时，对话也是协作知识建构中的核心环节。因此支架将会以会话的形式进行展现，一方面可以帮助学习者更加直观地理解支架提示的行为内容；另一方面对话的展现方式增强了支架操作性和实践性，更加方便将其应用在协作知识建构的讨论会话中。

协作知识建构中促进认知冲突有效消解的支架总体架构如图7-1所示，整个框架流程依次是在共享的观点基础上引发认知冲突的对话、对认知冲突进行消解的协商与讨论、对整个认知冲突消解过程进行的反思与总结，简单概括为共享、冲突、协商、反思这四步。进而根据上文中提到的认知冲突分类，针对不同种类的认知冲突进行不同的支架设计来干预认知冲突具体的消解过程。虽然，不同种类认知冲突的消解途径有区别，但都经历了"解释观点、澄清观点、观点反馈、过程反思"这四个步骤。

整个支架的设计与《教育技术研究方法》课程中的活动设计流程息息相关。课程活动设计流程分为"任务理解、头脑风暴、查看同伴观点、生成观点评价标准、观点交互与评价、知识升华"六个部分。支架主要应用在后三个部分中，支架设计逻辑与课程活动设计逻辑相吻合。在进行认知冲突消解时，同样是在知识共享的基础上，对观点标准进行阐述与补充，进而对观点进行评价与修改，最后通过总结与反思完成知识的建构与升华。总的来说，支架的设计与课程活动设计较为契合，学习者更容易在完成课程活动的过程中，融合使用促进认知冲突有效消解的支架。

选择类认知冲突消解支架如图7-2所示，在对选择类认知冲突进行消解时，学习者的主要困难在于难以对观点进行抉择。因此，在选择类支架设计时，主要引导学习者讨论和权衡冲突观点的利弊，以方便学习者做出抉择。在支架中，冲突双方依次阐述自己支持与反对的理由，如果需要，通过寻找外部依据来支撑自己的论证。在此基础上，对观点进行总结反思，进而做出选择。这种方式有效避免了讨论陷入僵持和无为循环的情况，并且通过这种理由的阐述与讨论的方式，学习者加深了对观点的理解，并促进了深度交互的产生和协作知识建构的进行。

第七章 | 协作知识建构课堂中的认知冲突研究

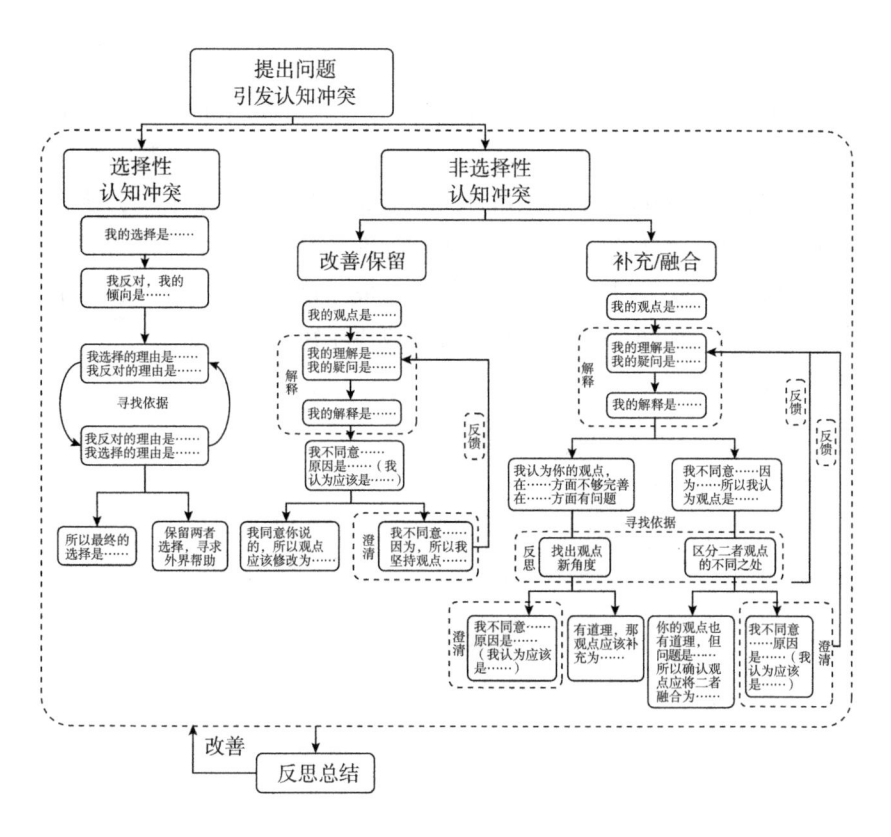

图 7-1 协作知识建构中促进认知冲突有效消解的支架

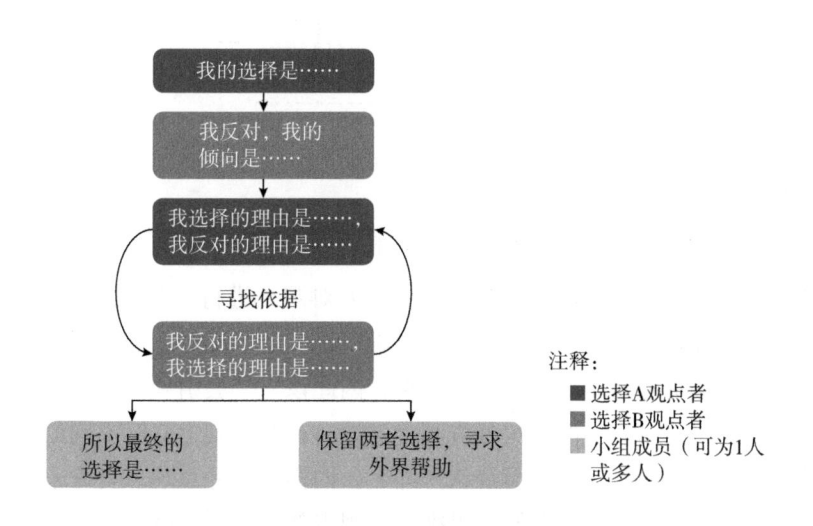

图 7-2 选择类认知冲突有效消解支架

在非选择类支架中，按照认知冲突的特性，改善类与保留类都是针对某一个观点进行操作的，因此将改善类与保留类认知冲突融合在一起。对于改善类与保留类认知冲突，主要的消解方式是从观点本身出发，对观点进行修改，从而消解冲突。因此，在该支架中主要引导学习者对观点本身进行反思，在讨论中形成标准，思考观点中存在的不足进而提出修改意见，对其进行改善，从而达成一致。这样就可以避免冲突双方僵持情况的出现，通过支架引导完成协作知识的建构。

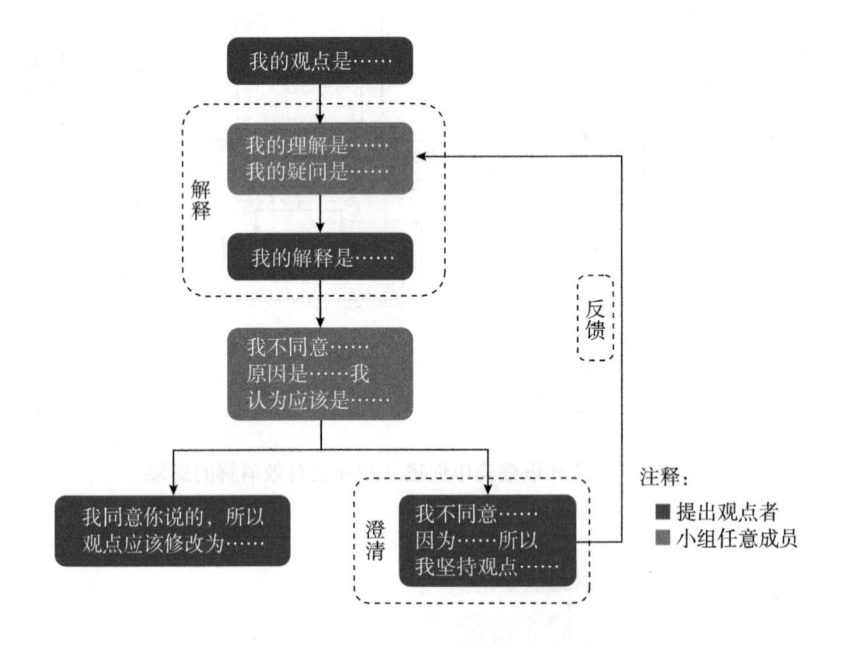

图 7-3 改善/保留类认知冲突有效消解支架

在非选择类认知冲突中，将融合类与补充类冲突融合在一起形成支架，因为补充类与融合类冲突消解时都要对观点进行"加法"的操作。在面对小组成员提供的观点过于分散难以统一的情况时，需要通过支架帮助协作者厘清不同观点的内在逻辑，因此该支架会引导学习者找出分散观点中的异同点，再依次分辨其合理性。在此基础上，对不同的观点或者想法进行整合，从而消解认知冲突。同样，当冲突观点自身不够完整时，支架会引导学习者发散思维，为观点补充不同维度的内容。

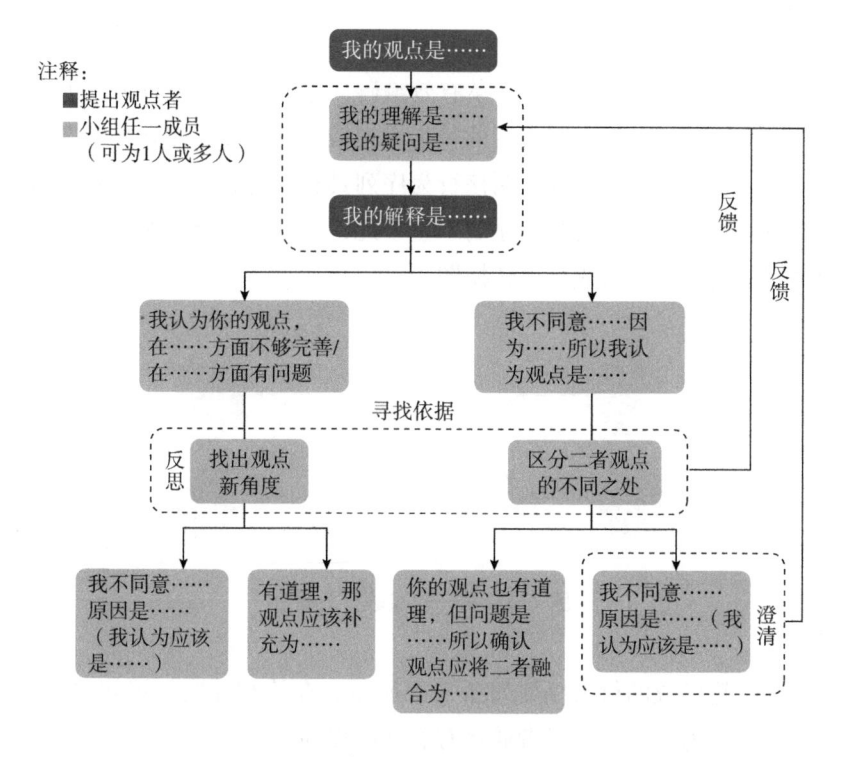

图 7-4　补充/融合类认知冲突有效消解支架

第四节　协作知识建构课堂中认知冲突消解的效果评价

一　支架有效性及后续效果分析——基于学习行为的视角

如前所述，本研究共进行了三轮实验。研究者将第一轮形成的分析结果与第二轮的进行对比与解读，只有二者出现显著差异，且第二轮的分析结果明显要优于第一轮的分析结果时，才可以判定本研究设计的"协作知识建构中促进认知冲突有效消解的支架"是有效的。同理，为了验证支架的后续效果，在第三轮实验中，研究者将支架撤掉，分析学习者的行为序列和对话认知网络，来验证支架是否能够切实改变学习者消解认知冲突的能力。

（一）第一轮实验行为序列分析

第一轮实验共获得了 327 条有效编码，通过统计一种行为后出现另一种行为的频率，得出调整后的行为序列残差表。滞后序列分析理论显示，若 Z-score>1.96，则表明该行为序列具有显著意义，可将其视为一种常态化的、有规律的行为序列。基于此，研究者将具有显著意义的行为序列绘制为图，形成行为转换图。

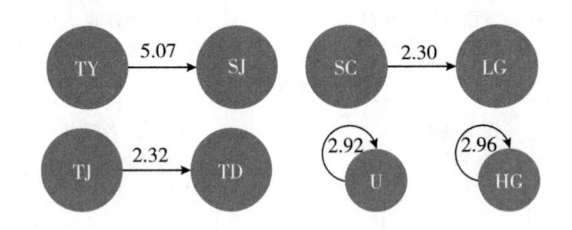

图 7-5　第一轮实验行为转换

第一轮形成的行为序列如图 7-5 所示，在认知冲突的消解过程中，最显著的行为序列是学习者通过有意义的提问（TY），得到其他协作者对观点的解释说明（SJ）。其次显著的序列是当有学习者对整个认知冲突消解过程进行总结概述时（HG），也会在一定程度上引起其他成员对冲突过程进行反思评价行为（HG）。第三显著的序列是在消解冲突的过程中，若出现竞争对抗的对话（LJ），在很大程度上会引发其他成员进行竞争对抗对话（LJ），这种对话不利于认知冲突的有效消解。同样不利于认知冲突有效消解的显著路径还有：学习者对观点澄清并化解误解（SC）后，仍会引发他人的个人主义（LG）对话行为。

总体来看，第一轮形成的显著行为序列较为松散、不成体系，都是单序列行为，并且其中有两条行为序列是负面的，对认知冲突的消解带来消极影响。

（二）第二轮实验行为序列分析

第二轮实验共获得了 465 条编码数据，按照前述方式，研究者绘制了行为转换图，如图 7-6 所示。

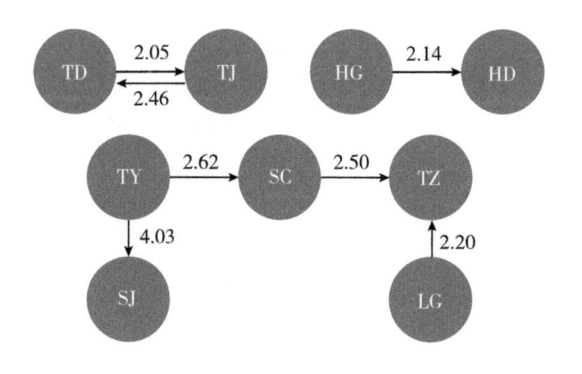

图 7-6　第二轮实验行为转换

较为显著的行为序列包括三条：在第一条序列中，提出建设性意见对话行为（TJ）与达成一致对话行为（TD）之间呈现双向显著相关，即学习者不断对观点进行修改。在第二条序列中，成员在概述总结对话行为（HG）之后，会尝试得出一致性结论（HD）。第三条序列是一条长序列，有意义的提问（TY）会引出解释观点（SJ）与澄清误解（SC），澄清误解之后是争论辩护（TZ），可见：在学习者了解了对方观点之后，会进一步对观点进行更加深层次的良性讨论，以便于不断打磨观点内容。除此之外，在个人主义的对话行为（LG）之后显著相关的也是争论辩护（TZ），即个人主义行为在第二轮实验中不再是终结对话的行为。

通过对比图 7-5 和图 7-6 可以看出，相较于第一轮实验，第二轮实验中，学生认知冲突消解行为更加有序，且具有整体性。

（三）第三轮实验行为序列分析

第三轮实验共获得了 136 条编码数据，最终形成的行为序列如图 7-7 所示。在第一种显著的行为序列中，学习者提出建设性意见（TJ）后会引发争论辩护（TZ），之后几方达成一致（TD），在此基础上得出结论（HD）、概述总结（HG）。这种行为序列与支架提示行为"提出意见—讨论争辩—产生结果—总结反思"非常吻合。第二种显著的行为序列是学习者强行表达完自己的观点（LG）之后，引发有意义的提问（TY）与解释观点（SJ）行为，同时也可能引发澄清误解（SC）的行为。这条行为序列与"提问—解释—提问—反馈"这一支架中的路径非常吻合。

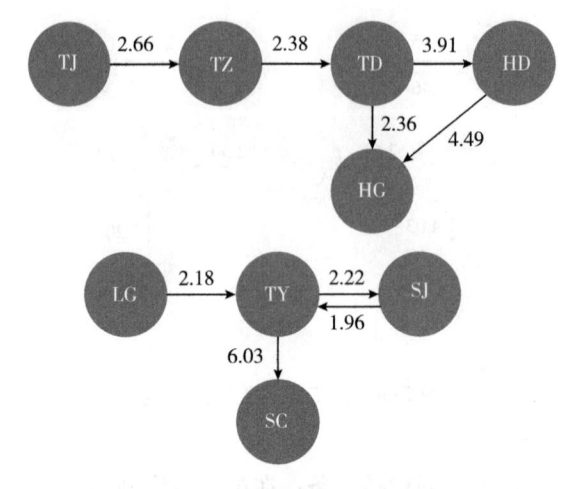

图 7-7 第三轮实验行为转换

总体来看，相比于第一轮，第三轮的行为序列更加完整且聚合；相比于第二轮，第三轮的行为序列与支架内容更加吻合。可见，前期的支架干预使学习者内化了支架内容，撤掉了支架固定形式的限制，学习者能够更加自如地使用支架，从而在行为序列上达到更好的效果。

二 支架有效性及后续效果分析——基于认知的视角

在对比对话行为的同时，本研究也验证了支架在认知层面的效果，具体来说，本研究通过分析学生的对话属性，对比三轮实验中不同类型小组产生的认知网络，并采用配对样本的 t 检验来分析其是否具有显著性差异。

研究者根据第一轮实验中各组形成的认知网络，依据各组里出现的最强连接，对小组进行了分类：对抗连接型、低效连接型、正常连接型。对抗连接型是指在小组认知网络中最强连接里包含消极对抗型对话的小组；低效连接型是指最强连接中包含很多无效对话的小组，这必然会导致冲突消解效率与知识建构效率低下的问题；正常连接型则表示消极对抗型和无效对话都不多的小组。不同属性的认知网络在一定程度上反映了小组进行知识建构的思维模式的不同。经过分析，第七组、第八组、第十二组为对抗连接型小组；第九组、第十组、第十三组为低效连接型小组；第四组、第十四组为正常连接型小组，其他小组没有明显的类型归属。

第七章 | 协作知识建构课堂中的认知冲突研究

（一）对抗连接型小组三轮认知网络对比

以第七组为例具体说明对抗连接型小组的认知网络演变情况。

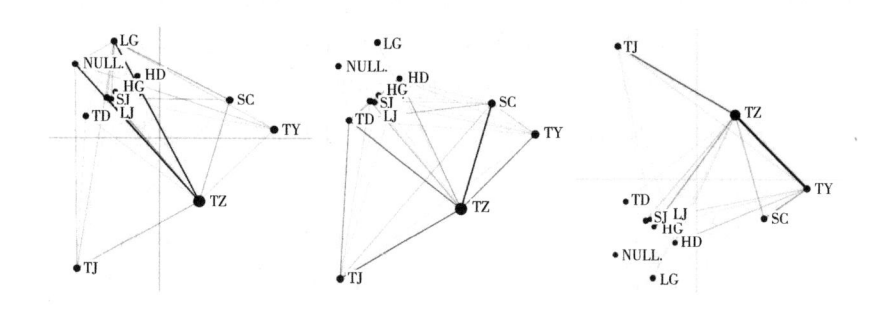

图7-8　第七组在三轮实验中的认知网络图示例

如图7-8所示，第七组在第一轮实验中的强连接发生在争论辩护和消极对抗或者无效对话（NULL）之间；第二轮中的强连接大部分发生在积极协商型对话（T字母开头）之间，且无效对话（NULL）与个人主义（LG）的连接减少；第三轮的强连接均发生在积极协商型对话之间。这些均意味着第二轮和第三轮的认知网络要优于第一轮形成的知识网络。

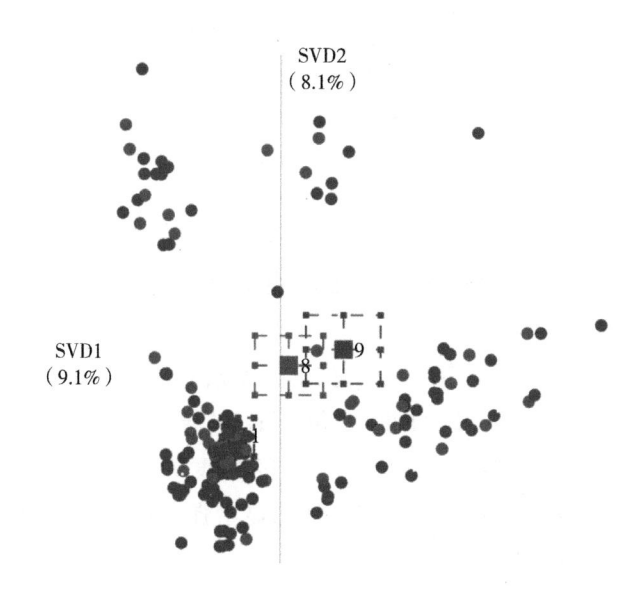

图7-9　第七组在三轮实验中的认知网络质心对比

171

此外，如图 7-9 所示，第七组在第一轮中形成的质心（图中数字 1 旁）与第二轮中形成的质心（图中数字 8 旁）相距较大，第三轮形成的质心（图中数字 9 旁）与第二轮实验形成的质心差距较小。第一、二轮，第一、三轮的认知网络在 X 轴和 Y 轴上均存在显著差异。

（二）低效连接型小组三轮认知网络对比

以第九组为例具体说明低效连接型小组的认知网络演变情况。

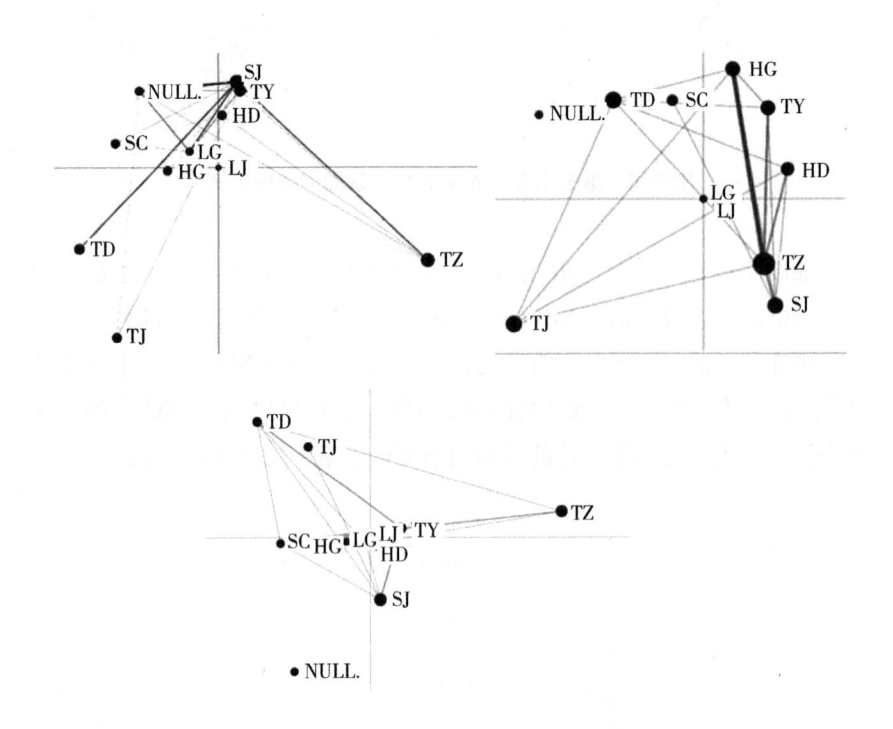

图 7-10　第九组在三轮实验中的认知网络

如图 7-10 所示，在第一轮实验中，无效对话（NULL）占据最强连接（和 SJ 之间）中的重要位置；在第二轮中，无效对话（NULL）与其他类型对话之间的连接强度大大减弱，争论辩护（TZ）和概述总结（HG）之间的对话明显增强；在第三轮中没有出现与无效对话相关的连接。

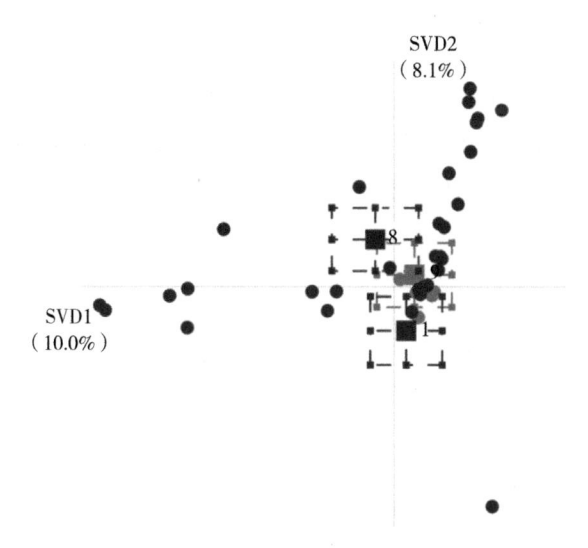

图 7-11　第九组在三轮实验中的认知网络质心对比

此外，如图 7-11 所示，三轮认知网络在 X 轴上差距较小，在 Y 轴上，第三轮的质心（图中数字 9 旁）处于第一轮与第二轮之间，并与第二轮更接近。从整体上来说，这意味着第九组虽然在第三轮时的协作认知网络出现了一定的回流现象，但与第二轮的认知网络更为接近。第九组前两轮实验形成的认知网络在 X 轴上没有显著性差异，在 Y 轴上有显著差异。第三轮与第一轮形成的认知网络在 Y 轴上存在显著性差异，与第二轮的认知网络相比不存在显著差异。

（三）正常连接型小组三轮认知网络对比

以第十四组为例具体说明正常连接型小组的认知网络演变情况。

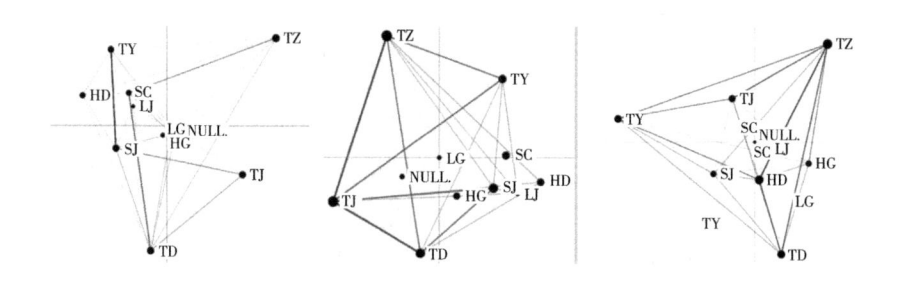

图 7-12　第十四组在三轮实验中的认知网络

173

如图 7-12 所示，在第一轮实验中，TY（有意义提问）和 SJ（解释观点）之间的连接最强，在第二轮实验中，积极协商型对话占据了对话的主要位置，在第三轮实验中，对话主要发生在积极协商型和总结反思型对话之间。总体来看，第二轮和第三轮的对话质量要优于第一轮。

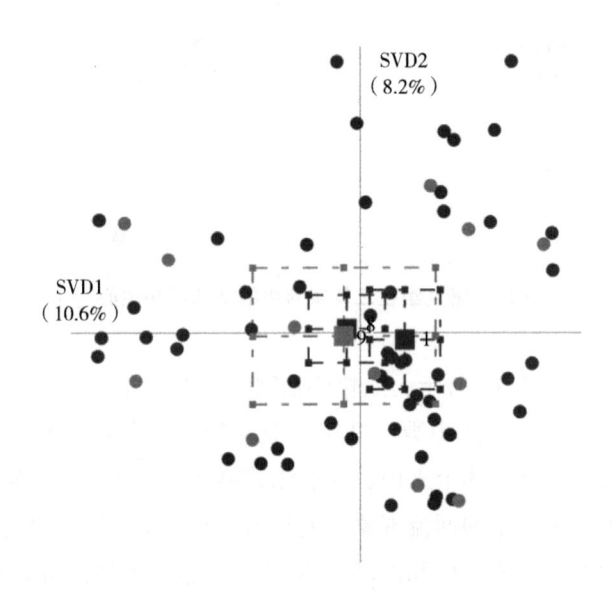

图 7-13　第十四组在三轮实验中的认知网络质心对比

如图 7-13 所示，第十四组在第一轮与第二轮实验中形成的认知网络质心（图中数字 1 旁和数字 8 旁）差距较大，在 X 轴上存在显著差异。第三轮质心（图中数字 9 旁）与前两轮未出现显著性差异。因此，上述优势在第三轮中并不明显。

上述三个组的状态代表了大部分同类组别的状态。即对抗连接型、低效连接型小组在第二轮实验中形成的认知网络质量会有显著性提升，第三轮仍能够保持较高的知识建构对话质量。同时，正常连接型小组在第三轮出现了对话质量下降情况，这可能是由于本研究在支架设计初期，开展了为期两周的预调查，并以此作为设计支架的重要依据。但彼时较少关注对话问题不突出的小组，而这些小组很大概率在第一轮实验中被归属为"正常连接型"小组。

第五节 协作知识建构课堂中需要继续探究的认知冲突问题

协作知识建构作为一种集体知识创生的学习情境，学习的社会属性对这种情境下学习成效的影响是不容忽视的。学习的社会属性在协作交互中通过"对话"的形式将成员间的认知冲突外显出来。基于此，本研究探寻在协作知识建构情境下促进学习者认知冲突有效消解的途径，设计制作了作用于学习者协作过程中促进认知冲突有效消解的支架，并以交互中的对话为抓手，展开了一系列的实验以证明该支架的有效性以及后续效果。具体研究结论如下：

第一，学习者的社会属性在协作知识建构中是需要重视和调节的因素。本研究发现，大学生在进行认知冲突消解时，大多数协作小组没有形成系统的解决方案，在尝试消解的过程中形成的对话行为较为随机分散，且对话质量不高。有相当一部分学习者会对认知冲突做出直接忽视、逃避等消极行为。这是学习的社会属性在协作学习中的充分表达，且这种属性会影响群体认知的发展。对协作知识建构的传统研究充分考虑了学习的认知维度，但对其社会属性的考虑，则是需要进一步加强的。

第二，本研究对学习者在协作过程中产生的认知冲突进行了分类，并针对不同类型认知冲突设计了不同类型的支架。通过对大学生的认知冲突对话的记录、归纳与总结，首先，将认知冲突分为选择类与非选择类，选择类即必须在两种及两种以上的观点中进行选择时产生的冲突，非选择类则是对观点本身产生的冲突，即可以对观点进行修改，不一定要做出选择的冲突。其次，非选择类冲突又可以按照对冲突观点的处理方式分为改善类、保留类、融合类、补充类以及模糊化，其中的模糊化并不属于有效消解认知冲突的方式，其他的类别均可以作为认知冲突有效消解的方式。据此，本研究设计了选择类、改善/保留类、补充/融合类三类对话结构性提示支架，并提出了消解认知冲突的对话提示支架设计四原则：保障学习者主动性、支持个性化的观点表达、方便对观点进行改进与反思、促进交互与协作。

第三，本研究中对话提示支架的作用机理在于将认知冲突外显化，学习分析技术能够为该过程提供有效的支持。沉默、隐忍是很多成人学习者在面对认知冲突时选择的处理方式，即便正面应对，学习者也缺乏有效的参考。对话既是协作学习中的关键因素，也是将认知冲突外显的最直接方式，对话提示支架的作用在于为学习者正面、积极消解认知冲突提供外显的、结构化的提示，减少其面临冲突时的不确定感、低效能感。学习者消解认知冲突的过程蕴含了行为、认知、情感等多个维度的因素，学习分析技术恰恰能为这些因素的细颗粒度、可视化呈现提供支持。

第八章

跨学科学习中的协同概念转变探索

本部分介绍的是一个在高中跨学科开展的例子。鉴于在基础教育中开展跨学科教育的难度及特殊性,本章不仅仅对实践的相关情况进行学术化梳理,同时将和该实践研究相关的理论及文献部分也一同介绍。旨在为读者提供一个还原我国基础教育跨学科教育实践样态的完整研究。

第一节 跨学科学习面临的现实困境

当今社会的科技飞速发展和生产力的突飞猛进对未来的公民提出了新的要求,世界各国都在思考培养什么样的公民,以使他们能够适应未来社会的生活与发展。日益复杂的社会、经济、政治、科技问题让人们逐渐意识到单一的专业性知识已经越来越不利于复杂问题的解决,只有具有跨学科素养的复合型人才才能解决新时代背景下面临的各种复杂问题。强调打破学科壁垒,整合学科知识跨学科教育应运而生。

在此趋势下,全球掀起了一股教育改革浪潮,特别是在提升国家竞争力的关键——指向创新型人才培养的科学教育领域。美国国家科学委员会1986年发布的《本科的科学、数学和工程教育》报告中就提出了"科学、数学、工程、技术教育集成"的建议[1],强调打破学科界限,培养学生的理工科素养,2021年美国国家自然科学基金会将这四门学

---

[1] 何克抗:《核心素养的内涵、特征及其培育》,《中国教育科学(中英文)》2019年第3期。

科统称更名为 STEM，提倡问题解决驱动的跨学科理科教育[①]，2011年美国发布的《K-12科学教育的框架：实践、跨学科概念与核心概念》强调通过跨学科概念将帮助学生建立对科学和工程的完整认识；[②] 2011年，韩国颁布《振兴整合人才教育计划》，提出培养具有 STEAM 素养的适应社会的综合人才；2015年澳大利亚发布的《STEM学校教育国家战略2016—2026》开始在国家层面关注学校 STEM 教育，支持跨学科、批判性及创新思维、问题解决与数字技术技能的培养；[③] 2016年我国教育部印发的《教育信息化"十三五"规划》也明确指出要积极探索跨学科教育，提升学生的创新意识和信息素养。在这些国家层面的政策导向下，跨学科科学教育相关研究与实践开始如火如荼地开展起来。

在科学教育中，一方面部分科学概念的学科边界并不清晰，不同学科之间联系紧密，许多科学研究需要整合各学科内容进行思考，单一学科导向的学习使各学科知识之间相互孤立，难以建立起完整的、结构化的科学知识体系；另一方面，在现实科学问题解决中，仅靠单一的学科知识难以解决复杂多元的科学问题，需要学生创造性地整合多种学科知识、方法与工具才能解决问题。提倡跨学科的科学教育，把学生培养成为跨学科的思考者和行动者已成为当前科学教育的共识。[④] 2017年我国教育部颁发的《义务教育初中科学课程标准》中就在课程性质中强调：初中科学作为一门综合性课程，应该打破学科界限，强调各学科领域知识的相互渗透和联系整合。[⑤]

综上所述，社会的飞速发展和科技的革新进步对公民的科学素养提出了新的要求，带来了教育目标的转型和教育培养方式的转变，科学教育中的跨学科融合教学已经成为一种趋势，在科学教育领域中逐渐流行

[①] 唐小为、王唯真：《整合STEM发展我国基础科学教育的有效路径分析》，《教育研究》2014年第9期。

[②] 张颖之：《美国科学教育改革的前沿图景——透视美国K-12科学教育的新框架》，《比较教育研究》2012年第3期。

[③] 唐科莉：《让所有年轻人具备必要的STEM技能和知识——澳大利亚〈STEM学校教育国家战略2016—2026〉》，《基础教育参考》2016年第3期。

[④] 宋歌：《科学教育中的跨学科素养测评框架建构及应用研究》，硕士学位论文，华东师范大学，2019年。

[⑤] 郁冰：《行行重行行：科学课十年波折——由深圳科学课程调整说起》，《基础教育课程》2011年第Z2期。

开来。

建构主义学习理论认为，学生在学习科学课程之前头脑并非一片空白，学生基于自己的日常生活经验和先前知识水平，已经形成了对事物或现象的看法或解释，他们带着已有的概念走进课堂，正如科学教育的权威研究人物波斯纳所说："探究和学习是在学习者当前概念的背景下发生的。每当学习者遇到一个新现象，他必须依靠他目前的概念来组织他的思考或调查，学习应当被视为概念转变的过程，其基本问题是学生的概念在新观点和新证据的影响下如何变化。"[1] 概念转变的学习观认为，科学学习过程其实就是实现学生的迷思概念向科学概念转变的过程，因此科学教育中，学习者对科学概念的理解程度直接决定了学生对科学知识的认知，影响着学生头脑中科学知识网络的建构。

在促进学习者迷思概念转变的过程中，一方面，学习者的迷思概念可能是源于生活经验或者思维定式，具有经验性、普遍性、隐蔽性、稳定性等特点[2]，根深蒂固；另一方面，学科边界比较模糊的"跨学科概念"在传统的分科教学中也容易成为学生的迷思概念[3]，这就决定了科学教育中的迷思概念难以通过传统的教学方式消除。跨学科科学教育能够有效打破学科壁垒和单一学科内的知识结构，跨学科概念能够建立起学科间联系，促进学习者对学科核心知识与概念的掌握[4]，能够有效避免传统分科教学中学科边界模糊的知识内容成为学习者的迷思概念。随着跨学科科学教育的流行，迷思概念研究势必在跨学科教育研究中变得很重要，因此，探究跨学科情境下如何促进学生概念转变的发生势在必行。

根据建构主义学习理论和概念转变理论，科学知识学习的过程是学习者在原有的知识经验基础上主动建构新的科学概念的过程，强调学生

---

[1] Postner, G. J., et al., "Accommodation of a Scientific Conception: Toward a Theory of Conceptual Change", *Science Education*, Vol. 66, No. 2, 1982, pp. 211-227.

[2] 李雁冰、刁彭成：《科学教育中"迷思概念"初探》，《全球教育展望》2006 年第 5 期。

[3] 黄皓：《跨学科融合教学的实践探索——以"原电池内的化学反应"为例》，《基础教育参考》2021 年第 8 期。

[4] 廖婷婷：《跨学科概念融入初中科学教育的初步研究》，硕士学位论文，南京师范大学，2015 年。

主动建构，鼓励学生合作交流。①"以学习活动设计为中心"的教学设计理论将学习活动作为教学设计的基本单元，将学习活动设计作为教学设计的核心，强调师生都是设计活动的主体，主张活动设计是为了引导学习者"主动建构"②，这与建构主义学习理论和概念转变学习理论的主张不谋而合。作为课堂教学中教学目标、方法、过程以及学生行为的集中体现，学习活动是学生科学概念学习的关键一环，科学合理地设计学习活动是促使学生概念转变发生的重要因素和关键所在。

因此设计学习活动是实现跨学科科学教育情境下概念转变的重要途径，学生在跨学科科学学习中，参与多种多样的学习活动，利用各类优质资源和工具，在与教师、同学的交互中，引发认知冲突，进而增强对科学概念的理解，促使概念转变的发生。

本研究的核心问题是：在跨学科科学教育中如何基于已有跨学科教育与概念转变的相关研究构建有效的学习活动设计框架，以促进学习者协同概念转变的发生？围绕上述核心问题衍生出三个子问题，具体问题如下：

（1）跨学科科学教育中促进学习者协同概念转变的学习活动的设计原则与策略有哪些？

（2）基于上述设计原则与策略，如何构建跨学科科学教育中促进学习者协同概念转变的学习活动设计框架？

（3）跨学科科学教育中促进学习者协同概念转变的学习活动如何开展？实施效果如何？

第二节 跨学科学习中的协同概念转变活动框架构建

一 概念转变的核心过程分析

概念转变是指在学习过程中学习者的新旧经验相互作用使学习者已

---

① 袁维新：《建构主义理论运用于科学教学的15条原则》，《教育理论与实践》2004年第19期。

② 侯器：《以学习活动为中心的教学设计理论述评》，《教育信息技术》2014年第12期。

有概念被改变、发展、重构的过程。对于概念转变的发展过程，不同研究者有着不同的解读。

皮亚杰的认知发展理论认为，个体的认知发展过程就是不断平衡化的过程，个体的认知结构总是在平衡与不平衡之间动态变化，从而不断建构和完善。而平衡到不平衡这种变化发生的条件就是产生认知心理的不平衡，即产生认知冲突。Posner等提出的基于认识论的概念转变模型认为，概念转变所需满足的第一个条件是"对原有概念产生不满"，即引发认知冲突。心理学研究表明，认知冲突产生后，个体会出于本能地去改变自己的思考方式、寻找方法去解决认知冲突。皮亚杰认为，个体为了解决认知冲突，达到新的认知平衡会采取两种方式：一是"同化"（assimilation），即扩大自己的认知图式，将新知识纳入自己已有图式内，运用已有知识解释新概念。二是"顺应"（accommodation），即为理解新概念进行原有概念的重构，转变自己的已有图式。主体正是通过同化和顺应两种方式，实现认知的动态平衡，实现认知发展。

随着概念理论的进一步发展，波斯纳等认为仅仅认识到新概念与原有概念的不一致性即产生认知冲突并不能成功实现概念转变，他们在原有概念转变模型的基础上增加了"概念状态"这一概念，概念状态包括新概念的可理解性、合理性和有效性。相较于抽象、内隐、不可见的概念转变过程，概念状态更容易通过外部手段被识别和检测出来。因此波斯纳等尝试利用概念状态来描述不可见的概念转变过程，认为概念转变就是学习者的新概念状态不断上升，原有概念状态不断下降的过程。

除此之外，国外学者Lee等使用认知冲突过程的模式来解释学习者面临认知冲突的过程，包括初步阶段、冲突阶段、解决阶段三个阶段[1]，如图8-1所示。Tyson等学者提出的概念转变过程包括四个步骤：①引发认知冲突：即让学习者认识到自己的迷思概念。②解决认知冲突：建构科学模型，用新的模型取代旧的模型。③应用科学概念：运用科学概念进行问题解决。④反思概念转变：将新旧概念进行比较，反思

---

[1] Lee, G., et al., "The Development of an Instrument for the Measuring Students' Cognitive Conflict Levels", 1999.

自己从迷思概念到科学概念转变的学习过程，提高学习者的元认知能力。①

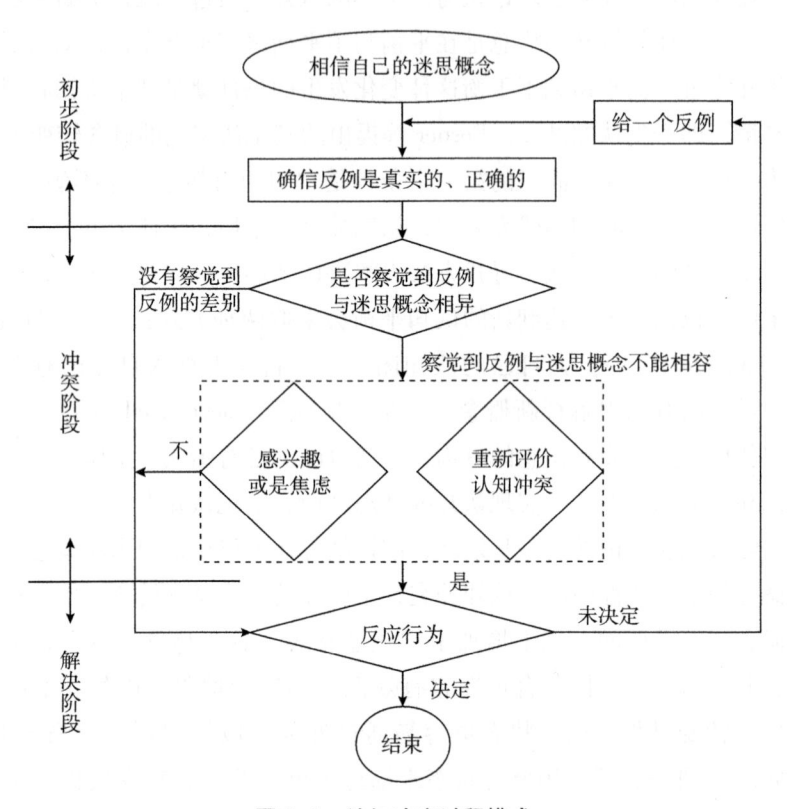

图 8-1 认知冲突过程模式

国内学者袁维新基于认知心理学，提出了概念转变的心理模型建构过程，包括四个阶段的循环，如图 8-2 所示：①激活原有模型，即激发个体原有心理模型中的错误概念。②产生认知冲突。③创建新模型：分为两种，学生审查修改原有模型中的元素或者直接创建新模型。④使用新模型。② 章旭东基于已有概念转变研究，认为概念转变过程可以分

---

① [美] 戴尔·H. 申克：《学习理论：教育的视角》（第三版），韦小满等译，张斌贤审校，江苏教育出版社 2003 年版。
② 袁维新：《概念转变的心理模型建构过程与策略》，《淮阴师范学院学报》（哲学社会科学版）2010 年第 1 期。

为探查迷思概念、引发认知冲突、解决认知冲突建构科学概念三个阶段。[①]

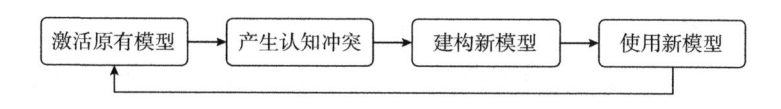

```
激活原有模型 → 产生认知冲突 → 建构新模型 → 使用新模型
```

图 8-2　概念转变的心理模型建构过程

本研究综合以上研究者对于概念转变过程的观点，总结概念转变发生的过程可以概括成五个关键阶段。①暴露原有观念阶段：主要通过问题创设让学习者提出观点激活学生已有认知结构中与问题或情境有关的先前经验，让学习者暴露出原有的错误概念。②产生认知冲突阶段：学习者意识到当前的认知结构中已有概念不能解决或解释观察到的问题与现象，引发学习者的认知冲突。③探索解决冲突阶段：在教师引导下，学习者通过自主探究、类比/比喻等策略，克服错误概念，建构科学概念，用新的概念取代错误概念或迷思概念。④迁移应用概念阶段：将新习得的科学概念迁移运用到其他的问题情境中解决问题，以充分理解科学概念，并验证科学概念的有效性。⑤反思概念转变阶段：学习者比较新旧概念，发现新概念的合理性、有效性，认识到原有概念的不合理性，反思从迷思概念转变成科学概念的学习过程，澄清模糊认识，通过此过程促进学习者更深入地理解科学概念，提高其元认知能力。

二　跨学科科学教育中促进协同概念转变的学习活动设计原则

在明晰了概念转变学习作为一种基于建构主义的科学学习模式的前提条件下，受建构主义学习理论以学习者为中心、强调创设学习情境、开展协作学习等特征的启示，在概念转变机理模型与教学模式等相关研究成果的支撑下，融合跨学科教育理念，本研究凝练了五条跨学科科学教育中促进协同概念转变的学习活动设计原则。

（一）以学习者为中心原则

根据建构主义学习理论，学习过程就是学习者主动地构建知识的过

---

①　章旭东：《物理概念转变的认知过程》，《浙江师范大学学报》（自然科学版）2008 年第 1 期。

程，学习者并不是被动地接收信息，而是在已有认知经验的基础上，选择性地感知外部信息并构建出新事物的意义。概念转变学习理论作为一种基于建构主义的学习理论，也具有以上特征。概念转变理论特别强调学习者已有知识经验对于新的科学概念认知习得的影响。因此，在跨学科情境下促进学生协同概念转变的学习活动设计中要始终将以学习者为中心作为基本原则。学习活动设计前要充分探查学习者的迷思概念，以便教师采取相应的策略和行动来引导学习者达成协同概念转变；在学习活动设计中要充分发挥学习者在科学学习中的主动性，视学生为科学知识的主动建构者，给予学生充足的空间进行思考与自主探究；评估学习活动设计效果要关注学习者对学习过程的反思和反馈，并通过教师访谈、课堂观察和后测判断其协同概念转变效果。

(二) 强调科学知识的社会认知建构原则

德赖弗认为，科学知识不仅是个人建构的，也是社会建构的[1]，强调学习中的交互作用。已有研究表明，小组讨论能够有效地促进学习者对科学概念的理解，这主要体现在：①在交流中，学习者能倾听他人不同的想法，避免学生仅仅从自身视角认识问题。②合作交流中学习者的想法通过言语表达充分外显化，能够有助于学习者对自身思维和想法的认识和监控。③对同一问题现象的不同认知是认知冲突的一种，在交流中学习者相互质疑的过程能够有效引发学习者的认知冲突。④合作中学习者的相互争论、建议有助于意见整合、激发灵感，促进彼此对概念更深入的理解[2]。因此，在跨学科情境下促进概念转变的学习活动设计中，要重视社会认知建构的作用，即为学生提供小组协作的机会，鼓励学生交流合作，在对话讨论中暴露学习者的前概念，引发认知冲突，更深入地学习科学概念。

(三) 问题驱动原则

科学的本质就是探究，科学探究是学生建构科学知识最重要的学习方式。要让学生能够通过自主探究的方式习得科学概念，就要通过设置

---

[1] Driver, Rosalind, "Constructivist Approaches to Science Teaching", *Constructivism in Education*, 2012, pp.385-400.

[2] 袁维新：《建构主义理论运用于科学教学的15条原则》，《教育理论与实践》2004年第9期。

问题情境的方式，让学习者能够在问题解决中通过探究、推理的方式主动建构知识。在问题解决的过程中，需要学习者获取当前信息，联系已有知识经验，通过探究、推理、综合等方式形成解决方案，能够让学习者很好地整合新、旧知识，更加深刻地理解概念。因此在本研究中，设计学习活动的各个环节时，需要遵循问题驱动原则，设置问题情境让学习者自主探究，在这一过程中，学生是知识建构的主体，而教师则是问题解决的引导者和促进者。

（四）跨学科深度融合原则

跨学科科学教育要求整合多门科学学科的知识、理论与方法，帮助学生学习理解科学概念，解决依靠单一学科难以解决的问题。[①] 其中整合意味着开展跨学科科学教育并不是多门学科知识的简单叠加，而是要将各学科内容深度融合，通过建立学科间的强关联性，帮助学生学会综合运用多学科的知识和工具，理解和掌握学习内容并运用到实际问题解决中。只有多学科知识深度融合才能真正打破学科壁垒，模糊学科界限，从而帮助学生形成自觉运用多学科的知识与方法去思考、解决问题的能力。

在跨学科科学教育情境下促进概念转变的学习活动设计中，应当遵循跨学科深度融合原则，让学习活动中的跨学科教育开展"不留痕迹"，成为一种自然的介入和参与，而不是刻意生硬的设计。在学习活动设计中，教师首先应当基于学习内容主题，分析内容中存在的超越学科的"大概念"，即"跨学科概念"，建立起学科间紧密联系，从而确定跨学科教育的切入点和着力点，规划学习活动；在具体教学引导中，教师可以运用类比策略将不同学科知识进行跨学科融合，帮助学生从跨学科视角更加深入透彻地理解涉及多学科知识的概念与原理。

（五）跨学科素养培养原则

在当前基于素养的教育改革背景下，开展基于素养的科学教育，对培养能够适应未来社会发展的学习者至关重要，跨学科教育在学科知识综合化、整体化发展的趋势下对于人才培养的重要性不言而喻。而跨学

[①] Kristin, W., "Postgraduate Veterinary Training in Conservation Medicine: An Interdisciplinary Program at Murdoch University, Australia", *EcoHealth*, Vol. 3, No. 1, 2006, pp. 57-65.

科教育中，重要的就是发展学生综合运用多门学科知识解决问题的能力，即发展学生的"跨学科素养"。所以在跨学科情境下促进概念转变的学习活动设计中，跨学科素养培养原则要贯穿始终。在学习活动中，教师运用交叉的学科概念帮助学习者学习科学知识，使其形成综合化、结构化的科学知识体系，并进一步引导学生从不同的学科视角，整合不同学科的知识与方法去发现、分析并解决问题，理解科学作为一个整体的系统性和统一性，形成自觉运用跨学科知识与技能，从整体上去发现、理解、思考和解决问题的技能与素养。

三 跨学科科学教育中促进协同概念转变的学习活动设计策略

基于概念转变发生的核心过程，综合已有概念转变研究中提出相关教学策略，应用跨学科教学的方式，提出了跨学科科学教育中促进协同概念转变的五条学习活动设计策略如下：

（一）聚焦学生前概念，激发原有认知观念

学生学习科学概念之前头脑并不是空白的，而是已经具有来自生产生活的相关认知经验，学生科学概念的建构是以其前概念为基础的。因此，开展科学教育应当重视学生的前概念，了解学生已有的认知结构发展水平，才能创设相应的活动环节与学习环境，引发学习者的探究和思考，进一步发展提高其认知水平。由于前概念具有"隐蔽性"[1]，很难简单地理解、辨别出来，所以探查学生的前概念十分必要。常见的前概念探查方法包括概念图法、纸笔测验法、访谈法和观察法等。[2]

探测学生前概念的另一个目的是激活学习者头脑中已有的认知观念，只有当学习者意识到已有认知观念与新经验之间的不一致时，才能促使其产生认知冲突，进而发生概念转变。回忆是促进原有认知结构激活的一项重要策略，因此在学习活动设计中，引导学习者回顾已有知识是激发其原有认知观念的重要策略与途径。教师需要结合对学生已有迷思概念的探查，创设问题，引导学生主动思考回顾与问题相关的已有知识经验，建立起新旧经验之间的联结。

---

[1] 李雁冰、刁彭成：《科学教育中"迷思概念"初探》，《全球教育展望》2006年第5期。

[2] 章旭东：《物理概念转变的认知过程》，《浙江师范大学学报》（自然科学版）2008年第1期。

第八章 跨学科学习中的协同概念转变探索

(二) 开展协作学习,引发认知冲突

引发认知冲突是促进协同概念转变发生的关键。社会建构主义理论认为,协作学习中认知水平相近的学习者之间通过交流略有差异的观点和认识,能够有效引发对同一种科学现象或事实的不同认知结构间的冲突,使学习者各自在内部产生认知冲突,通过这种认知冲突的解决,能够促进学习者认知观点重构。[①] 每个学习者对问题的认识都会受到先前经验的影响而产生差异,通过协作学习中同伴间的讨论交流,学习者能够意识到他人与自己观点的不同,这时学习者往往会对自己原先的观点产生怀疑,从而引发认知冲突,产生对科学概念进行探究的渴求。在促进概念转变的学习活动设计中,应该积极开展协作学习,鼓励同伴间进行交流讨论,教师应该作为组织者、引导者、促进者去协助学生开展合作交流,积极引导学生之间互相倾听,让学习者在过程中将自己的思想和观点外显化,通过对话交流进行观点碰撞,引发学习者的认知冲突,促进学习者对新知识的主动建构。

(三) 引导自主探究,加深概念理解

科学探究是科学知识建构的一种重要学习方式,在探究中,需要学生观察现象,运用已有的知识经验做出假设推理,尝试解决问题,在这个过程中学生能够亲历科学家探索科学规律的类似过程,能够有效激发学习者的学习兴趣。此外,在主动探究的过程中,学习者需要去主动思考解决问题,相较于被动地接受老师的讲授,更能够促进学习者对概念的理解,还能提升学习者自主思考的能力。

在设置自主探究学习活动时,首先,教师需要将学生始终放在主体地位,发挥学生在科学学习中的主动性,特别是在认知冲突的解决过程中,需要创造条件鼓励学生开展自主探究;其次,教师需要强化学生学习过程中的自我监控和反思,在探究完成后,鼓励学生总结表达自己探究的结果或结论,提升思维能力,同时加深对概念的理解。

(四) 提供跨学科视角,克服迷思概念转变障碍

科学学习中,很多知识是互相关联的,现代的分科教学制度使学生在学习相应的科学知识时,由于学科间的联系被割裂开来,难以理解有

---

① 钟启泉:《社会建构主义:在对话与合作中学习》,《上海教育》2001年第7期。

些具有跨学科性质的概念。打破单一学科内相对封闭的知识架构，为学生提供跨学科的视角学习科学概念，在一定程度上能够帮助学习者更深入地理解科学知识，构建更加完善的科学知识体系，是帮助学生的迷思概念向科学概念转变的必然选择。

在学习活动设计中为学生提供跨学科视角时需要注意的是：一是要寻找好适当的跨学科学习的切入点和结合点，跨学科并不是简单的学科知识叠加，而是要切实发挥各学科的效能和作用，需要通过多学科知识方法和工具的介入，帮助学生有效地理解学习内容，解决问题；二是设计跨学科融入要始终围绕学习目标展开[1]，在教学设计中，每个活动和环节的设计都指向一定的学习目标，在通过跨学科教学促进学习者概念理解和转变时，跨学科教学不能本末倒置，为了跨学科而跨学科，一定要增强目标学习的有效性。只有满足了这两种基本条件，才能通过跨学科教学，为学生提供跨学科视角，克服迷思概念转变的障碍。

（五）提供问题情境，促进概念应用

新的科学概念的建立并不意味着概念转变的完成，要想让新习得的科学概念成为主体认知结构中的一部分，还需要在新的问题情境中运用新习得的概念进行问题解决，验证概念的有效性和合理性，并对概念转变过程进行反思，这样才算概念转变的成功完成。作为概念转变中关键的一步，在迁移应用概念这一阶段的学习活动中需要为学生提供恰当的新概念应用的问题情境，让学生在问题解决中通过科学推理，进一步意识到新概念的合理性与有效性，促进对新概念的深化理解，使新的科学概念真正成为学习者认知结构中的一部分。

在迁移应用概念阶段为学习者提供问题情境时，一是问题情境要与所学习的科学概念联系紧密，必须应用相关的科学概念才能解决问题；二是问题情境应当尽量联系生产生活实践，只有将解题变成解决真实问题，从真实问题出发才能激发学生的兴趣，且真实问题的解决能够帮助学生认清由某些现实生活经验导致产生的错误概念，帮助其实现概念转变；三是问题情境设置需要具有层次性，问题难度会影响学生的认知投入程度以及思维水平，如果问题过于简单，对学生的认知投入要求就会

---

[1] 陆启威：《学科融合不是简单的跨学科教育》，《教学与管理》2016年第32期。

比较低，学生处于较低思维水平，难以帮助学习者真正理解并内化新的科学概念，实现概念转变。因此，问题情境设置应该具有一定的层次性，设置简单问题帮助学习者建立问题解决的信心并加强对科学概念的基础性理解，同时也需要设置具有一定挑战性的问题情境，提升学习者的认知投入水平，帮助其通过问题解决进一步深化对科学概念的理解。

四 跨学科科学教育中促进协同概念转变的学习活动设计框架

在上述原则与策略的基础上，结合概念转变发生的核心过程和已有相关研究成果，构建跨学科科学教育中促进协同概念转变的学习活动初始设计框架如图 8-3 所示，初始学习活动设计框架包括前期分析和学习活动设计两部分内容。

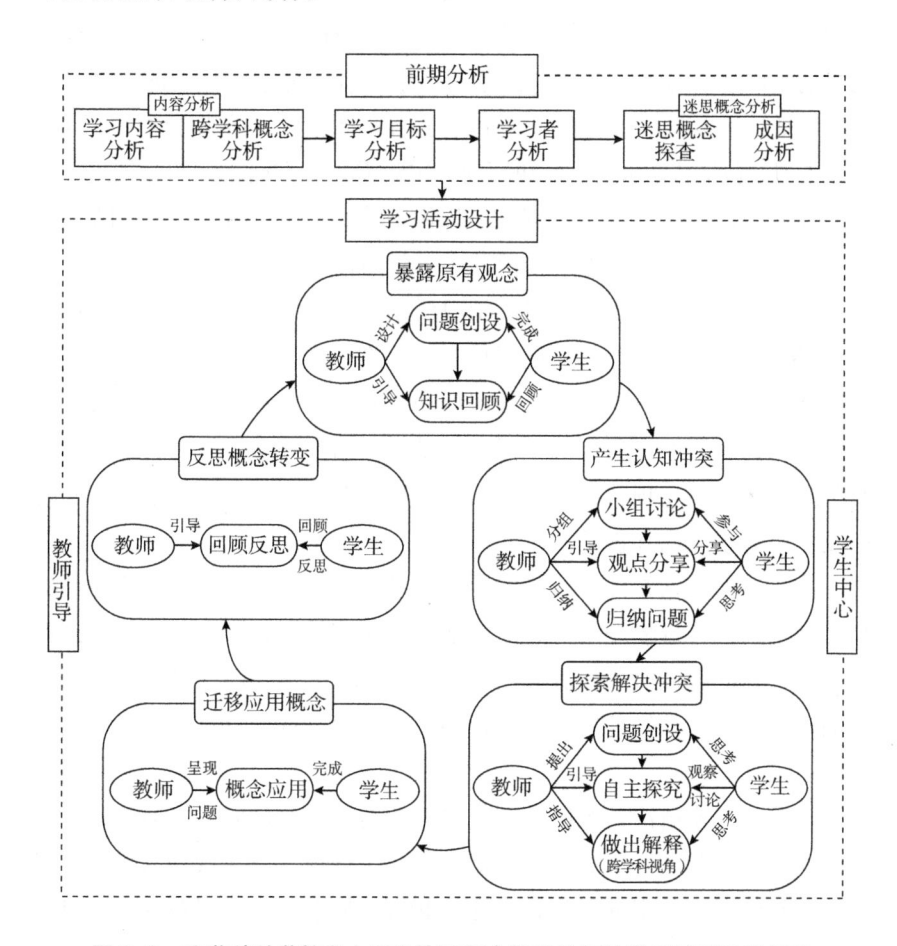

图 8-3 跨学科科学教育中促进协同概念转变的初始学习活动设计框架

前期分析是进行学习活动设计前的一般步骤，包括内容分析、学习目标分析、学习者分析和迷思概念分析四部分。学习内容和学习目标是学习活动设计的依据，学习活动需要紧密围绕学习内容展开，并最终能达成学习目标。开展跨学科科学教育，实现跨学科深度融合，需要找准跨学科的切入点，因此，在内容分析中，分析学习内容中的跨学科概念，从跨学科的角度解析、重构学习内容，组织学习活动，才能真正实现学习内容的跨学科教学。前期分析的第三部分是对学习者迷思概念分析，包括迷思概念探查和成因分析两部分，学习者迷思概念探查是了解学习者前概念的重要方式，也是开展概念转变教学的依据，而对迷思概念成因的分析，能够有效地了解学习者迷思概念产生的可能原因，并在学习过程中设计针对性的引导策略帮助学习者克服迷思概念。学习活动设计的目的是促进学习者科学概念的学习，学习者作为学习活动的主体，其认知特征是决定学习活动设计与开展的关键，因此，在前期分析中，还需要对学习者包括认知水平、认知倾向、实际需要等方面在内的特征进行仔细地分析，了解学习者的实际情况，以便于后续学习活动的设计与开展。

学习活动设计包含五个阶段共十个学习活动：

第一，暴露原有观念阶段的学习活动任务是为了激活学生已有认知结构中与学习内容有关的先前经验，为下阶段中引发认知冲突做准备，包括问题创设和知识回顾两个学习活动。其中问题创设是根据学习者迷思概念的探查，通过典型的学习者容易暴露错误概念的问题，让教师了解学生的迷思概念现状，便于在活动设计中有针对性地提供指导，同时引发学生对于先前知识的回顾。

第二，产生认知冲突阶段的学习活动是为了让学习者在讨论对话中认识到当前的心理模型不能解决或解释所面临的问题与现象，意识到迷思概念的存在，同时通过教师的总结归纳指出所面临的关键迷思问题，指向下一阶段的认知冲突解决，包括小组讨论、观点分享、归纳问题三个学习活动。

第三，探索解决冲突阶段的主要目的是通过创设问题情境，让学生自主探究解决问题并形成对科学概念的初步认识，并在教师引导下进一步解释科学概念，引导学生初步建立起科学概念，包括问题创设、自主探究、做出解释三个学习活动。

第四，迁移应用概念阶段目的是让学生在上一阶段建立的科学概念的基础上，通过迁移应用检验新概念的有效性，进一步深化对科学概念的理解。

第五，反思概念转变阶段是为了通过反思概念转变学习过程提高学生的元认知能力。学生通过回顾从迷思概念到科学概念的转变学习过程，能够发现新概念的合理性和旧概念的不合理性，促进对科学概念的认识与理解，同时强化学习者对自身认知加工过程、认知策略运用情况的自我意识和调控。

第三节　跨学科学习中的协同概念转变活动应用方法

一　基于设计的研究

本研究采用基于设计的研究方法，首先基于已有理论基础提出学习活动设计原则与策略，并依据此构建学习活动设计框架，通过在实践中设计、实施、反思的过程，改进学习活动设计框架。具体研究思路如图8-4所示。

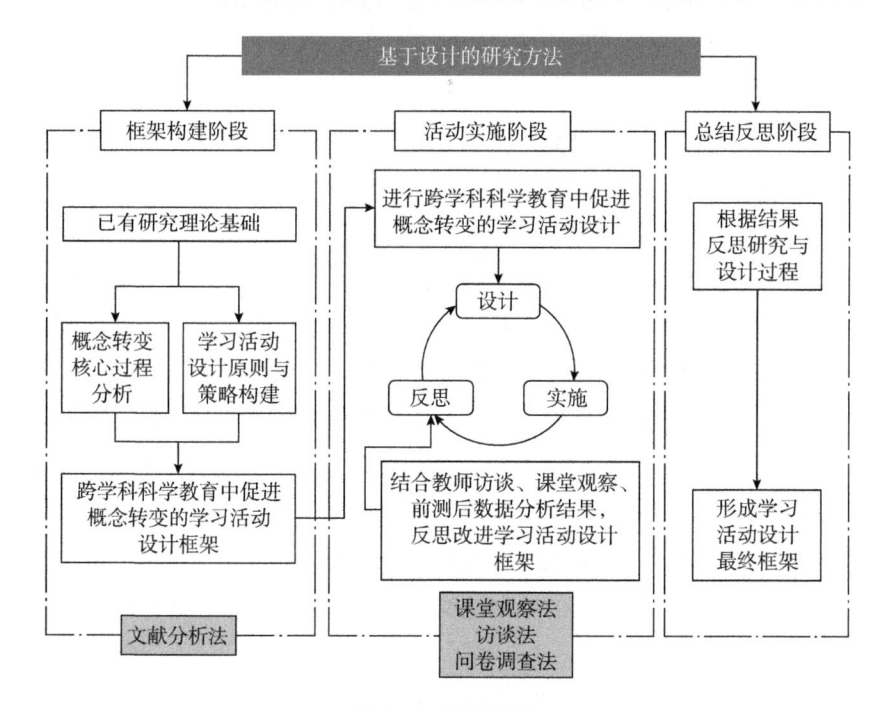

图8-4　研究思路

二 应用对象

本研究在高三原电池复习课中开展实证研究，研究对象为无锡市某高中高三班级学生，学生在前期的学习中已经初步学习了原电池的相关概念，但由于思维定式、思维能力以及教师教学方式的影响[①]，对于其中的概念并没有正确理解，并且因此形成了关于"原电池"的迷思概念。

三 数据收集与处理

本研究主要通过教师访谈、课堂观察、前后测对比来评估学习活动开展效果，并通过这些数据在每轮迭代中对学习活动进行改进。其中，教师访谈围绕教师从概念转变角度、跨学科角度评析学习活动设计与实施以及小组协作在促进学习者认知冲突产生作用三方面进行；前后测利用原电池迷思概念调查问卷进行测试来评估学生在教学干预后概念转变情况。

第四节 跨学科学习中的协同概念转变活动实施与改进

一 第一轮实施与调整

（一）设计与实施

电化学是与实际生产生活有着紧密联系的一类科学知识，在基础教育阶段科学教育中具有举足轻重的地位，其在高考和高中学业水平测试的考查中所占比率与出现频率便可直观地体现这一点。虽然在基础教育阶段，其知识内容被划分在化学课程中，但是从名称中就可以看出，其知识内容与物理、化学有着紧密联系，具有很强的跨学科属性。原电池作为电化学中重要的知识组成部分，不仅是近几年高考考查中的重点，其知识内容在日常生产、生活中的应用也非常广泛，如金属的腐蚀与防护、新能源电池等。原电池内容大致可以分为三部分：原电池的组成和原理、化学电源以及金属的原电池腐蚀，其中涉及了氧化还原反应、金

[①] 李啊琴：《"原电池"学习中的错误概念及其转化教学初步研究》，硕士学位论文，华东师范大学，2007年。

属活动性、电解质溶液、正负极、化学电源等多个概念，与物理中电学知识联系紧密。综上所述，原电池所涉及概念较多而且比较抽象，再加之其知识内容还具有跨学科特征，在单一学科教学中去学习原电池相关知识对于学习者学习掌握相关概念有比较大的难度。因此，针对这一内容主题，开展跨学科教学不仅可行，而且必要。

开展跨学科教学，实现学习内容的跨学科深度整合，需要基于学习内容中的跨学科概念，建立起各学科核心概念间的紧密联系。美国国家研究理事会2011年发布的《K-12科学教育框架》中确定了7个跨学科概念，分别为模式，因果关系，尺度、比例与数量，系统和系统模型，物质和能量，结构和功能，稳定和变化。[1][2] 本研究基于以上框架中所给出跨学科概念，分析原电池这一主题内容中的跨学科概念与具体的跨学科知识，如表8-1所示。

表8-1　　　　　　　　原电池中的跨学科概念

七大跨学科概念	原电池跨学科概念	原电池具体跨学科知识
模式	原电池工作原理	物理电路和化学原电池中都是因为电子的定向移动产生电流
因果关系	电流是由于自由电荷的定向移动而产生	化学原电池中产生电流是因为外电路中氧化还原反应中得失电子的移动和内电路中电解液中粒子在电偶极层的影响下定向移动而产生的
尺度、比例与数量	方程式遵循守恒原理（原子守恒、电荷守恒、电子转移守恒）	原电池中电极反应式的书写要注意电子转移数相等，以及电极反应式左右两边的电荷要守恒
系统和系统模型	原电池基本模型（单液/双液）	相较单液原电池，双液原电池能够产生更加持续、稳定的电流，且能更大限度地将化学能转化为电能，能量利用率高
物质和能量	化学反应释放化学能	原电池是将化学能转换为电能的装置

---

[1] 李瑞雪、王健：《美国科学课程中的跨学科概念：演进、实践及启示》，《外国教育研究》2021年第4期。

[2] 张华：《论学科核心素养——兼论信息时代的学科教育》，《华东师范大学学报》（教育科学版）2019年第1期。

续表

七大跨学科概念	原电池跨学科概念	原电池具体跨学科知识
结构和功能	由电极、导线和电解液构成的闭合回路使电流能够通过	化学原电池中闭合电路是构成原电池的条件之一，物理中闭合电路由电源、用电器、导线和开关组成，是电荷沿电路绕一周后可回到原位置的电路
稳定和变化	自然界中能量守恒	原电池使化学能转换为电能，能量形式发生变化但总量不变

从表 8-1 中分析的原电池中包含的跨学科概念可知，在《K-12 科学教育框架》所确定的 7 个跨学科概念维度下，原电池不仅涉及化学反应原理，并且与物理中的电学、质量守恒定律以及能量守恒定律等基本规律有着紧密的联系。因此，在帮助学生学习原电池相关概念与原理时，也应当结合物理学的视角与方法帮助学生去深入理解这些概念。

由于原电池包含的学习内容和概念比较丰富，学习活动实践开展的课时有限，因此主要从跨学科视角帮助学生掌握原电池的工作原理、构成条件、粒子移动以及能量转换几个方面的基础核心概念，不涉及更加复杂的双液原电池以及设计原电池等内容。结合上文分析的原电池主题下包含的跨学科概念为基础，以促进学习者概念转变为导向，结合教育部 2017 年印发的课标中对学生原电池相关内容的学业要求，制定跨学科教学中旨在促进学习者概念转变的原电池学习目标，如表 8-2 所示。

表 8-2　　　　　　　　　　　原电池学习目标

类别	具体目标
知识与技能	1. 能从能量变化的角度理解原电池是化学能转化成电能的装置； 2. 能够从物理电子转移的角度理解原电池的本质，掌握原电池的工作原理和构成条件； 3. 能够根据原电池中发生的氧化还原反应书写常见原电池的电极反应式，判断电极； 4. 能够根据物理电学原理以及电极反应判断原电池中粒子移动方向和电流方向

续表

类别	具体目标
过程与方法	1. 通过实验探究培养学习者的动手实践能力、观察分析能力； 2. 通过分组学习、讨论、探究提升学习者的协作能力和沟通能力； 3. 通过开展跨学科学习提升学生综合运用多学科知识的能力，建立起学科知识间的联系
情感态度价值观	1. 通过自主探究实验，体验科学探究的过程，激发学生科学学习的兴趣，培养学生严谨求实的科学态度； 2. 通过了解原电池在实际生活生产中的应用，树立环保意识和可持续发展的思想

本研究案例选用高中化学原电池内容作为学习活动设计实践的主题，研究对象为已经学习过原电池相关课程内容的高三学生，旨在帮助学习者纠正初步学习中遗留的原电池迷思概念。为了使学习活动设计更有针对性，本研究将从起点水平、认知发展特征、学习动机特征三个方面对该阶段的学习者进行特征分析。

第一，起点水平。考虑到原电池这一学习内容与化学和物理学科均紧密相关，所以对学生的起点水平分析主要从两方面出发，一是化学相关知识的起点水平：高三阶段的学生在前期学习当中，已经学习了原电池的本质——氧化还原反应的相关知识，并且通过对化学能转化为电能的学习，已经对原电池概念、正极、负极、电解质溶液有了初步的了解，但是不够深入透彻，且不同学生间存在掌握程度的差异性。二是物理相关知识的起点水平：该阶段的学生已经基本掌握了物理学中如能量守恒定律、质量守恒定律、电荷守恒定律等基本规律，对物理电学知识有了一定的认识与了解，掌握了相关的基础知识。

在这两门学科关于原电池的相关知识学习中，学生存在的共同问题是：有些学生是通过死记硬背记忆了相关知识和规律，对原理不能进行深入分析、灵活运用。且日常教学往往从单一学科知识出发，学生很难将两个学科间相关知识结合对问题进行分析与思考，并且可能会因为日常经验和教师讲解原因，对原电池构成条件、原理等知识理解不透彻，从而对相关学习内容产生迷思概念。因此，在教学过程中，要充分考虑到学习者的差异性，对其产生的迷思概念进行破除，使之更加透彻地掌握原电池相关概念与原理。

第二，认知发展特征。高三学生处在个体从不成熟走向成熟，从儿童走向成人的过渡时期，其认知结构的各种要素包括感知觉、注意、记忆、思维、想象等在内迅速发展，接近成人水平。从记忆发展角度看，高三学生处于记忆发展的最佳时期，其中有意记忆占主导地位，理解记忆为主要识记方法；[①] 从注意力发展角度看，高三学生的注意力已经比较稳定和集中，有意注意占主要地位，注意力的稳定性、广度以及分配能力都已经日趋成熟，接近成人水平，注意力转移能力得到较快发展。从思维发展角度看，此阶段的学生思维的过渡性特征明显，根据皮亚杰的认知发展理论，此阶段的学生认知发展正处于具体运算向形式运算过渡阶段与真正掌握形式运算阶段的双重阶段。高三学生的抽象逻辑思维逐步占据优势，并向理论型抽象逻辑思维发展，辩证逻辑思维处于转折期，表现出"飞跃""两极分化"的特征。[②]

第三，学习动机特征。有研究表明，对于中学生而言，内在动机和自我性外在动机随年级的增长而提高，但社会性外在动机则随年级的增长而下降。[③] 高三阶段学生心理已发展接近成人水平，在高考压力下和自我升学期望中，他们不再仅仅依赖外部奖励而去学习，更多的是满足自我提升的需要。在学习过程中，教师应当注意利用学习者的内部动机，创设与生活实际联系密切的情景问题，增强其对学习意义的感知，激发其学习兴趣。

笔者通过在知网以"原电池"和"迷思概念"为关键词进行文献检索后发现，不少研究者已经关注到原电池学习中学习者迷思概念的问题并开展了实践教学研究。笔者通过对秦详明[④]、李佳雯[⑤]、刘胜文[⑥]、

[①] 赵雅静：《结合科学发展观看高中学生认知发展特点》，《长江丛刊》2017年第13期。

[②] 秦德生：《学生对导数的理解水平及其发展规律研究》，博士学位论文，东北师范大学，2007年。

[③] 李夏：《中学生学习动机发展研究》，《山东教育科研》2002年第1期。

[④] 秦详明：《原电池知识系统中迷思概念及其教学改进的研究》，硕士学位论文，四川师范大学，2018年。

[⑤] 李佳雯：《基于学习进阶的高二学生原电池迷思概念转变的实践研究》，硕士学位论文，贵州师范大学，2021年。

[⑥] 刘胜文：《高二学生"原电池"前概念测查与教学研究》，硕士学位论文，山东师范大学，2013年。

林森[1]对原电池迷思概念的研究进行总结，概括出学习者原电池学习中的常见迷思概念，如表 8-3 所示。

表 8-3　　　　　　　　　　　原电池中常见迷思概念

原电池知识	学习者可能存在的迷思概念
原电池的概念	认为原电池是一种直接提供电能的装置，忽视了其是一种将化学能转换为电能的能量转换装置
原电池的构成条件	只关注化学反应是否自发进行，忽略是否为氧化还原反应
	不能判断氧化还原反应
	原电池的电极必须是活泼性不同的金属
	原电池的电极必须能与电解质溶液发生反应
	认为电解质溶液是构成原电池的条件之一
	无法判断溶液是否为电解液
	电解质溶液一定是水溶液
	只有导线将正负两极相连才算形成闭合回路
	不知道双液原电池中盐桥的作用以及其中的粒子流向
原电池电极判断与电极反应方程式书写	仅靠金属活动性顺序判断正负极，认为非金属不能作为原电池电极
	不考虑电解质溶液情况对电极反应的影响
	分不清得失电子对应氧化反应还是还原反应
	环境不同就无法正确书写电极反应方程式
原电池中粒子移动方向判断	阴离子移向正极，阳离子移向负极
	认为电子可以进入溶液形成闭合回路
	不清楚原电池中电子转移实质，无法解释粒子定向移动的原因
	对内外电路的认识模糊不清

根据表 8-3 的内容，与表 8-1 的内容对比可以看出，原电池中学生的主要迷思概念都与原电池中的跨学科概念相关，特别是对于原电池本质的认识、原电池的构成条件以及粒子移动方向的判断，与能量转换以及物理电学知识联系非常紧密。从跨学科视角概括整合上述迷思概念，如表 8-4 所示。

---

[1] 林森：《基于三阶测量的原电池迷思概念探查及概念转变研究》，硕士学位论文，哈尔滨师范大学，2021 年。

表 8-4　　跨学科视角下学生原电池中常见迷思概念

七大跨学科概念	原电池跨学科概念	原电池具体跨学科知识	迷思概念
模式	原电池工作原理	物理电路和化学原电池中都是因为电子的定向移动产生电流	阴离子移向正极，阳离子移向负极
因果关系	电流是由于电子的定向移动而产生	化学原电池中产生电流是因为氧化还原反应中得失电子的移动	认为电子可以进入溶液形成闭合回路
			不清楚原电池中电子转移实质，无法解释粒子定向移动的原因
尺度、比例与数量	原电池中发生的氧化还原反应质量守恒、电荷守恒、电子守恒	原电池中电极反应式的书写要注意电子转移数相等，以及电极反应式左右两边的电荷要守恒	—
系统和系统模型	原电池基本模型（单液/双液）	相较于单液原电池，双液原电池能够产生更加持续、稳定的电流，且能更大限度地将化学能转化为电能，能量利用率高	不知道双液原电池中盐桥的作用以及其中的粒子流向
物质和能量	化学反应释放化学能	原电池是将化学能转换为电能的装置	认为原电池是一种直接提供电能的装置，忽视了其是一种将化学能转换为电能的能量转换装置
结构和功能	由电极、导线和电解液构成的闭合回路使电流能够通过	化学原电池中闭合电路是构成原电池的条件之一，物理中闭合电路由电源、用电器、导线和开关组成，是电荷沿电路绕一周后可回到原位置的电路	只有导线将正负两极相连才算形成闭合回路
			原电池的电极必须是活泼性不同的金属
			原电池的电极必须能与电解质溶液发生反应
			仅靠金属活动性顺序判断正负极，认为非金属不能作为原电池电极
			对内外电路的认识模糊不清

续表

七大跨学科概念	原电池跨学科概念	原电池具体跨学科知识	迷思概念
稳定和变化	自然界中能量守恒	原电池使化学能转换为电能，能量形式发生变化但总量不变	认为原电池是一种直接提供电能的装置，忽视了其是一种将化学能转换为电能的能量转换装置

从表8-4中可以看出其中最频繁出现的迷思概念就是原电池中粒子移动问题，由于教师在教学中往往只呈现结论，而忽略了从跨学科角度对原理的深入分析与解释，学生只能靠死记硬背记住粒子移动方向为"阳离子向正极移动，阴离子向负极移动"，不能解释原因。没有在理解基础上记忆，对粒子移动问题学生脑海中的概念往往容易出现偏差，甚至完全相反的结论，即使记忆的结论正确，换个复杂的原电池反应，学生也往往难以迁移应用。

从已有研究的分析看，学生在学习"原电池"时产生这些迷思概念与原电池知识本身的强抽象性、学生主体思维能力较差、主体思维定式的影响、不良的学习习惯和方法以及教师的教学方式[1]等原因有关。

通过和一线教师的交流得知，教师的教学方式与教师本身对内容的理解程度对学习者迷思概念的产生确实有很大影响。原电池这一内容具有很强的跨学科性，而很多一线教师由于长期进行单一学科教学带来的习惯性反应，教师本身并不能从跨学科的角度去思考和组织教学内容。所以对于涉及跨学科知识的原理、机制，很多教师本身并不具备从跨学科角度去深入解读的能力，这就造成了教师不能将其中的科学概念完整透彻地介绍给学生，只能通过让学生生硬地记住所总结出来的规律去解决问题。这种教学方式容易导致学生学习效果不佳，学习兴趣大大降低，甚至由于教师本身对概念理解不透彻，在教学中容易按照自己的理解增加或者省略内容，导致学习者新的迷思概念的形成。

依据跨学科科学教育中促进概念转变的学习活动设计框架，设计第一轮学习活动，如表8-5所示，包括五个阶段共9个学习活动。

---

[1] 李啊琴：《"原电池"学习中的错误概念及其转化教学初步研究》，硕士学位论文，华东师范大学，2007年。

表 8-5　　　　　　　　　　第一轮学习活动安排

活动阶段	活动任务	具体活动内容
暴露原有观念阶段	问题创设	通过铜—锌原电池问题引出学习内容，并归纳学习者对于原电池的主要观点
	知识回顾	教师带领学生回顾化学必修2中构成原电池的条件
产生认知冲突阶段	小组讨论	小组内进行讨论，尝试应用原电池的构成条件解释自己的观点
	观点分享	小组代表分享自己的观点并说明自己的理由
	问题归纳	教师根据同学分享的观点看法总结学生观点指向的关键迷思问题
探索解决冲突阶段	问题创设	教师根据学生关键迷思问题创设问题，引导学生开展自主探究
	自主探究	在教师引导下，引入物理中速度选择器、磁流体发电机等进行类比，让学生自主回顾其中原理知识
	作出解释	教师概括总结这几类物理仪器中的电荷分布的共同特征，并以此原理为基础解释原电池中粒子定向移动的原因，帮助学生理解原电池中粒子的移动方向
迁移应用概念阶段	概念应用	请学生用刚刚所学习的原理解释外电路接通以后电荷的移动方向
反思概念转变阶段	回顾反思	教师和学生反思概念转变学习过程

1. 暴露原有观念阶段

（1）问题创设。铜—锌电池（电解液为 $CuSO_4$ 溶液）是一类典型的原电池，也是学生常常会因为电解液产生错误认识的一种原电池。问题创设活动任务是指教师在课前发放关于铜—锌原电池（电解液为 $CuSO_4$ 溶液）知识的调查问卷，调查学生对铜—锌原电池（电解液为 $CuSO_4$ 溶液）的观点，并基于此调查结果，在课上引出原电池学习内容，并引导学习者对自己的观点再次进行思考。图8-5是部分同学调查问卷完成情况。

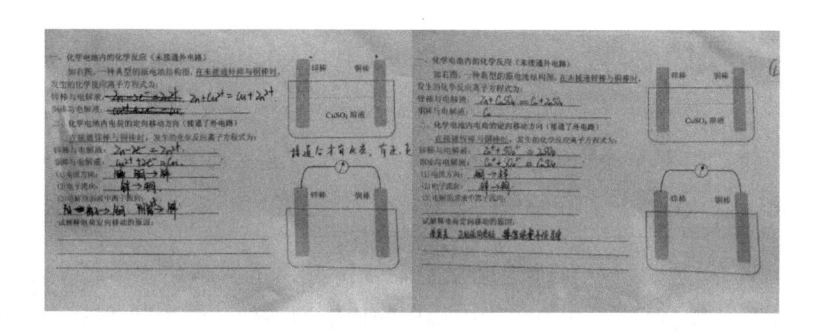

第八章 | 跨学科学习中的协同概念转变探索

图 8-5 部分同学调查问卷完成情况

（2）知识回顾。在教师引导下，学生基于铜—锌原电池问题回顾构成原电池的条件，即是否有自发进行的氧化还原反应、是否具有活泼性不同的两电极、是否形成闭合回路。

2. 产生认知冲突阶段

（1）小组讨论。产生认知冲突阶段是希望通过小组合作中的交流对话，让学生对自己的原有观点产生更清晰的认识，同时也意识到自己原有观点存在的问题。根据教师分组，学生在小组内就铜—锌原电池（电解液为 $CuSO_4$ 溶液）问题不同观点进行讨论，在讨论中要求学生运用"原电池构成条件"解释自己的观点。

（2）观点分享。学生进行小组合作讨论后，由教师随机选择小组代表阐述本组的观点并运用"原电池的构成条件"进行展示，过程中，教师根据小组代表发言情况进行提示和追问。以下是课堂中进行观点分享的师生对话节选。

> 师：先告诉我你支持哪一个观点，观点一还是观点二？观点一是这样，如果电路没有接通，只有锌棒与电解液发生反应，铜棒不反应。观点二，无论电路是不是接通，铜棒都不和电解液反应，你先告诉我，支持哪一观点？
> ……
> 生：观点二
> 师：你也支持观点二
> 生：活泼电极只有锌能与电解液发生反应。

201

> 师：好，那你告诉我，铜为什么和硫酸铜溶液不能发生反应？
> 生：因为它的活泼性没有那个硫酸铜强。
> 师：铜棒和硫酸铜溶液的铜离子没有活泼性的差别，因此不会反应。

（3）问题归纳。教师根据学生发言情况，概括总结学生产生不同观点的关键问题——基于化学中构成的原电池条件，学生认为铜—锌原电池中铜棒和硫酸铜溶液中的铜离子活泼性并没有区别，铜棒不能与电解质溶液自发进行反应，因此不能构成原电池。并指出学生所强调的反应是指"化学反应"，对物理反应和化学反应进行区分，为下一步学生自主探究内容做准备。

3. 探索解决冲突阶段

（1）自主探究。前两个阶段的学习活动旨在激活学生关于原电池的已有概念，引发认知冲突，而探索解决冲突阶段旨在通过跨学科视角去分析解释原电池的工作原理，帮助学习者建构新概念。这一阶段的第一个学习活动为自主探究，在教师引导下，引入物理中速度选择器、磁流体发电机、等离子体发电机进行类比。学生自主在学习小组中回顾速度选择器、磁流体发电机以及等离子体发电机的原理。教师引出"电偶极层"概念并概括这些物理实例中的共同特点，即在这些"电偶极层"实例中，均没有发生化学反应，但是正负电荷在外界因素影响下，均重新分布，形成了正负极。通过原理类比，让学生重新思考原电池中粒子定向移动的形成原因。

（2）作出解释。教师根据自主探究中总结出的原理，解释原电池中发生的反应，给出物理层面对化学电池的定义——导体和电解质溶液接触，由于电化学效应会在导体与溶液接触界面上所形成的正负电相距很近的电偶极层，正负电荷在电偶极层的影响下分布，从而形成了正负极。通过物理学科知识，为学生提供微观的"可视化"的原电池工作原理，借助"电偶极层"概念，让学生能够更深入透彻地理解原电池中粒子移动的方向及原因。

4. 迁移应用概念阶段

通过探索解决冲突阶段，学生已经初步形成了对原电池构成条件和工作原理的科学理解，需要通过概念迁移应用进一步加深对科学概念的理解。在概念应用学习活动中，教师让学生尝试运用刚刚所学习的物理层面的原电池微观原理解释外电路接通后，铜—锌原电池内粒子定向移动的方向。以下是课堂中教师提问外电路接通后原电池中电荷引动方向问题时的师生对话节选。

> 师：我们已经讨论了外电流，现在来看内电流。在硫酸铜溶液中，有铜离子和硫酸根离子，一个带正电，另一个带负电。接下来，解释一下为什么阴离子会向负极迁移。
>
> 师：阴离子是哪种离子？
>
> 生：硫酸根离子。
>
> 师：硫酸根离子带负电，因此是阴离子，对吗？那么它会朝哪个方向迁移？
>
> 生：向负极迁移，向这边走，对吗？原因是什么？
>
> 生：因为负极聚集了正电荷，正电荷吸引负电荷。
>
> 师：对，由于电偶极层的存在，这里相当于正极板，那边是负极板。在正负极板之间形成了匀强电场，电场方向从正电荷指向负电荷。有了电场方向后，负电荷受电场力的方向与电场方向如何？
>
> 生：相反。
>
> 师：对，硫酸根离子在电场力的作用下，自然会向负极迁移。那么，铜离子是带正电的，正电荷受电场力的方向和电场强度的方向又如何？
>
> 生：相同。
>
> 师：很好。现在我们看到，正电荷在外部的运动方向是逆时针，在内部也是逆时针运动。通过这种周而复始的循环，形成了持续稳定的电流和电源。

5. 反思概念转变阶段

师生反思概念转变学习过程，学生比较原有概念和新概念，认识到原有概念的不合理和新概念的合理性与有效性，增强对认知过程的反思与监控，提升学生的元认知能力。

（二）评价与调整

在第一轮实验结束后，研究者通过对课堂录像观察分析、主讲教师访谈分析来获得本轮学习活动的实施情况以及过程中存在的问题，反思并修订第一轮研究与活动设计。

1. 课堂观察分析

从课堂观察的整体情况上来看，学生基本能够积极参与到课堂学习活动中，按要求完成每阶段的活动任务；从最后学生概念应用的情况以及对整个学习过程的反思情况来看，学生能够应用物理电子转移和电路知识和能量守恒原理，正确地解释原电池工作原理以及其中的电子移动方向，说明本次学习活动设计在一定程度上能够促进学生对科学概念的理解并帮助学生实现概念转变。

在暴露原有观念阶段，由于教师是基于学生提前作答的问卷创设问题，学生表现出比较强的兴趣和积极性，能够积极回应老师的提问并且回顾原来已经学习过的"原电池构成条件"的相关知识。

在产生认知冲突阶段，设计了小组活动，由于教师在以前的教学活动中经常使用到这种教学形式开展学习，学生对此种学习方式已经比较熟悉，能够比较自如地在小组中沟通交流、分享交换意见。但在课堂观察中也发现，尽管大部分同学能够比较积极认真地参与到小组学习活动中，还是有部分同学在小组讨论中出现注意力不集中、没有主动分享自己的观点等问题，这容易导致学生原有认知观念没有完全外显，难以产生认知冲突，进而对后面概念转变环节产生影响。而在小组观点分享和问题归纳中，教师能够根据学生观点进行适当的总结和追问，从学生的回答和表现看，学生对教师的追问有时并不能作出合理的解释和回答，通过教师进一步的追问和总结帮助学习者认清原有观念的不合理性，引发学生对自己原有观念的进一步思考，同时厘清学生原有观念中的关键问题。

在探索解决冲突阶段，在物理相关知识与原理的回顾和类比中，教师讲授占据了比较大的比重，学生大部分时间是在对教师提问作出回答。学生虽然在教师引导下对原理知识进行了总结和回顾，但自主思考的空间有限，类比和作出科学解释的过程也由教师完成，对于学生解决认知冲突来说，尽管教师所给出的科学解释也能帮助他们在一定程度上建立科学概念，但在这一过程中，学生多处于被动接受的状态，缺乏自主性。

在迁移应用概念阶段，由教师引导学生应用新概念去解决问题，从学生回答情况看，学生能够比较熟练地应用新的科学概念去解决教师提出的新问题，分析其中原因，主要有两方面：一方面因为在整个学习过程中，学生对科学概念已经有了比较深入全面的理解；另一方面是新的问题与课堂中创设的问题情境一致，对于学生难度比较小。

2. 教师访谈

在第一轮学习活动实施后，笔者对实施本次学习活动的教师进行了访谈，通过教师反馈了解本次学习活动的实施效果以及学习活动设计中存在的问题。通过对访谈内容的总结分析，整理出教师对第一轮实验的学习效果与存在的问题反馈如下。

对于学习效果，教师认为从总体上来说，此次学习活动设计能够在一定程度上促进学生原电池迷思概念转变，物理学科知识在学习活动中作为学习者的认知支持能够为其提供直观呈现的微观可视化原理，有效地促进了学生对原电池原理特别是原电池中粒子移动方向的理解；此外，学习活动中小组合作的设计，学生在过程中学会了如何与小组同学进行合作交流并表达自己的观点，课堂积极性和活跃度有所提高。

对于教学存在的问题，教师认为本轮教学实践中学习者为物生班学生，化学基础相对较弱，很多基础细节的内容需要不断强调才能涉及核心问题，学生对于问题的反应比较慢，所以在课堂时间把控上，留给学生自主探究总结的时间不是很多。

3. 讨论与改进

（1）问题反思。通过以上对第一轮学习活动实施效果分析可以发现，学生基本可以按照设计要求积极完成各个阶段的学习活动与任务，其对原电池科学概念的理解也得到了提升，活动设计在一定程度上能够促进学生概念转变的发生，有一定的实践成效。但对教师访谈和观察进一步分析后发现，在第一轮实验的活动设计与实践中，也还存在以下几方面的问题。

第一，在第一轮实验中对学生学习效果的评价只通过课堂录像观察、教师访谈这些质性分析方法分析，缺少对学生学习效果量化数据的收集与分析。且概念转变的主体为学生，只有通过对学生前后概念理解情况进行量化调查才能更真实地反映学习活动的设计效果与作用，应适度结合量化分析方法对学生学习效果以及概念转变情况进行综合分析。

第二，由于合作机制不明确，没有提供足够的协作支架，且教师在过程中因学生人数多没办法及时跟进每个小组的讨论情况，在小组讨论时，部分学生存在对讨论任务不明确、注意力不集中、参与度不高的情况，以致学生没有办法很好地将自己的先前概念充分地外显暴露出来，学生没有充分参与小组合作，那么小组对话交流也很难帮助学生产生认知冲突。

第三，在学习过程中，教师讲授仍占据比较大的比例，学生自主探究、思考的空间不足。在自主探究环节，学生自主回顾物理知识原理时，教师进行过度引导，以致学生从主动回顾变成了被动回答问题。且在自主探究学习活动设计中，学生的探究程度不够，更多的是对迷思概念和问题的原理解释，缺乏对实际科学现象的观察、思考和推理的过程。

第四，迁移应用概念阶段强调学生将新习得的科学概念迁移运用到新的情境中去解决问题，以验证新概念的合理性并促进学习者对科学概念的进一步理解。在第一轮实验中，概念应用阶段的学习活动设计只是让学生解释外电路接通情况下电流方向，这与原理讲解时的情境类似，并且可以根据原电池工作原理解释直接推理得出，迁移性不够，进一步提升学生新概念迁移运用的能力需要为其提供多样化的应用情境以及具有一定挑战性的问题。

（2）设计改进。基于以上对第一轮学习活动的实施效果以及存在问题的分析，在第二轮实验开始前，对跨学科科学教育中的学习活动设计框架以及具体活动设计进行如下调整和改进：

第一，针对第一轮实验中对学生学习效果的分析评价角度单一问题，在第二轮实验中，在课堂录像观察、教师访谈的基础上进一步增加前后测，通过前后测的量化数据对学生概念转变情况进行更细致的调查分析，以便更真实全面地反映学习活动的设计效果与作用，也为进一步反思和改进学习活动设计提供依据。

第二，针对第一轮实验中小组讨论部分学生参与不积极、投入度不高、对讨论主题与任务不明确的问题，在第二轮实验中设计了《小组协作讨论记录单》作为小组协作讨论的支架，记录单中明确了小组协作任务，讨论问题，并要求学习者就讨论过程和经讨论后达成一致的小组观点进行记录。此记录单旨在帮助学生明确小组合作的任务和要求，并且通过要求对学习过程记录，避免学生在讨论中参与度降低、注意力转移等情况，且教师在小组讨论过程中积极关注每个小组的讨论情况，并适时给予引导。

第三，针对第一轮实验中自主探究中学生探究程度不够、自主性不够的问题，在第二轮实验中，将自主探究任务在第一轮小组回顾物理中速度选择器、磁流体发电机、等离子体发电机中的原理的基础上，增加学生观察实验现象并尝试对粒子移动方向作出解释这一环节。让学生结合宏观现象观察能够先对结论有初步的假设和解释，对教师后续概念的科学解释中有更多的认知准备，同时实验现象的观察也能初步验证对于产生认知冲突阶段观点的正确结论，加深学生对科学概念和现象的认识。

第四，针对第一轮实验中概念应用情境单一，不能保证学习者新习得概念的充分迁移应用问题，在第二轮实验中，增加通过练习测试这一新的学习活动，通过练习进一步促进学生科学概念的迁移应用，同时也能通过学生答题以及与教师的交流互动检验学生的概念转变情况。

经过修正后的跨学科科学教育中促进概念转变的学习活动设计框架如图8-6所示。

二 第二轮实施与调整

（一）设计与实施

在第一轮实验分析改进的基础上开展了第二轮实验，首先增加前后测对学生概念转变效果进行量化数据分析，其次对学习活动流程进行了设计，具体如下。

在正式开始实施学习活动之前，笔者通过发放问卷对将开展学习活动的实验班级学生进行了原电池迷思概念调查，即前测，了解学生在实验前对化学原电池概念掌握情况，通过收集前测数据与活动实施后的后

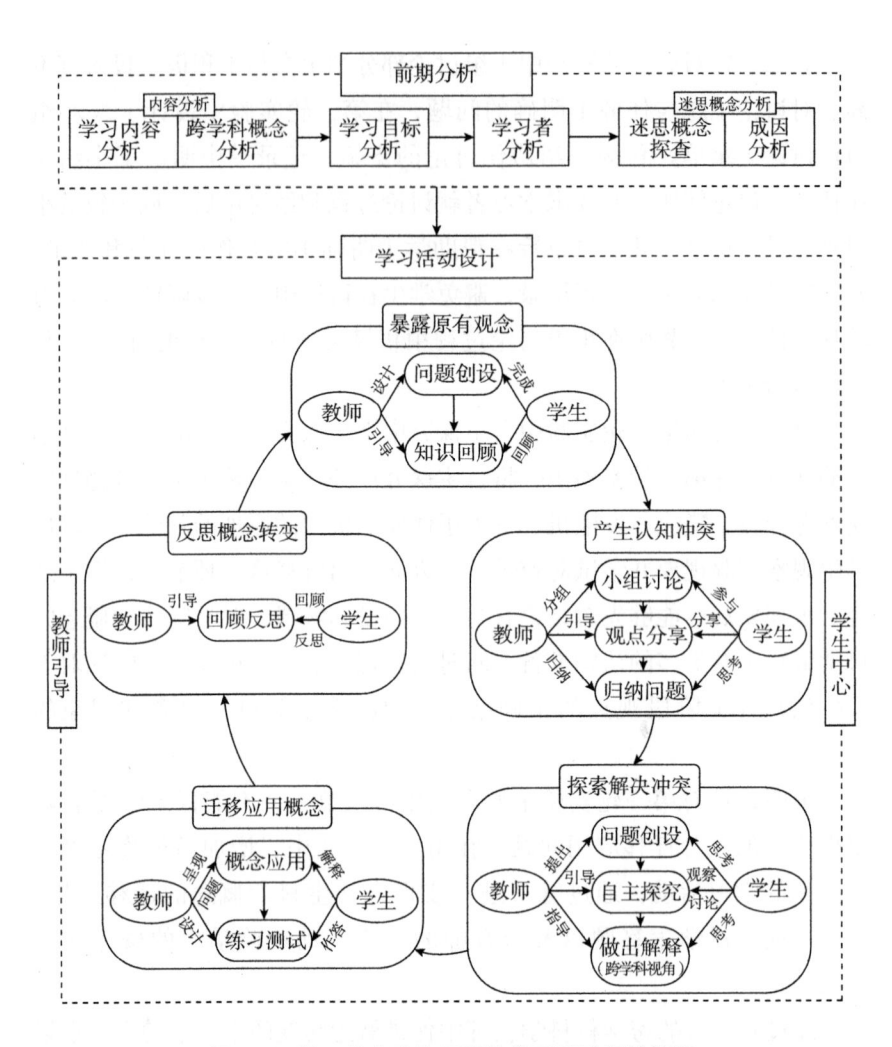

图 8-6　第一轮实验修正后的学习活动设计框架

测数据对比，能够从量化数据上反映学生的概念转变情况以及活动设计效果，为后续学习活动设计的总结反思提供参考依据。本研究采用问卷调查法进行学习者原电池迷思概念的前测。本次调查的问卷使用了马学琴在《高中生化学迷思概念诊断及概念转变研究》中所设计的问卷[①]，该问卷通过专家教师与研究实践的检验，具备良好的信效度，能够较好

---

① 马学琴:《高中生化学迷思概念诊断及概念转变研究——以"原电池"模块为例》，硕士学位论文，陕西师范大学，2019 年。

地诊断出学生头脑中存在的与"原电池"知识相关的迷思概念,识别出学生对科学概念的理解情况和水平。选取江苏省无锡市某高中的高三年级理科班学生进行调查。参与调研的学生在之前已经学习过原电池的相关课程内容。问卷共发放 35 份,均为有效回收。通过对《"原电池"迷思概念前测调查问卷》的回收以及问卷结果进行分析,总结出实验班级学习者对于电化学模块的迷思概念,如表 8-6 所示。

表 8-6　　　　　　前测中学习者对于电化学模块的迷思概念

原电池知识	学习者存在的迷思概念
原电池构成条件	认为电极必须一定会与电解液反应
	不能判断是否有自发进行的氧化还原反应
	无法判断哪些溶液是电解液
电极判断	分不清得失电子对应氧化反应还是还原反应
电极方程式书写	无法根据电极所处的电解液环境正确书写电极反应方程
原电池中粒子移动方向	认为电子可以进入电解液,从而构成闭合回路
	无法正确判断电解液中粒子流向,错误认为阳离子向负极移动,阴离子向正极移动
原电池原理应用	对原电池原理应用知识比较陌生,做题时难以主动联想到相关知识

通过比较问卷调查和文献分析所得出来的学习者对于电化学模块的迷思概念,发现两者比较一致。学习者对于原电池的迷思概念主要集中在原电池的构成条件、原电池中粒子移动方向和电极反应上,而这也正是原电池中的跨学科概念所包含的知识内容。

根据第一轮学习活动中对学习活动的调整,设计第二轮学习活动,如表 8-7 所示,包括五个阶段共 11 个学习活动。

表 8-7　　　　　　　　　第二轮学习活动安排

活动阶段	学习活动	活动内容
暴露原有观念阶段	问题创设	通过铜—锌原电池问题引出学习内容,并归纳学习者的主要观点
	知识回顾	教师带领学生回顾化学必修 2 中构成原电池的条件

续表

活动阶段	学习活动	活动内容
产生认知冲突阶段	小组讨论	小组内进行讨论，尝试应用"构成原电池的条件"解释自己的观点
	观点分享	小组代表分享自己的观点并说明自己的理由
	问题归纳	教师根据同学分享的观点总结学生观点指向的关键迷思问题
探索解决冲突阶段	问题创设	教师根据学生关键迷思问题创设问题，引导学生开展自主探究
	自主探究	学生观察实验，结合实验现象尝试解释原电池中发生的反应以及粒子移动的方向，并说明原因；在教师引导下，引入物理中速度选择器、磁流体发电机、等离子体发电机进行类比，让学生自主回顾物理原理
	作出解释	教师概括总结这几类物理仪器中的电荷分布的共同特征，并以此原理为基础解释原电池中粒子定向移动的原因，帮助学生理解原电池中粒子的移动方向
迁移应用概念阶段	概念应用	请学生用刚刚所学习的原理解释外电路接通以后电荷的移动方向
	练习测试	通过练习进一步促进学生科学概念的迁移应用，在此过程中也可依据学生答题状况检验学生迷思概念转变情况
反思概念转变阶段	回顾反思	教师和学生反思学习过程

1. 暴露原有观念阶段

（1）问题创设。第二轮实验中激发原有认知观念的问题创设与第一轮实验一致，利用典型的化学原电池——铜—锌电池（电解液为 $CuSO_4$ 溶液）创设问题引发学习者对原电池相关内容的思考，教师在课前发放关于铜—锌原电池知识的调查问卷，调查学生对铜—锌原电池的观点，并基于此调查结果，在课上引出原电池学习内容，并引导学习者对自己的观点再次进行思考。图 8-7 是第二轮实验中部分同学调查问卷完成情况。

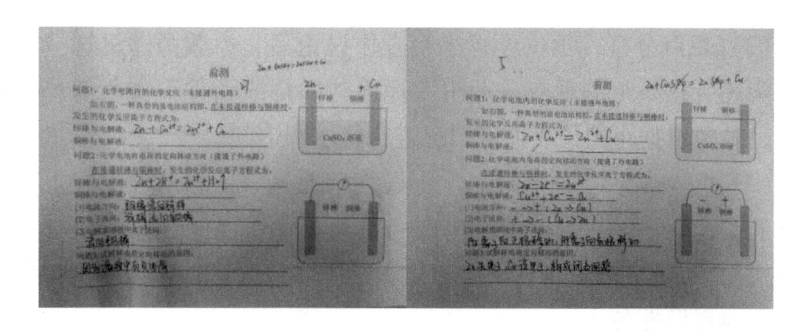

图 8-7　部分同学调查问卷完成情况

（2）知识回顾。在教师引导下，学生基于铜—锌原电池（电解液为 $CuSO_4$ 溶液）问题回顾化学学科中定义的构成原电池的三大条件：即是否有自发进行的氧化还原反应、是否具有活泼性不同的两电极、是否形成闭合回路。

2. 产生认知冲突阶段

（1）小组讨论。产生认知冲突阶段的第一个学习活动是小组讨论。根据教师分组，在小组协作讨论记录单的提示下，学生在小组内就铜—锌原电池（电解液为 $CuSO_4$ 溶液）问题不同观点进行讨论，在讨论中要求学生运用"原电池构成条件"解释自己的观点，并通过讨论形成小组观点。与第一轮实验不同的是，小组协作任务记录单作为协作支架，能够帮助学生明确协作目的，讨论问题。图 8-8 是部分小组的协作讨论记录单的记录情况。

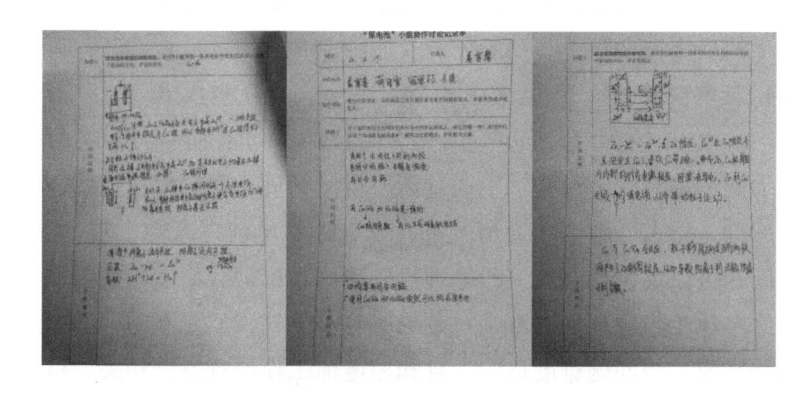

图 8-8　部分小组完成的协作讨论记录单

(2) 观点分享。学生进行小组合作讨论后，由教师随机选择小组代表阐述所在小组的观点并运用"原电池的构成条件"进行解释，过程中，教师根据小组代表发言情况进行提示和追问。

(3) 问题归纳。教师根据学生发言情况，概括总结学生产生不同观点的关键问题。并帮助学生明确两种观点中所说的反应都是指"化学反应"，并进一步对物理反应和化学反应进行区分，为下一步学生自主探究内容做准备。

3. 探索解决冲突阶段

(1) 自主探究。学生自主观察实验现象，对铜棒、锌棒以及 $CuSO_4$ 溶液能够构成原电池通过直观的实验现象有初步感知，进而结合实验现象思考解释铜—锌原电池（电解质为 $CuSO_4$ 溶液）中粒子移动方向及原因。学生对该问题有一定思考后，在教师引导下，回忆物理中速度选择器、磁流体发电机、等离子体发电机的原理进行类比。教师引出"电偶极层"概念并概括这些物理实例中的共同特点，即在这些"电偶极层"实例中，均没有发生化学反应，但是正负电荷在外界因素影响下，均重新分布，形成了正负极。通过原理类比，让学生重新思考原电池中粒子定向移动的形成原因。

(2) 作出解释。该学习活动与第一轮实验中的设计一致，结合自主探究中总结出的"正负电荷在外界影响下，重新分布从而形成正负极"的原理，教师通过物理学科知识的角度，为学生提供物理学科层面微观的"可视化"的原电池工作原理，借助"电偶极层"概念，通过化学与物理两门学科知识的结合让学生能够更深入透彻地理解原电池中发生的反应以及粒子移动的方向及原因。

4. 迁移应用概念阶段

(1) 初步应用。在迁移应用概念阶段的学习活动中，学生的概念应分为两步进行，一是让学生通过新习得的物理化学知识结合的原电池工作原理，思考外电路接通情况下，原电池中电流以及粒子移动方向。这一问题可以通过原电池工作原理直接得出结论，且情境与此前学习活动中原电池工作原理的讲解是一致的，对学生初步运用新习得的概念解决问题来说，该问题难度适中，且和原电池工作原理紧密相关，可以在学习者新习得科学概念的基础上，进一步内化其对科学概念的理解，同时验证新概念的合理性和有效性。

（2）练习测试。学生完成初步应用后，已经基本掌握了原电池工作原理的科学概念，在练习测试这一学习活动中，学生通过答题，进一步将所习得的科学概念运用到多情境的问题解决中，这一环节的活动较初步应用难度有所提升，能进一步提高对新概念的迁移运用能力，使新习得的科学概念真正成为学习者知识体系的一部分。

5. 概念转变反思阶段

完成上述所有环节后，师生共同回顾反思概念转变学习过程，此阶段的目的是希望学习者能够进一步比较科学概念与前概念，明确科学概念的合理性和有效性，同时对自己在概念转变过程中的认识活动有更深刻的认识，提升学习者的元认知能力。教师在这个过程中通过及时回顾反思，能够及时发现学习活动实施过程中存在的问题，进而改进教学。

（二）评价与总结

通过对第二轮学习活动实施的课堂观察和教师访谈发现，总体来看，学习者能够积极参与各阶段的学习活动，能够顺利完成合作讨论、积极分享自身观点、尝试运用科学概念解决新问题。在概念应用过程中学习者答题的正确率能够达到90%以上，说明学习者通过初步完成概念转变，能够将新的科学概念迁移运用到其他问题解决情境中。

具体来说，通过对第二轮学习活动实施的课堂观察，从总体来看，笔者发现学习者能够积极参与各阶段的学习活动，能够顺利完成合作讨论、积极分享自身观点、尝试运用科学概念解决新问题。在这个过程中学习者初步完成概念转变，能够将新的科学概念迁移运用到其他问题解决情境中，在第二轮中对于学习活动设计的修改调整均取得了不错的成效。

特别是在小组讨论阶段，相较于第一轮中部分同学出现走神、分享中沉默等情况，第二轮教学实践中由于提供的小组协作讨论记录单能够帮助同学明确讨论目标和讨论任务，且老师在过程中参与并了解了每个小组的讨论情况，同学在讨论过程中更加专注热烈，能够有效地分享观点，暴露自身观点的问题并进行更加深入的思考。

在练习测试的学习活动中，同学参与的积极性非常高，教师每次提问都有很多同学举手踊跃回答，且举手答题的正确率非常高。练习测试为学生提供了新习得的科学概念的迁移应用情境，在教师提问时学生回答的积极性表明这种对学习者有一定挑战性的应用情境能够激发学习者的兴趣和探索欲，同时说明学习者对原电池的科学概念有了更深入的理解，解题的自信心得到了很大的提升。

在第二轮学习活动实施后，笔者再次对实施本次学习活动的主讲教师进行了访谈，通过教师的反馈了解第二轮学习活动的实施效果以及学习活动设计中存在的问题。通过对访谈内容的总结分析，整理出教师对第二轮实验的学习效果与存在的问题反馈如下。

首先，教师认为本次学习活动从整体效果上来说，能够有效地帮助学生建立科学概念，实现原电池迷思概念的转变，在科学概念应用阶段的学习活动中，学习者问题解决的正确率非常高，能够达到90%以上。其中利用物理知识原理进行类比讲授的过程，能够有效地帮助学习者理解原电池的微观原理；小组学习中学习者的交流互动能够明显引发学生的认知冲突并且引起学生探索问题的兴趣，激发其求知欲，在课后，学生进一步应用所学习的概念解决以前难以解决的原电池问题，提升了学生探索问题的主动性和探究学习能力。

其次，就存在的问题看，教师认为在概念应用阶段练习测试的题目设计中绝大部分依然是单一的化学学科视角，缺乏从跨学科角度对学生概念应用情况的检验；由于学生化学知识基础存在差异，相应的活动设计难以兼顾到每个人，不同基础的学生对学习活动开展的配合也存在一定差异；迷思概念转变、科学概念建立的过程与教师引导教学过程密切相关，从基于跨学科开展教学需要教师具备很高的跨学科素养，对于教学年限长已经形成教学习惯的教师来说，这种转变比较难做到。

在第二轮实践结束后，对学生进行后测，对比分析前后测，结果如表8-8和表8-9所示。

表8-8　　　　　　　　前后测学生答题情况的描述统计

		N	最小值	最大值	平均值	标准差	标准误
分数	前测	35	20	86	53.97	16.738	2.829
	后测	34	47	93	76.32	11.382	1.952

表 8-9　　　　　　　　　　前后测 t 检验

		方差方程的 Levene 检验		均值方程的 t 检验		
		F	Sig.	t	df	Sig.（双侧）
分数	假设方差相等	4.648	0.035	−6.648	67	0.000
	假设方差不相等	—	—	−6.503	60.005	0.000

由表 8-8 可知，前测的均值为 53.97，标准差为 16.738，后测的均值为 76.32，标准差为 11.382，后测的成绩较前测波动较小，学生间的差距也更小。对前后测学生得分情况进行 t 检验，根据表 8-9，$p=0.000<0.05$，前后测的测试成绩存在显著性差异，结合表 8-8 中描述统计中的数值，后测的平均值要高于前测的平均值，所以可以认为本次学习活动设计与实施有利于转变学习者原有认知中关于"原电池"的迷思概念。

第二轮化学原电池的学习活动在第一轮修改的基础上顺利展开，有效验证了第一轮改进的学习活动设计的有效性。第二轮学习活动实践的分析结果证明，通过为学习者提供协作支架，能够有效辅助学习者更好地开展小组合作讨论，交流分享观点，促进学生认知冲突的产生；增加自主探究学习活动能够有效保证学生在学习活动中的主体地位，同时让学生体验科学概念发现推理的过程；对于练习测试的设置能够有效弥补第一轮设计中迁移情境难度低且单一的缺点，让学生能够将科学概念运用到更加多元、丰富的问题解决情境中。

从学习活动结束后学生测试表现及教师反馈来看，第二轮学习活动的实践基本解决了第一轮中发现的问题。学生整体测试成绩得分与前测结果存在显著差异，学习效果得到了显著提升，学生基本达到了预期的学习目标，对原电池科学概念掌握良好。总体来说，改进后的学习活动设计能够促进学生对新的科学概念的深入理解与迁移应用，帮助学生实现原电池迷思概念的转变，相较第一轮，第二轮的学习活动实践效果更好。但在第二轮学习活动实践中也存在一些问题，如练习测试中缺乏从跨学科角度让学生进一步应用科学概念，同时帮助教师掌握学生概念学习情况，在后续研究中可以从此方面入手做出改变。

第五节　跨学科学习中的协同概念转变需要继续探究的问题

以往研究对于跨学科教育中的概念转变关注不足，本研究通过对国内外相关研究成果进行梳理，分析概念转变核心过程，凝练跨学科科学教育中促进概念转变的学习活动设计原则与策略，构建了学习活动设计框架，在二轮实践迭代中总结出如下结论：

第一，开展跨学科科学教育能够有效促进学生概念转变。从两轮学习活动实践的效果分析结果看，开展跨学科科学教育能够有效促进学生概念转变的发生，学生无论是在课堂表现还是测试表现中都有显著提升，在学习过程中，学习者不仅深化了对科学概念的理解程度，还提升了运用多学科知识方法等分析解决问题的能力。究其原因，主要有两点：一是学生在涉及多学科知识的跨学科学习内容中，迷思概念产生的原因一部分就是因为分科教学中对知识原理分析不透彻，通过开展跨学科科学教育，能够帮助学生从多学科视角去理解学习内容，依据多学科的知识基础去分析原理，促进学生对科学概念的深入理解，从而促进概念转变的发生。二是开展跨学科教学能够激发学习者的学习兴趣和求知欲，增强学生对学习内容的自主学习、探索、思考的能力，促进学习者不同学科知识结构间建立关联，培养学生运用多学科知识、工具和方法去分析、思考、解决问题的能力，建立起更加完整的科学知识结构，使之更加易于接受新的、正确的概念。

第二，教师的跨学科教学素养是开展跨学科科学教育的关键。开展跨学科教育其中关键一环就是教师，教师是否具有跨学科教学素养是能否顺利开展跨学科科学教育的关键。两次学习活动实践教学的主讲教师也在访谈中表达了目前一线教学中开展跨学科教学的困境：一是教师在长期的分科教学中，已经缺乏了主动发掘学科间关联点的意识和能力；二是教师并不是都具备跨学科知识，一些教师缺乏对其他学科的知识积累；三是分科教学使在各学科知识连接点教学中的脱节，导致学生容易在学科交叉知识点上理解不透彻，产生迷思概念。访谈内容部分节选如下所示：

> 跨学科教学的主要问题是什么？在长期学科分离的教学实践中，许多教师逐渐失去了与其他学科进行具体联系的意识与能力。他们往往会假设某些问题已经在其他学科中得到了解决，因而在实际操作中出现了认识上的偏差与困惑。
>
> 当前，跨学科教学的核心问题在于教师缺乏跨学科的能力。由于这一不足，教师在面对跨学科教学任务时，往往会选择妥协或回避。
>
> 学科分离的教学模式导致了各学科之间的广泛脱节，尤其在知识连接点上尤为突出。因此，真正能够胜任跨学科教学的教师需要对各学科有所涉猎，尽管融会贯通较为困难，但至少应具备跨学科理解的能力，确保在教学过程中不出现明显的知识断层与错误，从而能够有效组织和指导跨学科的教学活动。

由此可知，教师的跨学科教学素养缺失是目前开展跨学科科学教育困境的症结所在。在跨学科科学教育已经成为一种必然趋势的今天，教师需要加强自身学习，提升自身的跨学科教学素养。首先，教师应当树立跨学科教育的理念，要意识到当前教学方式存在的不足，发掘学科中可能的跨学科结合点，积极探索尝试跨学科教学。其次，教师应当不断学习积累跨学科教学知识。跨学科教学知识是开展跨学科教学的前提与基础，其既包括跨学科教学方法与策略方面的知识，也包括跨学科教学内容方面的知识。跨学科教学作为一种新的教学方式，对教师的教学方法与策略和教学内容知识积累都提出了新的要求。具备丰富的跨学科教学知识的教师能够明晰在什么时候，以什么样的方式，用什么样的内容开展跨学科教学。为了保障跨学科教育开展的有效性，教师必须积累跨学科教学知识。

第三，开展小组协作学习是促进学习者概念转变的有效策略。通过对课堂观察和教师反馈的情况来看，小组协作学习能够提升学生在课堂中的参与度，激发学生的学习兴趣。在上课过程中，学生小组讨论的气氛十分热烈，教师在访谈中认为小组讨论对后续的学习产生了积极影响——学习者的求知欲更加强烈，产生了思维冲突（访谈中涉及的内容如下所示）。

> 通过小组讨论，学生会发现什么呢？他们可能会意识到："原来我们一直以为能够解决问题的知识在此情境下完全无法发挥作用。"此时，学生的求知欲被强烈激发："这些知识不再管用了，该怎么办？"于是，学生开始专注地听取老师的讲解，课堂上瞬间安静下来。通过小组讨论，学生发现了自身的知识盲区，并迫切希望得到一个正面的反馈。从这个角度来看，我个人认为小组讨论活动是非常有意义的。其背后的原因在于：通过对话，学生之间产生了认知冲突，他们意识到原有的知识不足以应对当前的问题。

小组协作为学生提供了科学知识社会建构的机会，在小组对话讨论过程中，概念被交换、探讨、对比，学生能够积极表达自己的观点，"暴露"自己的前概念，同时通过与小组同学间观点对比与交流，了解到不同的观念与想法，这种不同观点间的碰撞能够有效引发学生的认知冲突，让学习者意识到原有概念的不合理性，从而对能够合理解释现象解决问题的新概念产生兴趣，也就是教师访谈中所说的激发了学生的求知欲，使学生更加容易接受新的、正确的科学概念，让概念转变的发生成为可能。因此，开展小组协作学习是跨学科科学教育中促进学生概念转变的有效策略。

第四，促进概念转变的跨学科科学教育中问题创设要从真实问题情境出发。促进概念转变的一个重要步骤是让学习者产生认知冲突，在实际教学中，通常是创设问题来激活学习者的原有概念，同时在问题解决中让学习者认识到原有概念不能解释问题中的新现象从而产生认知冲突。建构主义学习理论认为真实的问题情境能够有助于学习者主动探索、自主建构知识，同时知识与实际生产生活的紧密联系，能够促进学习者知识的迁移运用，有利于学习者利用知识解决真实问题。自然科学知识本身就与实际生产生活紧密相关，学习者迷思概念的产生一部分也来自现实生活经验，因此，无论从知识本身还是促进概念转变的角度出发，促进概念转变的跨学科科学教育中的问题创设都应从真实问题情境出发。

在对教师的访谈中，老师结合一线教学经验同样认为，现有的脱离当前社会生产生活实践的经典套路或问题已经难以激发学生的学习兴趣，学生通常是利用原有题型去模仿解决，难以通过问题解决的过程对原有概念产生不满，认识到原有概念难以解决新的问题。在这种问题中，学生的认知冲突难以产生，迷思概念就难以得到转变。涉及的访谈内容部分节选如下所示：

> 当前的状况是，我们的学生长期接触的是那些经过几十年传承的经典模型和方法，这些传统的内容已难以激发学生的创新思维。为了真正触动学生，我们应引导他们学习新的知识，借助生活实践、工厂中的实际情境以及科学家的最新发明和发现。这些真实的、动态的内容才能激发学生的兴趣与思考。
>
> 我们应将解题过程转化为解决现实问题的过程。只有从真实问题出发，才能有效激发学生的学习动力。而当他们面对真实问题时，原有的概念和认知框架会自然地被打破，从而促使学生形成新的理解与认知。

由此可知，学生在与生产生活紧密联系的真实问题情境中学习科学概念不仅有助于其深化对科学概念的理解，激发好奇心与求知欲，更有助于其将所学概念迁移运用到实际问题的解决中。因此，在促进学生概念转变的跨学科教学中，应当从学生的日常生活经验出发，结合生产生活中的真实素材，创设问题，为学生提供真实、生动的问题情境，激发学生自主探索的兴趣与好奇心，引发认知冲突，为概念转变提供动力与契机。

结　语

如前所述，本书在学习科学与技术研究的范畴和话语体系下，尝试解答关于协作学习的三个问题：协作学习的本质是什么？协作学习过程遵循什么样的核心机制和规律？在遵循协作学习基本规律的基础上，如何促进协作学习更有效地发生？

其中第一、第二个问题，是"理解"协作学习的问题，探讨的核心是：技术促进的是"什么样"的学习？技术通过"什么抓手"来促进学习？第三个问题是"设计"学习的问题，探讨的核心是：技术"怎样"促进学习？因此，本书实际上在陈述不成熟观点的同时，尝试构建一个从理解学习本质到据此设计学习产品的研究综合体系。

在"理解"学习方面，笔者及所在团队重点关注的是学生在"互动"与"内省"的相互作用下，共同推动协同建构的发生。特别值得一提的是，在我国的课堂中，这种互动与内省渗透着浓厚的文化传统意蕴，如学生在互动过程中，针对"认知冲突"，大多数不会互动到"相争不下"的程度，而是会以"和而不同"为最终解决方式。再如中国学生在面对认知冲突、重新建立认知平衡的过程中，"内省"是非常重要而独特的过程。这些都是本书在理解"社会认知互动"这一核心概念体系时纳入的文化要素与思考。

在"设计"学习方面，笔者及所在团队重点从干预调控、工具环境、实践应用三个方面对"协作学习中社会认知互动"中的相关问题，利用技术分析、优化互动过程、提升学习效果。除此之外，我们还关注如何"评价"学习，得益于学习分析技术的飞速发展，我们能够相比过往更为细颗粒度地、精细化地分析协作学习，尤其是分析其互动机制

| 结　语

和规律，本书也在相关章节介绍了这方面的内容。

　　无论是学习科学与技术还是技术支持的协作学习，研究者对"学习"的探索永无止境，生成式人工智能的出现让研究者重新思考知识的生产与创造机制、人与智能在学习中的互动关系、人机协同视域下的协作学习设计、分析与评价等话题。笔者也将和该领域其他研究者一同，继续探索"学习"的奥秘。

参考文献

一 中文文献

（一）著作

高文等编著：《学习科学的关键词》，华东师范大学出版社 2009 年版。

林聚任：《社会网络分析：理论、方法与应用》，北京师范大学出版社 2009 年版。

刘军编著：《整体网分析讲义：UCINET 软件实用指南》，格致出版社、上海人民出版社 2009 年版。

马志强：《社会认知互动的多维刻画——协作学习投入理论建构与实践探索》，中国社会科学出版社 2021 年版。

［美］戴尔·H. 申克：《学习理论：教育的视角》（第三版），韦小满等译，张斌贤审校，江苏教育出版社 2003 年版。

［美］加里·D. 鲍里奇：《有效教学方法》（第四版），易东平译，吴康宁审校，江苏教育出版社 2002 年版。

［美］马西娅·C·林、［以］巴特-舍瓦·艾伦：《学科学和教科学：利用技术促进知识整合》，裴新宁等译，华东师范大学出版社 2016 年版。

王靖：《高中学生信息技术概念转变：诊断、机制与策略》，中国社会科学出版社 2017 年版。

张义兵：《知识建构：新教育公平视野下教与学的变革》，南京师范大学出版社 2018 年版。

(二) 期刊

蔡建东等：《国外 CSCL 理论的演进与前沿热点问题——基于 Citespace 的可视化分析》，《现代教育技术》2012 年第 5 期。

曹超、盛小平：《社会网络在竞争情报源挖掘中的应用研究》，《情报理论与实践》2009 年第 3 期。

柴少明：《CSCL 中促进协作知识建构的策略》，《现代远程教育研究》2012 年第 4 期。

柴少明、李克东：《CSCL 中基于对话的协作意义建构研究》，《远程教育杂志》2010 年第 4 期。

陈向东等：《基于社会网络分析（SNA）的共享调节学习评价：概念框架与解释案例》，《远程教育杂志》2020 年第 2 期。

杜少臣：《论"情境主义"的社会冲突观——一个本土理论视角的述评与反思》，《甘肃行政学院学报》2020 年第 1 期。

杜伟宇、吴庆麟：《概念改变的教学策略研究》，《课程．教材．教法》2005 年第 2 期。

高小强、王静：《基于引文分析的会计学领域作者知识角色识别》，《情报探索》2014 年第 7 期。

耿静：《班杜拉的社会学习理论对教育工作的几点启示》，《出国与就业》（就业版）2010 年第 2 期。

顾小清、郝祥军：《从人工智能重塑的知识观看未来教育》，《教育研究》2022 年第 9 期。

何克抗：《核心素养的内涵、特征及其培育》，《中国教育科学（中英文）》2019 年第 3 期。

何克抗：《教学支架的含义、类型、设计及其在教学中的应用——美国〈教育传播与技术研究手册（第四版）〉让我们深受启发的亮点之一》，《中国电化教育》2017 年第 4 期。

侯器：《以学习活动为中心的教学设计理论述评》，《教育信息技术》2014 年第 12 期。

胡丹妮等：《基于滞后序列分析法的在线学习者活动路径可视化分析》，《电化教育研究》2019 年第 5 期。

黄皓：《跨学科融合教学的实践探索——以"原电池内的化学反

应"为例》,《基础教育参考》2021 年第 8 期。

黄静等:《基于问题支架的统编教材小学语文阅读教学研究》,《广西教育》2023 年第 7 期。

江毅等:《翻转课堂中协作学习的效果与策略研究》,《现代教育技术》2016 年第 3 期。

焦璨等:《基于社会网络分析的心理学科研人员合作网络研究》,《吉林大学社会科学学报》2014 年第 4 期。

李广乾:《班杜拉的自我效能理论及其对职业教育的启示》,《中国职业技术教育》2004 年第 35 期。

李海峰、王炜:《经验认知冲突探究法——一种翻转课堂模式下的深度协作知识建构学习策略探索》,《电化教育研究》2020 年第 1 期。

李海峰、王炜:《在线协作知识建构:内涵、模式与研究向度》,《现代远距离教育》2019 年第 6 期。

李海峰、王炜:《自组织视域下的在线深度协作知识建构研究》,《中国远程教育》2019 年第 1 期。

李晶晶:《班杜拉社会学习理论述评》,《沙洋师范高等专科学校学报》2009 年第 3 期。

李丽:《论班杜拉观察学习理论及其对儿童教育研究的启示》,《青春岁月》2010 年第 24 期。

李沁雨等:《社会学习理论及其在信息系统研究领域的应用与展望》,《现代情报》2022 年第 9 期。

李瑞雪、王健:《美国科学课程中的跨学科概念:演进、实践及启示》,《外国教育研究》2021 年第 4 期。

李爽等:《Wiki 环境下学生远程协作知识建构分析的模型反思与案例研究》,《现代远距离教育》2014 年第 3 期。

李爽等:《基于行为序列分析对在线学习参与模式的探索》,《中国电化教育》2017 年第 3 期。

李彤彤、马秀峰:《教师虚拟学习社区中的知识建构实证分析》,《电化教育研究》2011 年第 9 期。

李文等:《MOOCs 学习空间中在线临场感的社会网络分析》,《远程教育杂志》2018 年第 2 期。

李夏：《中学生学习动机发展研究》，《山东教育科研》2002 年第 1 期。

李孝男等：《滞后序列分析视域下的高中化学高端备课师生互动行为研究》，《化学教育（中英文）》2022 年第 5 期。

李雁冰、刁彭成：《科学教育中"迷思概念"初探》，《全球教育展望》2006 年第 5 期。

李正元、胡德鑫：《我国高等教育管理研究态势探析——基于社会网络分析的视角》，《国家教育行政学院学报》2014 年第 10 期。

刘电芝：《论班都拉观察学习理论的现实意义》，《西南师范大学学报》（哲学社会科学版）1996 年第 4 期。

刘冬岩：《和合而生：构建和谐的课堂教学文化》，《福建师范大学学报》（哲学社会科学版）2008 年第 4 期。

刘黄玲子等：《基于交互分析的协同知识建构的研究》，《开放教育研究》2005 年第 2 期。

刘黄玲子、黄荣怀：《CSCL 中的交互研究》，《电化教育研究》2005 年第 5 期。

刘京慧：《中学化学教学中学生前概念的发现和重塑》，《课程教育研究》2012 年第 27 期。

刘三妍等：《网络环境下群体互动学习分析的应用研究——基于社会网络分析的视角》，《中国电化教育》2017 年第 2 期。

刘玉梅、廖紫薇：《差异强化理论及其对校园欺凌防治的启示》，《当代青年研究》2018 年第 6 期。

柳晨晨等：《在线学习中互动讨论模式如何影响学习者的批判性思维》，《电化教育研究》2021 年第 3 期。

楼朝辉：《面向不同差异学生的差异教学支持策略探究》，《教育科学研究》2018 年第 7 期。

陆启威：《学科融合不是简单的跨学科教育》，《教学与管理》2016 年第 32 期。

罗美玲：《认知冲突策略在概念转变教学中的应用》，《化学教育》2013 年第 5 期。

马宇澄、黄皓：《协作知识建构消解认知冲突——兼论"动能定理有无单一方向的分解式"》，《物理教师》2022年第9期。

牛瑞英：《〈社会文化理论和第二语言发展的起源〉述介》，《外语教学与研究》2007年第4期。

裴新宁：《建构主义与科学教育的再探讨》，《全球教育展望》2006年第5期。

彭绍东：《混合式协作学习中知识建构的三循环模型研究》，《中国电化教育》2015年第9期。

单冬：《基于自我调节学习理论的深度学习实现路径》，《中国成人教育》2021年第8期。

邵瑞华等：《机构合作网络与机构学术影响力的关系研究——以图书情报学科为例》，《情报科学》2017年第3期。

邵云飞等：《社会网络分析方法及其在创新研究中的运用》，《管理学报》2009年第9期。

史亚娟、华国栋：《论差异教学与教育公平》，《教育研究》2007年第1期。

檀传宝：《论惩罚的教育意义及其实现》，《中国教育学刊》2004年第2期。

唐德俊、谭德敏：《基于建构主义的学生错误概念成因与转化策略》，《教学与管理》2014年第15期。

唐科莉：《让所有年轻人具备必要的STEM技能和知识——澳大利亚〈STEM学校教育国家战略2016—2026〉》，《基础教育参考》2016年第3期。

唐小为、王唯真：《整合STEM发展我国基础科学教育的有效路径分析》，《教育研究》2014年第9期。

王靖、崔鑫：《如何支持与评价协作学习中的共享调节？——基于2007—2020年国内外共享调节研究的系统性文献综述》，《远程教育杂志》2020年第6期。

王靖等：《协作知识建构中认知冲突消解支架设计与实证》，《电化教育研究》2021年第9期。

王靖等：《整合式调节对协作学习中冲突消解的影响研究》，《远程教育杂志》2022年第2期。

王陆：《典型的社会网络分析软件工具及分析方法》，《中国电化教育》2009年第4期。

王艳玲：《从"客观主义"到"建构主义"：教学认识论的变革与超越》，《全球教育展望》2006年第9期。

王云等：《在线讨论中动态学习情绪和认知行为序列的关系研究》，《电化教育研究》2020年第6期。

王祯等：《混合学习环境下自我调节学习的机制研究》，《教育研究与实验》2019年第6期。

王志军、杨阳：《认知网络分析法及其应用案例分析》，《电化教育研究》2019年第6期。

魏顺平等：《教育技术研究领域研究者派系分析与可视化研究》，《开放教育研究》2008年第1期。

吴忭等：《认知网络分析法：STEM教育中的学习评价新思路》，《远程教育杂志》2018年第6期。

吴刚、黄健：《社会性学习理论渊源及发展的研究综述》，《远程教育杂志》2018年第5期。

吴开天、金莺莲：《用技术增进科学学习 基于WISE平台的科学教学理论概要》，《上海教育》2016年第27期。

吴遐等：《以评促学：基于三元交互决定论的同伴互评研究》，《中国远程教育》（综合版）2020年第4期。

吴娴等：《概念转变理论及其发展述评》，《心理科学进展》2008年第6期。

杨翠蓉等：《高校和谐教育新模式：建构性认知冲突解决》，《高等农业教育》2013年第10期。

杨嵩：《观察学习理论下学徒制默会知识传递路径的质性研究》，《高教探索》2021年第8期。

杨现民等：《滞后序列分析法在学习行为分析中的应用》，《中国电化教育》2016年第2期。

余翔：《促进科学概念转变的类比教学策略探析》，《教学与管理》2011年第36期。

郁冰：《行行重行行：科学课十年波折——由深圳科学课程调整说

起》,《基础教育课程》2011年第Z2期。

袁维新:《概念转变的心理模型建构过程与策略》,《淮阴师范学院学报》(哲学社会科学版)2010年第1期。

袁维新:《概念转变理论及其对当代科学教育的启示》,《外国教育研究》2009年第11期。

袁维新:《建构主义理论运用于科学教学的15条原则》,《教育理论与实践》2004年第19期。

张存刚等:《社会网络分析——一种重要的社会学研究方法》,《甘肃社会科学》2004年第2期。

张华:《论学科核心素养——兼论信息时代的学科教育》,《华东师范大学学报》(教育科学版)2019年第1期。

张建伟:《概念转变模型及其发展》,《心理学动态》1998年第3期。

张建伟:《知识的建构》,《教育理论与实践》1999年第7期。

张倩:《从班杜拉社会学习理论视角简析大学生学习动力不足的原因及对策》,《吉林省教育学院学报》2013年第9期。

张义兵等:《从浅层建构走向深层建构——知识建构理论的发展及其在中国的应用分析》,《电化教育研究》2012年第9期。

张颖之:《美国科学教育改革的前沿图景——透视美国K-12科学教育的新框架》,《比较教育研究》2012年第3期。

章旭东:《物理概念转变的认知过程》,《浙江师范大学学报》(自然科学版)2008年第1期。

赵呈领等:《在线学习者学习行为模式及其对学习成效的影响——基于网络学习资源视角的实证研究》,《现代远距离教育》2019年第4期。

赵国庆等:《知识整合教学理论解读:将碎片化知识转化为连贯性想法——访学习科学国际著名专家马西娅·C·林教授》,《现代远程教育研究》2018年第1期。

赵海霞:《Web环境下的协作知识建构》,《现代教育技术》2012年第11期。

赵海霞:《翻转课堂环境下深度协作知识建构的策略研究》,《远程教育杂志》2015年第3期。

赵海霞：《网络环境下基于问题的协作知识建构设计与实践——以大学生"结构化学"课程教学改革为例》，《中国电化教育》2013年第1期。

赵建华：《CSCL的基础理论模型》，《电化教育研究》2005年第10期。

赵建华、孔晶：《在线讨论分析编码表的类型及应用》，《远程教育杂志》2015年第2期。

赵雅静：《结合科学发展观看高中学生认知发展特点》，《长江丛刊》2017年第13期。

赵阳：《小学英语课堂游戏教学法案例分析——基于班杜拉的观察学习理论的视角》，《教学研究》2018年第5期。

郑发祥、史湘琳：《论俄罗斯主体心理学的心理发展观》，《心理学探新》2005年第4期。

钟启泉：《从学习科学看"有效学习"的本质与课题——透视课程理论发展的百年轨迹》，《全球教育展望》2019年第1期。

钟启泉：《对话与文本：教学规范的转型》，《教育研究》2001年第3期。

钟启泉：《社会建构主义：在对话与合作中学习》，《上海教育》2001年第7期。

周作宇：《论教育评价的治理功能及其自反性立场》，《华东师范大学学报》（教育科学版）2021年第8期。

朱庆华、李亮：《社会网络分析法及其在情报学中的应用》，《情报理论与实践》2008年第2期。

（三）论文

崔鑫：《在线协作知识整合中认知冲突调节支架设计研究》，硕士学位论文，江南大学，2021年。

邓雯心：《面向协作学习互动的群体感知信息反馈设计》，硕士学位论文，江南大学，2022年。

李啊琴：《"原电池"学习中的错误概念及其转化教学初步研究》，硕士学位论文，华东师范大学，2007年。

李佳雯：《基于学习进阶的高二学生原电池迷思概念转变的实践研

究》，硕士学位论文，贵州师范大学，2021年。

廖婷婷：《跨学科概念融入初中科学教育的初步研究》，硕士学位论文，南京师范大学，2015年。

林森：《基于三阶测量的原电池迷思概念探查及概念转变研究》，硕士学位论文，哈尔滨师范大学，2021年。

刘胜文：《高二学生"原电池"前概念测查与教学研究》，硕士学位论文，山东师范大学，2013年。

隆舟：《智能导学系统中社会认知冲突的诱发与解决》，博士学位论文，华中师范大学，2018年。

马学琴：《高中生化学迷思概念诊断及概念转变研究——以"原电池"模块为例》，硕士学位论文，陕西师范大学，2019年。

秦德生：《学生对导数的理解水平及其发展规律研究》，博士学位论文，东北师范大学，2007年。

秦详明：《原电池知识系统中迷思概念及其教学改进的研究》，硕士学位论文，四川师范大学，2018年。

宋歌：《科学教育中的跨学科素养测评框架建构及应用研究》，硕士学位论文，华东师范大学，2019年。

詹勇飞：《知识有机整合的过程与绩效研究——新产品开发的实证》，博士学位论文，天津大学，2009年。

张丽洁：《中学化学教学中问题情境的创设研究》，硕士学位论文，山东师范大学，2003年。

二 外文文献

Alimisis, D., "Educational Robotics: Open Questions and New Challenges", *Themes in Science & Technology Education*, Vol. 6, No. 1, 2013.

Ardichvili, A., et al., "Motivation and Barriers to Participation in Virtual Knowledge-Sharing Communities of Practice", *Journal of Knowledge Management*, Vol. 7, No. 1, 2003.

Arievitch, I. M., Haenen, J. P. P., "Connecting Sociocultural Theory and Educational Practice: Galperin's Approach", *Educational Psychologist*, Vol. 40, No. 3, 2005.

Barry, S., Bereiter, C., *Liberal Education in a Knowledge Society*,

Open Court, 2002.

Bearison, D. J., et al., "Socio-Cognitive Conflict and Cognitive Growth in Young Children", *Merrill-Palmer Quarterly*, Vol. 32, No. 1, 1986.

Behfar, K. J., et al., "Conflict in Small Groups: The Meaning and Consequences of Process Conflict", *Small Group Research*, Vol. 42, 2010.

Behroozizad, S., et al., "Sociocultural Theory as an Approach to Aid EFL Learners", *Reading*, Vol. 14, No. 2, 2014.

Bereiter, C., et al., "Cognitive Operations in Constructing Main Points in Written Composition", *Journal of Memory and Language*, Vol. 27, No. 3, 1988.

Borge, M., et al., "Learning to Monitor and Regulate Collective Thinking Processes", *International Journal of Computer-Supported Collaborative Learning*, Vol. 13, No. 1, 2018.

Bodemer, D., Dehler, J., "Group Awareness in CSCL Environments", *Computers in Human Behavior*, Vol. 27, No. 3, 2011.

Bok, D., *Our Underachieving Colleges: A Candid Look at How Much Students Learn and Why They Should Be Learning More*, NJ: Princeton University Press, 2008.

Borgatti, S. P., et al., "Network Measures of Social Capital", *Connections*, Vol. 21, No. 2, 1998.

Borge, M., et al., "Learning to Monitor and Regulate Collective Thinking Processes", *International Journal of Computer-Supported Collaborative Learning*, 2018, 13 (1): 61-92.

Brown, A. L., "Learning, Remembering, and Understanding", *Technical Report*, No. 244, 1982.

Carey, S., et al., "An Experiment is When You Try It and See If It Works: A Study of Grade 7 Students' Understanding of the Construction of Scientific Knowledge", *International Journal of Science Education*, Vol. 11, No. 5, 1989.

Chann, C., et al., "Knowledge Building as a Mediator of Conflict in

Conceptual Change", *Cognition and Instruction*, Vol. 15, No. 1, 1997.

Cheng, K., "Reading an Augmented Reality Book: An Exploration of Learners' Cognitive Load, Motivation and Attitudes", *Australasian Journal of Educational Technology*, Vol. 33, No. 4, 2017.

Cheng, K., Tsai, C., "A Case Study of Immersive Virtual Field Trips in an Elementary Classroom: Students' Learning Experience and Teacher-Student Interaction Behaviors", *Computers in Education*, Vol. 140, 2019.

Chen, W., et al., "A Spiral Model of Collaborative Knowledge Improvement to Support Collaborative".

Chen, Y., et al., "The Use of Online Synchronous Discussion for Web-Based Professional Development for Teachers", *Computers & Education*, Vol. 53, No. 4, 2009.

Chi, M. T. H., et al., "From Things to Processes: A Theory of Conceptual Change for Learning Science Concepts", *Learning and Instruction*, Vol. 4, No. 1, 1994.

Chinn, C. A., Brewer, W. F., "An Empirical Test of a Taxonomy of Responses to Anomalous Data in Science", *Journal of Research in Science Teaching*, Vol. 35, No. 6, 1998.

Cole, M., et al., *Mind, Culture, and Activity: Seminal Papers from the Laboratory of Comparative Human Cognition*, Cambridge: Cambridge University Press, 1997.

Cress, U., Kimmerle, J., "A Systemic and Cognitive View on Collaborative Knowledge Building with Wikis", *International Journal of Computer-Supported Collaborative Learning*, Vol. 3, No. 2, 2008.

Crossley, S. A., et al. "Sentiment Analysis and Social Cognition Engine (SEANCE): An Automatic Tool for Sentiment, Social Cognition, and Social-Order Analysis", *Behavior Research Methods*, Vol. 49, No. 3, 2017.

Cukurova, M., et al. "The NISPI Framework: Analysing Collaborative Problem-Solving from Students' Physical Interactions", *Computers in*

Education, Vol. 116, 2018.

Damşa, C. I., et al., "Shared Epistemic Agency: An Empirical Study of an Emergent Construct", *The Journal of the Learning Sciences*, Vol. 19, No. 2, 2010.

Damon, W., Killen, M., "Peer Interaction and the Process of Change in Children's Moral Reasoning", *Merrill-Palmer Quarterly*, Vol. 28, 1982.

Darnon, C., et al., "Mastery and Performance Goals Predict Epistemic and Relational Conflict Regulation", *Journal of Educational Psychology*, Vol. 98, No. 4, 2006.

Dehler, J., et al., "Guiding Knowledge Communication in CSCL via Group Knowledge Awareness", *Computers in Human Behavior*, Vol. 27, No. 3, 2011.

De, V. E., et al., "Computer-Mediated Epistemic Dialogue: Explanation and Argumentation as Vehicles for Understanding Scientific Notions", *The Journal of the Learning Sciences*, Vol. 11, No. 1, 2002.

Dillenbourg, P., "What do You Mean by Collaborative Learning?", *Collaborative Learning Cognitive & Computational Approaches*, New York: Elsevier Science, Inc, 1999.

DiStefano, A., et al., *Encyclopedia of Distributed Learning*, CA: Sage Publications, 2003.

Doise, W., "On the Social Development of the Intellect", *The Future of Piagetian Theory: The Neo-Piagetians*, Boston: Springer, 1984.

Dragan, et al., "SENS: Network Analytics to Combine Social and Cognitive Perspectives of Collaborative Learning", *Computers in Human Behavior*, Vol. 92, 2019.

Driver, Rosalind, "Constructivist Approaches to Science Teaching", *Constructivism in Education*, 2012.

Duvall, M., et al., "Designing for and Facilitating Knowledge-Building Discourse in Online Courses", *Information and Learning Sciences*, Vol. 121, No. 7/8, 2020.

Engelmann, T., Hesse, F. W., "How Digital Concept Maps about the Collaborators' Knowledge and Information Influence Computer-Supported Collaborative Problem Solving", *International Journal of Computer-Supported Collaborative Learning*, Vol. 5, No. 3, 2010.

Engeström, Y., "Expansive Learning at Work: Toward an Activity Theoretical Reconceptualization", *Journal of Education and Work*, Vol. 14, No. 1, 2001.

Erkens, Melanie, et al., "Awareness of Complementary Knowledge in CSCL: Impact on Learners' Knowledge Exchange in Small Groups", in Collaboration Technologies and Social Computing: 25th International Conference, Kyoto, Springer International Publishing, 2019.

Fischer, F., et al., "Fostering Collaborative Knowledge Construction with Visualization Tools", *Learning and Instruction*, Vol. 12, No. 2, 2002.

Flower, L., Hayes, J. R., "The Cognition of Discovery: Defining a Rhetorical Problem", *College Composition and Communication*, Vol. 31, No. 1, 1980.

Frawley, W., Lantolf, J. P., "Second Language Discourse: A Vygotskyan Perspective", *Applied Linguistics*, Vol. 6, No. 1, 1985.

Goh, H., Ali, M. B., "Robotics as a Tool to Stem Learning", *International Journal for Innovation Education and Research*, Vol. 2, No. 10, 2014.

Gunawardena, C. N., et al., "Analysis of a Global Online Debate and the Development of an Interaction Analysis Model for Examining Social Construction of Knowledge in Computer Conferencing", *Journal of Educational Computing Research*, Vol. 17, No. 4, 1997.

Gutwin, C., Greenberg, S., "A Descriptive Framework of Workspace Awareness for Real-Time Groupware", *Computer Supported Cooperative Work*, Vol. 11, No. 3, 2002.

Gyoungho, et al., "Development of an Instrument for Measuring Cognitive Conflict in Secondary-level Science Classes", *Journal of Research in Science Teaching: The Official Journal of the National Association for Research in Science Teaching*, Vol. 40, No. 6, 2003.

Hadwin, A. F., et al., "Challenges in Online Collaboration: Effects of Scripting Shared Task Perceptions", *International Journal of Computer-Supported Collaborative Learning*, Vol. 13, No. 3, 2018.

Harris, S. C., et al., "Multi-dimensional Sentiment Classification in Online Learning Environment", International Conference on Technology for Education, Beijing, 2014.

Hou, H., et al., "Applying Lag Sequential Analysis to Detect Visual Behavioural Patterns of Online Learning Activities", *British Journal of Educational Technology*, Vol. 41, No. 2, 2010.

Hou, H. T., "Exploring the Behavioral Patterns of Learners in an Educational Massively Multiple Online Role-Playing Game (MMORPG)", *Computers & Education*, Vol. 58, No. 4, 2012.

Huang, C., et al. "Investigating Students' Interaction Patterns and Dynamic Learning Sentiments in Online Discussions", *Computers in Education*, Vol. 140, 2019.

Jameson, J. K., "Toward a Comprehensive Model for the Assessment and Management of Intraorganizational Conflict: Developing the Framework", *The International Journal of Conflict Management*, Vol. 10, 1999.

Jehn, K. A., Chatman, J. A., "The Influence of Proportional and Perceptual Conflict Composition on Team Performance", *The International Journal of Conflict Management*, Vol. 11, 2000.

Johnson, D. W., Johnson, R. T., "Conflict in the Classroom: Controversy and Learning", *Review of Educational Research*, Vol. 49, No. 1, 1979.

John-Steiner, V., Mahn, H., "Sociocultural Approaches to Learning and Development: A Vygotskian Framework", *Educational Psychologist*, Vol. 31, No. 3/4, 1996.

Jonassen, D. H., Rohrer-Murphy, L., "Activity Theory as a Framework for Designing Constructivist Learning Environments", *Educational Technology Research and Development*, Vol. 47, No. 1, 1999.

Joshi, D. D., "Role of Security-Insecurity Feeling in Academic Achievement", *Perspectives in Psychological Researches*, Vol. 8, No. 1, 1985.

Järvenoja, H., et al., "Emotional Regulation in Collaborative Learning: When do Higher Education Students Activate Group Level Regulation in the Face of Challenges?", *Studies in Higher Education*, Vol. 44, No. 10, 2019.

Kaptelinin, V., et al., "Activity Theory: Basic Concepts and Applications: A Summary of a Tutorial Given at the East West HCI95 Conference".

Katz, J. E., Halpern, D., "Can Virtual Museums Motivate Students? Toward a Constructivist Learning Approach", *Journal of Science Education and Technology*, Vol. 24, No. 6, 2015.

Khaghaninejad, M. S., Teymoori, E., "The Effect of Employing Lexical Modification Techniques on Incidental Vocabulary Learning in Iranian EFL Context", *Modern Journal of Language Teaching Methods*, Vol. 5, No. 1, 2015.

Kim, C., et al., "Affective and Motivational Factors of Learning in Online Mathematics Courses", *British Journal of Educational Technology*, Vol. 45, No. 1, 2014.

Kimmerle, J., Cress, U., "Group Awareness and Self-Presentation in Computer-Supported Information Exchange", *International Journal of Computer-Supported Collaborative Learning*, Vol. 3, No. 1, 2008.

Koivuniemi, M., et al., "Higher Education Students' Learning Challenges and Regulatory Skills in Different Learning Situations/Desafíos De Aprendizaje Y Habilidades De Regulación En Distintas Situaciones De Aprendizaje En Estudiantes De Educación Superior", *Journal for the Study of Education and Development*, Vol. 40, No. 1, 2017.

Kozulin, A., "Sociocultural Theory and the Mediated Learning Experience", *School Psychology International*, Vol. 23, No. 1, 2002.

Kristin, W., "Postgraduate Veterinary Training in Conservation Medicine: An Interdisciplinary Program at Murdoch University, Australia", *EcoHealth*, Vol. 3, No. 1, 2006.

Kucuk, S., Sisman, B., "Behavioral Patterns of Elementary Students and Teachers in One-to-One Robotics Instruction", *Computers in Education*, Vol. 111, 2017.

Lai, C. L., Hwang, G. J., "A Spreadsheet-Based Visualized Mindtool for Improving Students' Learning Performance in Identifying Relationships between Numerical Variables", *Interactive Learning Environments*, Vol. 23, No. 2, 2015.

Langford, P. E., *Vygotsky's Developmental and Educational Psychology*, London: Psychology Press, 2004.

Lantolf, James P., *Sociocultural Theory and Second Language Learning*, NY: Oxford University Press, 2000.

Lave, J., Wenger, E., *Situated Learning: Legitimate Peripheral Participation*, Cambridge: Cambridge University Press, 1991.

Lee, G., et al., "The Development of an Instrument for the Measuring Students' Cognitive Conflict Levels", 1999.

Lee, G., Kwon, J., "What do We Know about Students' Cognitive Conflict in Science Classroom: A Theoretical Model of Cognitive Conflict Process", *Cognitive Development*, 2001.

Lee, J. C., et al., "Using Multidimensional Rasch Analysis to Validate the Chinese Version of the Motivated Strategies for Learning Questionnaire (MSLQ - CV)", *European Journal of Psychology of Education*, Vol. 25, No. 1, 2010.

Leont'ev, A. N., "The Problem of Activity in Psychology", *Soviet Psychology*, Vol. 13, No. 2, 1974.

Lin, C. H., et al., "A Case Analysis of Creative Spiral Instruction Model and Students' Creative Problem Solving Performance in a LEGO® Robotics Course", International Conference on ELearning and Games, Canada, 2009.

Liu, Z. F., et al., "An Analysis of Teacher-Student Interaction Patterns in a Robotics Course for Kindergarten Children: A Pilot Study", *Turkish Online Journal of Educational Technology*, Vol. 12, No. 1, 2013.

Martin, A. F. , Oscar, F. , *Readings in Computer Vision*, CA: Morgan Kaufmann, 1987.

McGilly, K. , *Classroom Lessons: Integrating Cognitive Theory and Classroom Practice*, Cambridge: The MIT Press, 1994.

Mercer, N. , Howe, C. , "Explaining the Dialogic Processes of Teaching and Learning: The Value and Potential of Sociocultural Theory", *Learning Culture and Social Interaction*, Vol. 1, No. 1, 2012.

Nesbit, P. L. , "The Role of Self-Reflection, Emotional Management of Feedback, and Self-Regulation Processes in Self-Directed Leadership Development", *Human Resource Development Review*, Vol. 11, No. 2, 2012.

Nickerson, Raymond S. , "How We Know—and Sometimes Misjudge—What Others Know: Imputing One's Own Knowledge to Others", *Psychological Bulletin*, Vol. 125, No. 6, 1999.

Ouyang, F. , Scharber, C. , "The Influences of an Experienced Instructor's Discussion Design and Facilitation on an Online Learning Community Development: A Social Network Analysis Study", *The Internet and Higher Education*, Vol. 35, 2017.

Panadero, E. , et al. , "How Individual Self-Regulation Affects Group Regulation and Performance: A Shared Regulation Intervention", *Small Group Research*, Vol. 46, No. 4, 2015.

Piaget, J. , "Piaget's Theory" in *Manual of Child Psychology*, John Wiley & Sons Inc, 1946.

Pintrich, P. R. , et al. , "Beyond Cold Conceptual Change: The Role of Motivational Beliefs and Classroom Contextual Factors in the Process of Conceptual Change", *Review of Educational Research*, Vol. 63, No. 2, 1993.

Posner, G. J. , et al. , "Accommodation of a Scientific Conception: Toward a Theory of Conceptual Change", *Science Education*, Vol. 66, No. 2, 1982.

Posner, G. J. , et al. , "A Scientific Conception: Toward a Theory of Conceptual Change", *Science Education*, Vol. 66, 1982.

Postner, G. J. , et al. , "Accommodation of a Scientific Conception: Toward a Theory of Conceptual Change", *Science Education*, Vol. 66, No. 2, 1982.

Puntambekar, S. , Hubscher, R. , "Tools for Scaffolding Students in a Complex Learning Environment: What Have We Gained and What Have We Missed?", *Educational Psychologist*, Vol. 40, No. 1, 2005.

Ratner, C. , *Cultural Psychology: Theory and Methods*, NY: Kluwer Academic/Plenum Publishers, 2002.

Resnick, L. B. , *Knowing, Learning and Instruction: Essays in Honor of Robert Glaser*, NY: Routledge, 2018.

Resnick, M. , "Sowing the Seeds for a More Creative Society", *Learning & Leading with Technology*, Vol. 35, No. 4, 2008.

Sawyer, K. , *Cambridge Handbook of the Learning Sciences*, NY: Cambridge University Press, 2006.

Scardamalia, M. , Bereiter, C. , "A Brief History of Knowledge Building", *Canadian Journal of Learning and Technology*, Vol. 36, No. 1, 2010.

Scardamalia, M. , Bereiter, C. , "Higher Levels of Agency for Children in Knowledge Building: A Challenge for the Design of New Knowledge Media", *The Journal of the Learning Sciences*, Vol. 1, No. 1, 1991.

Scardamalia, M. , et al. , "Computer-Supported Intentional Learning Environments", *Journal of Educational Computing Research*, Vol. 5, No. 1, 1989.

Schnaubert, L. , et al. , "Cognitive Group Awareness Tools: Versatile Devices to Guide Learners towards Discrepancies", Proceedings of the 27th International Conference on Computers in Education, 2019.

Scott, S. , Palincsar, A. , "Sociocultural Theory", 2013.

Shute, V. J. , et al. , "You Can't Fatten a Hog by Weighing It-or Can You? Evaluating an Assessment for Learning System Called ACED", *International Journal of Artificial Intelligence in Education*, Vol. 18, No. 4, 2008.

Silverman, J. , Clay, E. L. , "Online Asynchronous Collaboration in

Mathematics Teacher Education and the Development of Mathematical Knowledge for Teaching", *The Teacher Educator*, Vol. 45, No. 1, 2009.

Sinatra, G. M., "From Passive to Active to Intentional: Changing Conceptions of the Learner".

Songer, N. B., Linn, M. C., "How do Students' Views of Science Influence Knowledge Integration", *Journal of Research in Science Teaching*, Vol. 28, No. 9, 1991.

Staarman, J. K., et al., "Peer Interaction in Three Collaborative Learning Environments", *Journal of Classroom Interaction*, Vol. 40, No. 1, 2005.

Stahl, G., "A Model of Collaborative Knowledge-Building", in International Conference of the Learning Sciences, Massachusetts: MIT Press, 2000.

Stasser, G., Titus, W., "Pooling of Unshared Information in Group Decision Making: Biased Information Sampling During Discussion", *Journal of Personality & Social Psychology*, Vol. 48, No. 6, 1985.

Thagard, P., *Conceptual Revolutions*, NJ: Princeton University Press, 1993.

Turner, J. R., "Team Cognition Conflict: A Conceptual Review Identifying Cognition Conflict as a New Team Conflict Construct", *Performance Improvement Quarterly*, Vol. 29, No. 2, 2016.

Vosniadou, S., "Capturing and Modeling the Process of Conceptual Change", *Learning And Instruction*, Vol. 4, No. 1, 1994.

Vygotsky, L. S., *Mind in Society: The Development of Higher Psychological Processes*, Cambridge: Harvard University Press, 1978.

Vygotsky, L. S., *Mind in Society: The Development of Higher Psychological Processes*, Cambridge: Harvard University Press, 1979.

Vygotsky, L. S., *The Collected Works of LS Vygotsky: Problems of the Theory and History of Psychology*, Berlin: Springer, 1987.

Wang, C., et al., "Learning Performance and Behavioral Patterns of Online Collaborative Learning: Impact of Cognitive Load and Affordances of

Different Multimedia", *Computers in Education*, Vol. 143, 2020.

Wang, Q., "A Generic Model for Guiding the Integration of ICT into Teaching and Learning", *Innovations in Education & Teaching International*, Vol. 45, No. 4, 2008.

Wertsch, J. V., Bivens, J. A., "The Social Origins of Individual Mental Functioning: Alternatives and Perspectives", in Cocking, R. R., et al., eds., *The Development and Meaning of Psychological Distance*, London: Psychology Press, 2013.

Wertsch, J. V., *Culture, Communication, and Cognition: Vygotskian Perspectives*, Cambridge: Cambridge University Press, 1985.

Wertsch, J. V., *Vygotsky and the Social Formation of Mind*, Cambridge: Harvard University Press, 1985.

Whitehead, A. N., *Science and the Modern World*, British: The MacMillan Company, 1925.

Whiteman, M. F., *Writing: The Nature, Development and Teaching of Written Communication*, NY: Routledge, 1983.

Yang, T. C., et al., "The Influences of a Two-Tier Test Strategy on Student Learning: A Lag Sequential Analysis Approach", *Computers & Education*, Vol. 82, 2015.

Yang, X., et al., "Group Interactive Network and Behavioral Patterns in Online English-to-Chinese Cooperative Translation Activity", *Internet & Higher Education*, Vol. 25, 2015.

Zhang, J., Zhang, J., "A Case Study on Web-Based Knowledge Construction in Moodle Platform", 2010 5th International Conference on Computer Science & Education, IEEE, 2010.